# MANUTENÇÃO ORIENTADA PARA RESULTADOS

# MANUTENÇÃO ORIENTADA PARA RESULTADOS

Júlio NASCIF
Luiz Carlos DORIGO

QUALITYMARK

Direção Editorial
SAIDUL RAHMAN MAHOMED
editor@qualitymark.com.br

Produção Editorial
EQUIPE QUALITYMARK

Capa
ANDRÉ F. N. XAVIER

Editoração Eletrônica
ARAUJO EDITORAÇÃO

CIP-Brasil. Catalogação-na-fonte
Sindicato Nacional dos Editores de Livros, RJ

N192m

Nascif, Júlio

Manutenção orientada para resultados / Julio Nascif e Luiz Carlos Dorigo. – Rio de Janeiro : Qualitymark, 2009.
296p.

Apêndice
Inclui bibliografia
ISBN 978-85-7303-903-0

1. Fábricas – Manutenção. 2. Equipamentos industriais – Manutenção e reparos. 3. Manutenção produtiva total. I. Dorigo, Luiz Carlos. II. Título.

09-4602

CDD: 658.202
CDU: 658.2.005.4

**2010**
**IMPRESSO NO BRASIL**

**Qualitymark Editora Ltda.**
**Rua Teixeira Júnior, 441**
**São Cristóvão**
**20921-405 – Rio de Janeiro – RJ**
**Tel.: (21) 3094-8400/3295-9800**

**Fax: (21) 3295-9824**
**www.qualitymark.com.br**
**E-mail: quality@qualitymark.com.br**
**QualityPhone: 0800-0263311**

# Agradecimentos

Agradecemos aos colegas e empresas abaixo listadas pelo apoio e pela cessão de material nas etapas de elaboração deste trabalho:

- Alan Kardec Pinto
- Cid Pereira Terra
- José Eduardo G. Lobato Campos
- José Eduardo DeCaux
- Sérgio Luiz de Almeida
- José Hilário Cruz Freitas
- Petrobras – Petróleo Brasileiro S/A – Regap
- Votorantim Metais
- Abraman – Associação Brasileira de Manutenção
- Vitek Consultoria Ltda.
- Tecém – Tecnologia Empresarial Ltda.
- Plus Engenharia

E a André Faria Nascif Xavier pela execução das ilustrações.

# Prefácio

Percebe-se atualmente, de forma imperiosa, a necessidade do realinhamento e adequação das estratégias na Gestão da Manutenção de Ativos, em face de sua significativa influência e impacto na quase totalidade dos resultados da organização, constituindo-se fator crítico em sua sobrevivência.

Em recente estudo relativo ao biênio 2007/2008, desenvolvido por consultoria de renome e atuação internacional, abrangendo representativo universo de empresas, verifica-se um incremento substancial dos custos relacionados à atividade de Manutenção sem a contrapartida da elevação do patamar de desempenho em termos de Disponibilidade Mecânica.

Em tese, o ato de fazer manutenção somente deveria ser um bom negócio e resultado fim para as empresas que apresentam como razão social o objeto "Manutenção". Felizmente, temos notado, em várias firmas especializadas no ramo, que esta linha de atuação declina-se a ser uma visão passada, pautando as mesmas em novos eixos nas relações contratuais com seus clientes baseada em "Resultados", traduzidos em "Disponibilidade da Planta Industrial".

Nas oportunidades de contatos externos, observamos uma flagrante falta de uniformidade entre as empresas no entendimento e aplicação de conceitos e métodos de gerenciamento de manutenção, levando, por conseguinte, a perfis de performance extremamente discrepantes, despertando interesse e reflexão.

Não é incomum constatarmos, nas organizações, resultados de processos meios encerrando os objetivos fins. Para exemplificar, deparamonos atualmente com uma avalanche de Certificações em Normas Internacionais de Gestão, normalmente acompanhadas por um arsenal documental necessário para sustentá-las, constituindo-se para as empresas motivo de ostentação e oportunidades de marketing. Contudo tal prática, quando tratada isoladamente, não tem agregado valor na mesma proporção, além de promover um distanciamento dos Gestores na busca e obtenção de resultados fins, retratados na Manutenção, pela disponibilidade operacional do *hardware*.

No cenário atual de parcos recursos, torna-se fundamental a arte e a técnica na seletividade do gerenciamento e alocação dos mesmos. Nesse ambiente é essencial dispormos de gerentes com bom *feeling* do processo "Manutenção" e uma ampla interatividade com sua clientela, de modo a conhecer a consequência da perda da função operacional e assim aumentar sua assertividade na priorização das atividades ou da aplicação de seus recursos.

A estratégia de disponibilidade está longe de consistir-se na ação reativa de adoção de regimes intensivos de trabalho para retorno do equipamento.

O conceito de disponibilidade conjuga o bom e ágil atendimento reativo (TMPR – Tempo Médio Para Reparo), conduzido por profissionais com boa capacitação de diagnóstico de falha e percepção do nível de vulnerabilidade imposto à Planta Industrial (Atendimento Ambulatorial), como também uma organização robusta de engenharia para identificação e bloqueio das causas básicas, implementação de planos preventivos e preditivos, com objetivo de evitar intervenções e/ou aumentar o intervalo entre intervenções (TMEF) (Programa Profilático).

Como sabemos, há de se ressaltar a maior efetividade da segunda linha de atuação (estratégia) no sentido de se reduzir as intervenções de manutenção com os benefícios na otimização de custo e melhoria dos resultados de segurança, decorrentes da menor aplicação de recursos de execução e homens-horas de exposição ao risco.

Nossos amigos e autores, detentores de larga experiência prática e técnica na área de gestão de manutenção quer como gerentes, quer também ao longo de amplo período de exercício na prestação de consultoria, abordam neste trabalho, de forma clara e objetiva, importantes conceitos e métodos de gerenciamento voltados, sobretudo, para o foco de metas e resultados de uma organização de manutenção, bem como o alcance de padrões de excelência.

*Cid Pereira Terra*

Gerente de Manutenção Industrial da Petrobras –
Refinaria Gabriel Passos – REGAP

# Sumário

# INTRODUÇÃO

A decisão de escrever este livro se concretizou a partir das práticas e observações que tivemos ao longo da vida como engenheiros de Manutenção.

Após duas décadas de trabalho na área de refino da Petrobras, tivemos a oportunidade de prestar serviços de consultoria a diversas empresas através da TECÉM Tecnologia Empresarial Ltda. Esses fatos, somados às nossas participações em Congressos e Seminários no Brasil e no exterior, na Abraman (Associação Brasileira de Manutenção) – e na busca constante do eficaz "estado da arte" da Manutenção através de literatura, consolidaram as nossas percepções. Constata-se que, atualmente:

- A maioria das empresas não faz o básico bem feito.
- A falta de perseverança e firmeza de propósitos é uma constante nas organizações.
- Um percentual significativo de gerentes busca obter sucesso, em curto prazo, através de corte nos custos em vez de produzir resultados.
- As melhores práticas são conhecidas pela grande maioria do pessoal nos níveis gerencial e técnico. No entanto, pouquíssimas empresas as aplicam de modo sistematizado.
- Empresas suscetíveis a alterações de comando por injunções não profissionais apresentam, frequentemente, resultados pífios causados pela má gestão.
- Aspectos relacionados à falta de definição de atribuições, associada a vaidade e projetos pessoais, contribuem para tumultuar as interfaces entre os departamentos nas empresas, prejudicando os resultados.

- Os programas e projetos de gestão não são cumpridos na sua totalidade, o que ocasiona descrédito e desmotivação.
- A capacitação de pessoal (treinamento) é, em grande parte, relegada a segundo plano, e os planos anuais, quando existentes, são sistematicamente descumpridos. Além disso, frequentemente os programas de capacitação não têm uma abordagem profissional.
- O Planejamento e o Controle da Manutenção deixam a desejar como função, não cumprindo a sua razão de ser, qual seja otimizar permanentemente a aplicação dos recursos (humanos e materiais) disponíveis.

Em vista de essa situação atingir um bom número de empresas, refletindo negativamente nos seus resultados, e, em consequência, na sua competitividade, a mudança em busca de um novo patamar é necessária e possível de ser alcançada.

No Brasil, temos algumas organizações que trabalham de forma sistematizada, com diretrizes e metas, programas e planos de ação estabelecidos, sobre os quais se faz o giro completo do PDCA. Na área da Manutenção, algumas empresas nacionais já alcançaram o *status* de Manutenção Classe Mundial trabalhando desse modo, fazendo da Manutenção uma função estratégica para os resultados do negócio.

As demais empresas nacionais devem e podem atingir o *status* Classe Mundial já que as melhores práticas/técnicas são conhecidas de todos e a sua aplicação deve ser feita com perseverança e firmeza de propósito, apoiada por um modelo de gestão focado na melhoria de resultados.

*Júlio Nascif* e *Luiz Carlos Dorigo*

# 1. GESTÃO

## 1.1. GESTÃO EMPRESARIAL

**Princípio Fundamental: Implantar um Modelo de Gestão, alinhado com as diretrizes da organização, liderado pela Alta Gerência, para alcançar Resultados.**

As empresas, independentemente do que produzem ou dos serviços que prestam, estão inseridas na comunidade, da qual dependem e para a qual trabalham. A Figura 1.1 mostra os principais insumos (*inputs*) e saídas (*outputs*) na interação das empresas com a comunidade:

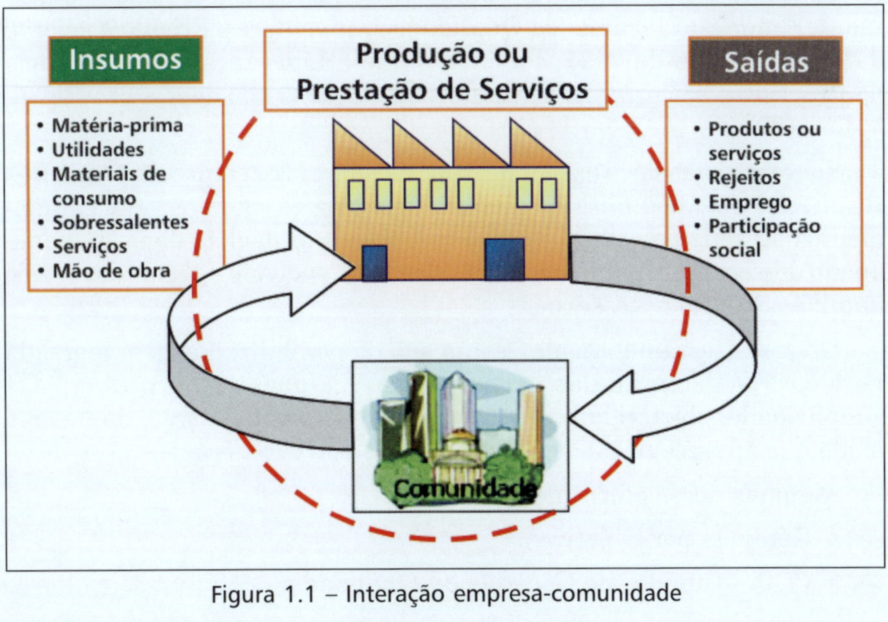


Figura 1.1 – Interação empresa-comunidade

As empresas geram riqueza para a comunidade através dos empregos criados, do pagamento de impostos, do consumo de materiais e da utilização de serviços. Por outro lado, criam problemas ambientais pela produção de rejeitos. Hoje, observa-se uma participação destacada das empresas junto às comunidades através de obras, programas educacionais ou sociais, sob a denominação "Participação ou Responsabilidade Social". Em resumo: as empresas são organismos que têm vida e participação ativa junto às comunidades.

A par de todas essas características, as empresas atuam em um ambiente globalizado, no qual a competitividade é fator primordial para a sua sobrevivência e o seu crescimento. Essa sobrevivência e esse crescimento somente serão alcançados através de resultados positivos permanentes ao longo de sua história. Sem resultados de sucesso as empresas não sobrevivem.

Para que esses resultados sejam alcançados, existe a necessidade imperiosa de se ter um sistema de Gestão Estratégica Integrado, sob uma liderança atuante e perseverante, de modo que as Diretrizes, Metas, Projetos, Programas e Planos de Ação sejam executados, avaliados e corrigidos de forma permanente e sistematizada (Figura 1.4).

O que suporta a obtenção dos resultados é a liderança e a constância de propósitos, evitando a mudança frequente dos modelos de gestão. A Fundação Nacional da Qualidade, que confere o Prêmio Nacional da Qualidade desde 1991, estabelece que a Liderança e a Constância de Propósitos são os itens de maior pontuação (11%) depois dos Resultados (45%).

Sobre isso não deve existir dúvida: mesmo entre empresas com maus resultados devido à falta de domínio tecnológico sobre os seus equipamentos ou seus processos, aquela que tiver um modelo de gestão adequado descobrirá rapidamente essa situação, podendo aplicar, em tempo hábil, a correção necessária.

Diversas ferramentas de gestão são disponibilizadas pelo mercado para o corpo gerencial das Organizações. Algumas se eternizam pelas simplicidade, objetividade e consistência, enquanto outras, do mesmo modo que aparecem, são deixadas de lado por várias razões.

Algumas dessas ferramentas são:

- Gerência por Objetivos.
- CCQ – Círculos de Controle da Qualidade.

- Reengenharia.
- BSC – *Balanced Scorecard.*
- *Benchmarking.*
- TPM.
- 5S.
- POBZ – Programa Orçamento Base Zero.
- Gerenciamento da Rotina.
- Gerência pelas Diretrizes.
- 6 Sigma, dentre outras.

É importante frisar que essas ferramentas, por si sós, não garantem o sucesso dos negócios, sendo apenas meios para que os fins sejam alcançados. Como um formão na mão de um profissional, é necessário conhecimento, habilidade e dedicação para que o homem, utilizando a ferramenta adequada e com pleno conhecimento dela, possa produzir um entalhe em um móvel ou uma decoração no ornamento de uma igreja.

Em vista disso, a Gestão das Empresas no mundo atual deve ser conduzida por uma liderança atuante, motivadora e desafiadora, de modo a garantir os resultados que conduzirão a empresa à sobrevivência e ao crescimento sustentado. A atuação gerencial, em todos os níveis, requer detalhamento e cumprimento dos planos, alinhados com as diretrizes, além de agilidade nas ações que permitam que a empresa alcance patamar mais elevado de competitividade.

A abordagem que será aqui enfatizada é aquela que preconiza um modelo de Gestão Empresarial com ênfase no Gerenciamento da Rotina e na Implantação de Melhorias.

**GESTÃO EMPRESARIAL:**
**Gerenciamento da Rotina + Implantação de Melhorias**

O Gerenciamento da Rotina garante a estabilização dos processos do dia a dia, condição necessária para alcançar a previsibilidade dos resultados. A Implantação de Melhorias garante a competitividade da empresa.

Esses dois fundamentos simples devem orientar, de forma permanente, toda a política de gestão das empresas.

Todos os processos estruturados de gerenciamento estão baseados no ciclo do PDCA. A análise mais detalhada das ferramentas de gerenciamento mostra que as 4 fases do ciclo idealizado por Shewhart[1] estão presentes em todas elas. Além disso, todos os processos de gestão das empresas devem prever ações de curto, médio e longo prazos.

No entanto, mesmo a utilização de ferramentas adequadas de gestão, como a Gerência pelas Diretrizes, o *Benchmarking* ou o *Balanced Scorecard*, não trará os resultados esperados se não existirem um alinhamento e foco entre todos os segmentos da empresa. Não basta cada setor, departamento ou área buscar a otimização individual; é necessário que todos os esforços sejam coordenados e busquem objetivos e metas comuns.

Exemplificando: A Manutenção deverá aplicar os seus recursos para melhoria da confiabilidade e da disponibilidade das máquinas que, naquele momento ou período, sejam imprescindíveis para que a empresa alcance os resultados necessários.

Nesse ponto, podemos fazer uma reflexão sobre a razão de ser da Manutenção, no atendimento às Diretrizes que levarão aos melhores resultados das empresas. A garantia da disponibilidade e da confiabilidade dos ativos é fundamental para obtenção da máxima produtividade do processo industrial. Essa é a produtividade que mais interessa às empresas: a produtividade do seu processo industrial.

Para atendimento dessa exigência, a Manutenção deve exercitar uma permanente análise crítica, que corresponde ao *CHECK* no ciclo do PDCA. Por exemplo, devem ser objeto dessa análise crítica os planos de Inspeção, de Manutenção Preditiva e de Manutenção Preventiva, sob a responsabilidade de seu núcleo de Engenharia de Manutenção. Essa breve reflexão será aprofundada no Capítulo 4 – Técnicas de Manutenção.

De modo geral, as empresas:

- São constituídas por grupamentos de especialidades diferentes, usualmente denominados departamentos, setores, áreas etc.

---

[1] O ciclo PDCA, ciclo de Shewhart ou ciclo de Deming, introduzido no Japão após a Segunda Guerra Mundial, foi idealizado por Shewhart e implantado por Deming. Pode ser aplicado em qualquer modelo de gestão, de forma a garantir o sucesso nos negócios, independentemente da área ou departamento (vendas, compras, engenharia etc.).

Walter Andrew Shewhart, (1891-1967) físico, engenheiro e estatístico, idealizador do ciclo PDCA, é considerado o pai do controle estatístico da qualidade.

William Edwards Deming (1900-1993) estatístico, professor e consultor. Introduziu os conceitos da qualidade no Japão, onde é considerado um herói. A ele se deve a disseminação da aplicação do ciclo PDCA.

- Necessitam de uma organização estruturada hierarquicamente.
- Necessitam de padrões e procedimentos para a convivência harmônica entre seus empregados, suas diferentes especialidades e interação com a comunidade.

A Figura 1.2 mostra algumas áreas ou departamentos comumente encontradas na maioria das empresas.

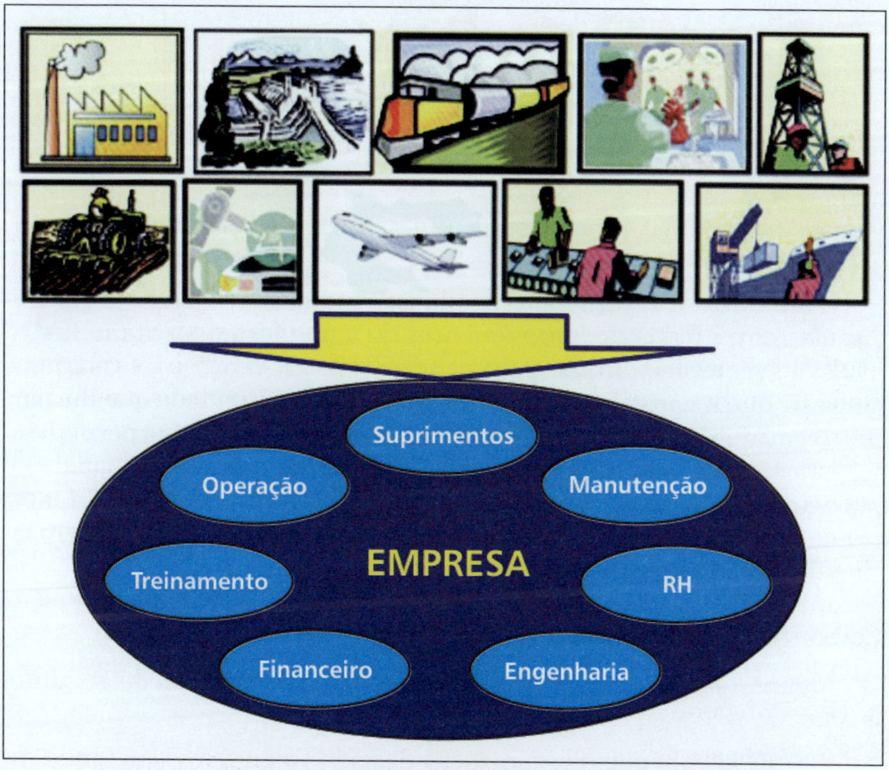


Figura 1.2 – Áreas ou departamentos que compõem as empresas

Os resultados das empresas dependem do desempenho dos seus departamentos. E serão melhores se os esforços estiverem integrados e obedecendo à mesma diretriz da Alta Administração. Entretanto, em algumas empresas ainda se observa que, apesar de trabalharem com dedicação, os diversos departamentos não têm seus esforços orientados na mesma direção, como ilustra a Figura 1.3. Nesse caso, os resultados deixarão a desejar.

Figura 1.3 – Empresa sem coordenação nos esforços individuais

O alinhamento entre todas as plantas industriais de uma organização e/ou entre todos os departamentos de uma mesma planta industrial deve ser implementado para conduzir as mudanças necessárias e garantir que a empresa alcance o nível de competitividade que lhe permita continuar no mercado. Sendo um processo de aplicação permanente, está sempre buscando a inovação, sem perder a diretriz, apoiado na participação e na criatividade de seus colaboradores. A Figura 1.4 mostra de forma esquemática como se desenvolve o alinhamento organizacional, apoiado no ciclo do PDCA.

## *Conceitos Fundamentais*

Alguns termos da Figura 1.4 podem ser conceituados da seguinte forma:

VISÃO: estado que a organização deseja atingir. "A visão tem a intenção de propiciar o direcionamento dos rumos de uma organização (ISO 14004)."

A definição da VISÃO é obrigação da presidência ou do conselho diretivo da organização. Uma vez estabelecida, deve ser divulgada para que todos na empresa tenham conhecimento dela.

MISSÃO: compromisso e dever de uma empresa para com a sociedade. "A razão de ser de uma organização, as necessidades sociais a que ela atende e seu foco fundamental de negócios (ISO 14004)."

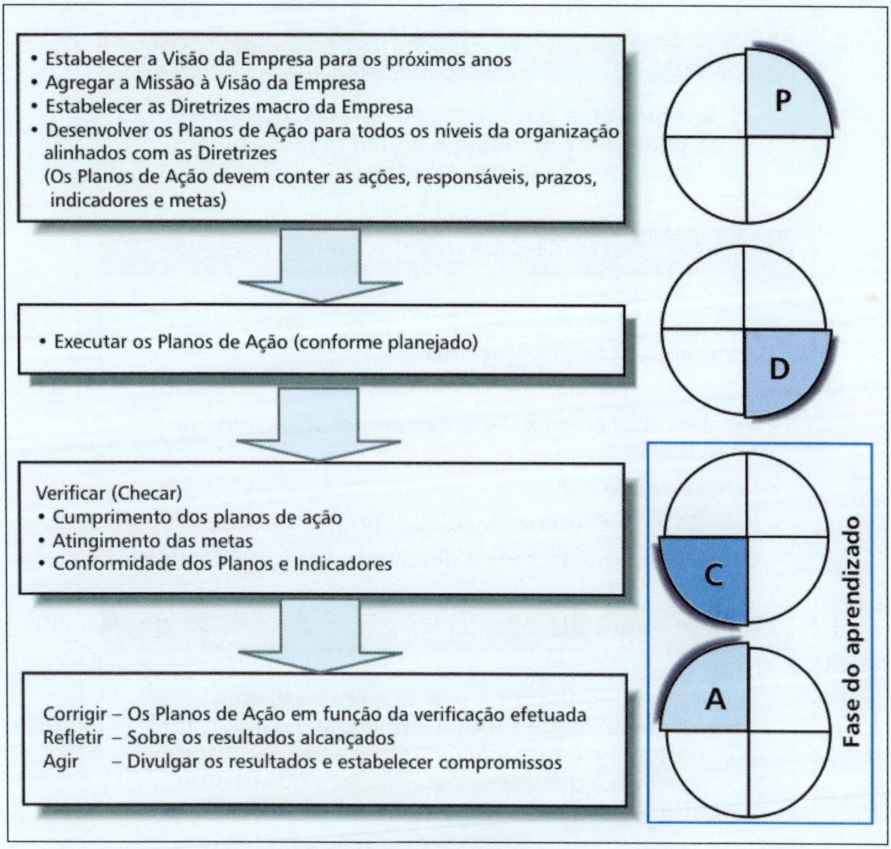


Figura 1.4 – PDCA na gestão das empresas

Como mostrado na Figura 1.4, estabelecidas a Visão e a Missão, deverão ser definidas as Metas e as Diretrizes que servirão de orientação para a obtenção dos RESULTADOS almejados.

A conceituação de Metas, Indicadores e Diretrizes está mostrada a seguir:

META: é um alvo a ser atingido. Falconi[3, 4] define que uma Meta é composta por três partes:

- Objetivo – Aumentar o Tempo Médio entre Falhas.
- Valor – para 1.800 dias.
- Prazo – até dezembro deste ano.

| VISÃO 2020 |
|---|
| Seremos uma das maiores empresas integradas de energia do mundo e a preferida pelos nossos públicos de interesse |
| **ATRIBUTOS DA VISÃO 2020** |
| Nossa atuação se destacará por:<br>– Forte presenção internacional<br>– Referência mundial em biocombustíveis<br>– Excelência operacional em gestão, recursos humanos e tecnologia<br>– Rentabilidade<br>– Referência em responsabilidade social e ambiental<br>– Comprometimento com o desenvolvimento sustentável |
| **MISSÃO** |
| Atuar de forma segura e rentável, com responsabilidade social e ambiental, nos mercados nacional e internacional, fornecendo produtos e seviços adequados às necessidades dos clientes e contribuindo para o desenvolvimento do Brasil e dos países onde atua |

Figura 1.5 – Visão e missão da Petrobras[35]

INDICADORES: são medidas ou dados numéricos estabelecidos sobre os processos que queremos controlar. Exemplo: Custo em US$/tonelada produzida, Toneladas (de carga) por quilômetro (tku).

DIRETRIZ: é formada por uma META e pelas MEDIDAS necessárias para o atingimento desta META.

Exemplo:

META:

- Reduzir em 10% o custo da tonelada produzida até julho do próximo ano.

MEDIDAS:

- Aumentar a disponibilidade dos equipamentos.
- Executar melhorias no processo.
- Treinar operadores.
- Introduzir novos procedimentos de análise do produto "on-line".

PLANO DE AÇÃO: constitui o planejamento escrito de como serão desenvolvidos os trabalhos para o atingimento das Metas, obedecendo as Diretrizes. Cada departamento, cada setor, cada pessoa deverá ter o seu próprio plano de ação.

Os modelos de gestão são ferramentas que permitem que todos os departamentos e pessoas da empresa trabalhem segundo uma mesma direção, em busca dos resultados.

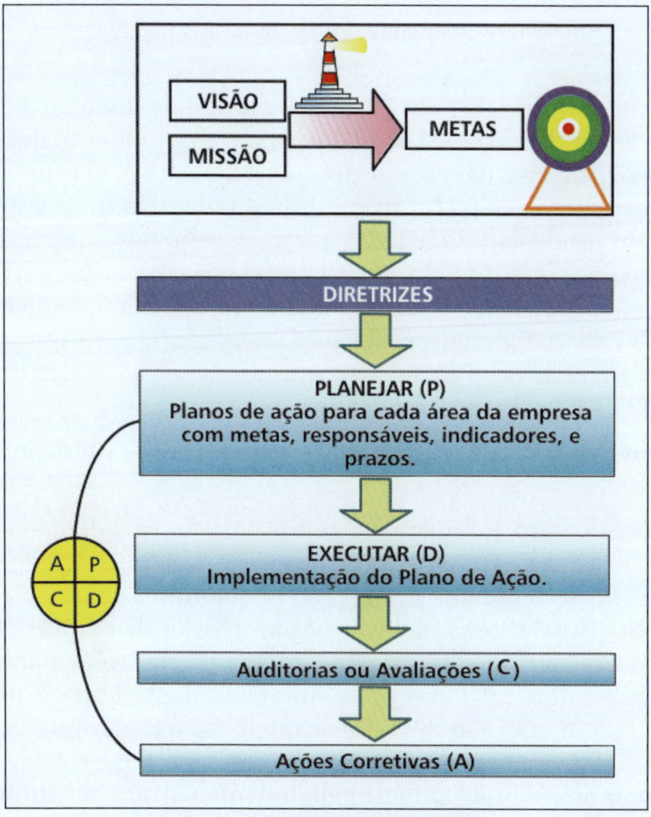


Figura 1.6 - Modelo de gestão

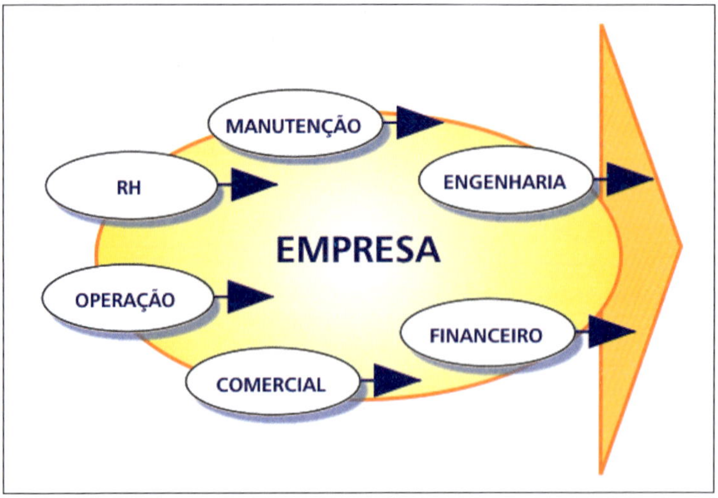


Figura 1.7 – Alinhamento das diretrizes na empresa

A Figura 1.7 mostra uma empresa em que as diversas áreas estão alinhadas segundo as mesmas Diretrizes. O alinhamento mostrado define que as Diretrizes devem ser desdobradas, isto é, elas devem ser divididas em vários projetos ou medidas, permitindo que cada área, segmento ou profissional participe efetivamente para que as metas sejam alcançadas. Desse modo, uma Diretriz da alta administração terá que ser desdobrada através da estrutura organizacional e todas as partes contribuirão para sua execução. Obviamente para que a Diretriz maior ou a Diretriz original seja executada, todas as partes de sua subdivisão ou desdobramento deverão ser executadas.

O desdobramento das Diretrizes é uma etapa do Planejamento (P – PLAN).

No entanto, para a Figura 1.7 representar a realidade é necessário que sejam incluídas as empresas prestadoras de serviço ligadas às diversas áreas. Os especialistas em gestão denominam de "INFLUÊNCIAS SOBRE TERCEIROS" essa inclusão nos propósitos da empresa tomadora de serviços. Apesar de isso ser aparentemente muito óbvio, ainda não ocorre de forma natural. Ou seja, as empresas prestadoras de serviço não se comprometem, não são convidadas ou não são contempladas pela administração das empresas tomadoras de serviço a participar de forma efetiva dos projetos, programas, medidas e planos de ação alinhados com as Diretrizes da empresa.

Isso representa um erro grosseiro de Gestão, tanto por parte das prestadoras como, principalmente, por parte das tomadoras de serviço, desde que AMBAS ESTÃO NO MESMO BARCO e as Diretrizes, Metas e Ações valem para as duas.

A Figura 1.8 representa essa situação. Dentro do barco, que representa a empresa, estão todos os departamentos com o pessoal próprio e o pessoal contratado. A Meta é a mesma para todos.

Figura 1.8 – A importância da participação de todos para obtenção de resultados

A Figura 1.9 ilustra como se dá o desdobramento das Diretrizes, que pode ser comparado a um foco de luz ("enfoque") que permeia toda a estrutura da empresa.

**AS PRÁTICAS DE GESTÃO DEVEM TER O ENFOQUE ADEQUADO**

Figura 1.9 – Desdobramento das diretrizes[7]

Os níveis hierárquicos mais altos estabelecem as Diretrizes que vão sendo desdobradas nos níveis seguintes até o nível de execução. Empresas que fazem contratações permanentes ou terceirizam devem incluir as empresas contratadas no sistema de desdobramento das Diretrizes, pois o resultado final depende do esforço de todos, como comentado anteriormente.

No entanto, o que parece óbvio nem sempre é praticado por muitas empresas. É comum nos depararmos com situações onde as Diretrizes geram planos de ação até o nível de gerente de área ou setor sem atingir as demais camadas hierárquicas da organização. Em muitas empresas esse desdobramento vai até o nível de supervisão.

Na maioria das empresas nacionais o desdobramento das Diretrizes não atinge o pessoal de execução própria nem o pessoal das empresas contratadas pelo fato de não haver uma relação de parceria entre a contratante e a contratada. Isso ocorre com maior incidência nos contratos do tipo “mão de obra” e menos nos contratos por resultado.

No detalhamento dos Planos de Ação em cada nível organizacional estaremos diante de um processo que tem suas Causas e Efeito (ou resultado). Consideremos um processo de manufatura qualquer.

Esse processo tem como Causas os seguintes fatores:

- Matéria-prima (de origem interna ou externa).
- Máquinas (estado físico – deterioração).
- Medidas (instrumentos).
- Meio ambiente (oficinas, clima organizacional, aspectos ambientais).
- Mão de obra (qualificação, treinamento, condições físicas).
- Métodos (padrões de trabalho, procedimentos).

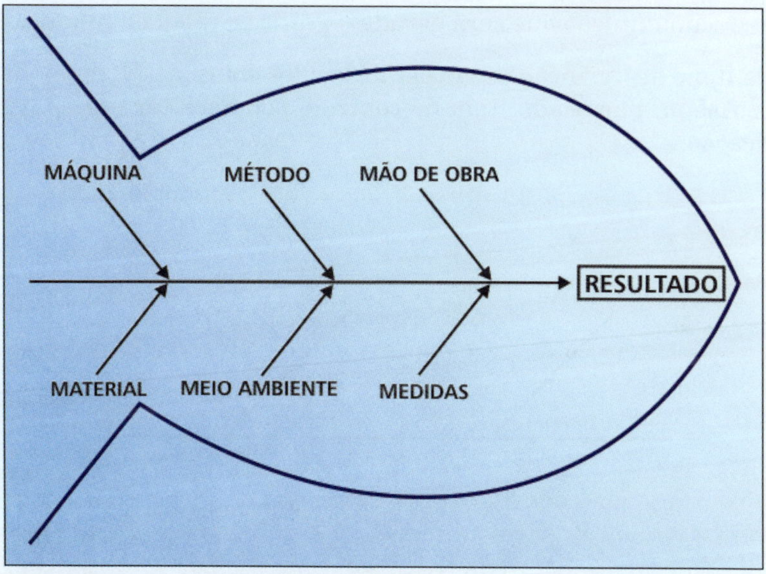


Figura 1.10 – Processo: Diagrama de Causa e Efeito (Ishikawa)*[10]

* (10) Diagrama de Causa e Efeito, Diagrama Espinha de Peixe ou Diagrama de Ishikawa é uma das sete ferramentas da qualidade.

Kaoru Ishikawa (1915-1989), engenheiro químico, foi a figura mais importante no Japão na defesa do Controle de Qualidade. Foi o primeiro a utilizar a expressão Controle de Qualidade Total (*Total Quality Control*) e desenvolveu as "Sete Ferramentas", de modo que qualquer trabalhador poderia utilizar no dia a dia.

## 1.2. INDICADORES

Essas Causas são os fatores da qualidade do produto e devem dispor de um sistema de controle. Como são Causas de um processo, seu sistema de controle deve dispor de Itens de Verificação que nos permitam atuar, prevenindo que o Efeito do processo não tenha um Resultado indesejado. Sobre esse Resultado são estabelecidos Itens de Controle.

O item de controle é o item de gerenciamento de cada meta. Dessa forma, um item de controle incorpora:

- O valor ou indicação numérica da meta.
- Limites ou faixa de controle – os desvios permitidos.
- Frequência de verificação dos resultados.
- Responsável pelo item de controle.
- Documentação que será gerada – gráficos, tabelas, relatórios, etc.

Os itens de verificação são estabelecidos sobre as Medidas de uma Meta. Assim, para cada item de controle podemos ter vários itens de verificação.

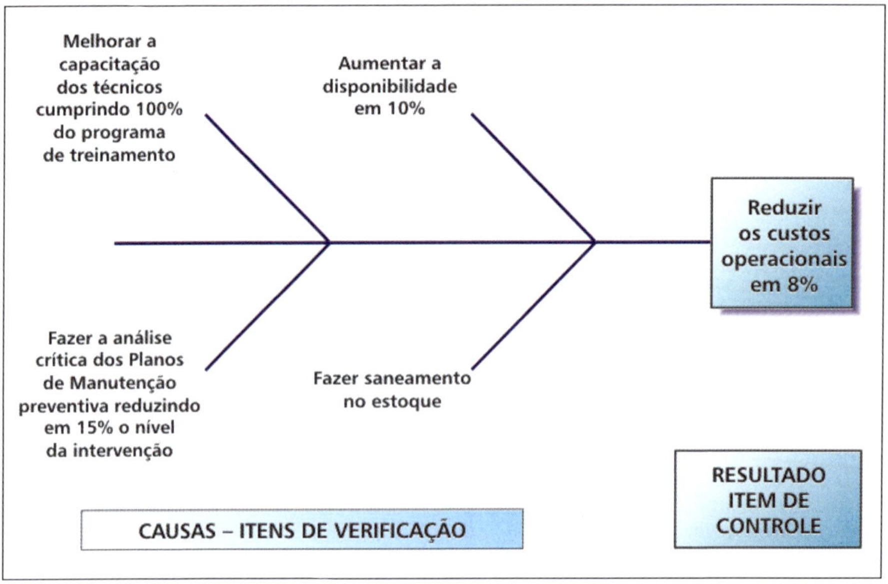


Figura 1.11 – Itens de controle e itens de verificação no Diagrama de Causa e Efeito

Os itens de controle e os itens de verificação, conforme mencionado, são indicadores para controle do processo. Os indicadores devem ter os seguintes atributos:

| Atributo | Característica |
|---|---|
| Apropriado | Medir precisamente o aspecto operacional que precisa ser medido |
| Aceitável | Ser considerado por todos adequado para medir o aspecto operacional desejado |
| Simples | Ser fácil de entender, coletar e interpretar |
| Claro | Não pode ser ambíguo. A medida deve comunicar uma mensagem bem clara em relação à operação que está sendo medida. |
| Comparável | Capaz de ser analisado em relação a dados colhidos interna ou externamente. |

Alguns autores sugerem que no estabelecimento dos indicadores sejam definidos:

- Nome ou denominação do indicador.
- Descrição do que vai ser medido.
- Como vai ser feita a medição.
- Frequência de medição.
- Estimar ponto de partida ou valor inicial.
- Informar quais são os valores correntes para o indicador.
- Meta (melhor valor definido para o indicador).
- Unidades de medida.

Exemplificando:

| Nome ou Denominação do Indicador | Tempo Médio entre Falhas |
|---|---|
| Descrição do que vai ser medido | Tempo Médio de funcionamento do ativo |
| Como vai ser feita a medição | Tempo decorrido entre duas intervenções de manutenção |
| Frequência de medição | Permanente |
| Estimar ponto de partida ou valor inicial | 120 |
| Informar quais são os valores correntes para o indicador | 150 a 400 |
| Meta (melhor valor definido para o indicador) (*benchmark*) | 450 |
| Unidade de medida | dias |

Diversas denominações ou siglas são utilizadas para os indicadores. Citamos algumas mais usuais:

- ÍNDICE (*Index*).
- INDICADOR (*Metric* ou *Indicator*).
- INDICADORES DE PERFORMANCE (*Performance Ratings* ou *Performance Indicators*).
- KPI (*Key Performance Indicators*). ou INDICADORES-CHAVE DE PERFORMANCE ou INDICADORES-CHAVE DO PROCESSO, é uma denominação que se dá aos indicadores selecionados e eleitos como mais representativos para o acompanhamento e o controle do negócio.

Em 1906, Vilfredo Pareto*, economista italiano, estabeleceu a regra conhecida como 80-20, analisando a distribuição de riqueza na Itália: 20% da população detinham 80% da riqueza.

Em 1940, Joseph Juran** deu a esse princípio o nome de Lei ou Princípio de Pareto e cunhou a frase "vital few and trivial many" após constatar que 20% de qualquer coisa sempre representam 80% dos resultados.

Adaptando esse princípio para a Manutenção, podemos afirmar que 20% das falhas causam 80% dos problemas. Ou, também, 20% dos equipamentos (certamente equipamentos críticos) respondem por 80% dos custos de Manutenção.

Esse princípio deve ser aplicado na gestão e na definição dos indicadores para acompanhamento dos processos.

Oitenta por cento do seu tempo devem ser aplicados para gerenciar 20% do trabalho, ou seja, o que realmente importa.

Para a seleção de indicadores, deve-se observar a mesma regra.

---

* (10) Vilfredo Pareto (1848-1923). Foi político, sociólogo e economista italiano. Em 1897 realizou um estudo sobre a distribuição de renda. Através deste estudo, percebeu-se que a distribuição de riqueza não se dava de maneira uniforme, havendo grande concentração de riqueza (80%) nas mãos de uma pequena parcela da população (20%).

** (40) Joseph Juran (1904-2008). Licenciado em Engenharia e Direito. Foi professor de Engenharia na New York University até decidir iniciar a carreira de consultor em 1950. Juran é considerado o outro pai da revolução da qualidade do Japão, juntamente com Deming. Foi o primeiro especialista a aplicar a qualidade à estratégia empresarial, em vez de ligá-la meramente à estatística ou aos métodos de controle total da qualidade. Creditam-se a Juran a divulgação e a aplicação da análise de Pareto.

**POUCOS E VITAIS**

Podemos até definir muitos indicadores e fazer a medição para acompanhar tendências, mas o controle deve ser exercido somente sobre aqueles VITAIS.

**Os recursos (tempo, dinheiro, material, pessoas) são limitados. Devemos aplicá-los onde realmente importa, onde os resultados sejam impactados.**

Figura 1.12 – Falta de foco nos vitais

Os indicadores devem representar bem o controle dos processos que realmente impactam os resultados da organização. Nem sempre esse foco é adotado e por isso há uma grande dispersão de esforços no controle de um grande número de indicadores. Controlar é uma atividade trabalhosa, com aplicação de recursos e que custa caro. É sempre bom lembrar que controlar um processo exige muito mais do que apenas medir esse processo.

Duas metodologias podem ajudar na escolha adequada de indicadores:

- QCAMS

  No modelo TQC japonês, o desdobramento das diretrizes utiliza cinco fatores: Qualidade, Custo, Atendimento, Moral e Segurança (QCAMS). Esses cinco fatores auxiliam na definição de ações e indicadores.

Exemplo:

| Fator | Indicador |
|---|---|
| Qualidade | Índice de conformidade do produto |
| Custo | Custo final do produto |
| Atendimento | Prazo de entrega |
| Moral | Absenteísmo |
| Segurança | Taxa de acidentes |

- *BALANCED SCORECARD*

  O *Balanced Scorecard* foi proposto após um projeto de pesquisa de um ano com doze empresas, por Robert S. Kaplan e David P. Norton e publicado originalmente na edição de janeiro/fevereiro de 1992 da Harvard Business Review. A ideia era apresentar um modelo que traduzisse os objetivos estratégicos de uma empresa num conjunto coerente de resultados de performance. Foi proposto, então, um conjunto de quatro fatores de igual importância para avaliação da performance: financeiro, cliente/mercado, processos (internos) e inovação/aperfeiçoamento.

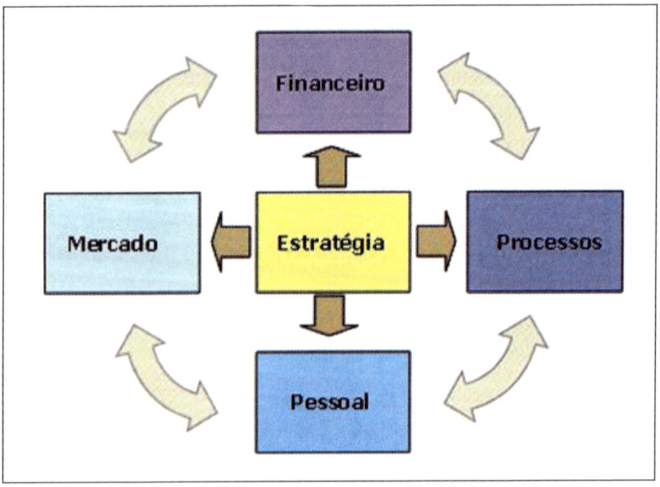


Figura 1.13 – Fatores do *Balanced Scorecard*

A tabela a seguir apresenta exemplos de alguns indicadores nos quatro fatores do BSC.

| Perspectiva | Indicador |
|---|---|
| CLIENTES | • Nível de satisfação dos clientes<br>• Fidelização de clientes |
| PROCESSOS | • Produtividade<br>• Índice de qualidade do produto |
| FINANCEIRO | • Cumprimento do orçamento<br>• Lucratividade do negócio |
| PESSOAS | • Índice de capacitação de pessoal<br>• Índice de participação nos programas institucionais |

O acompanhamento dos indicadores é feito através de gráficos para permitir sua rápida visualização. Apesar de serem disponibilizados inúmeros tipos de gráficos, destacamos aqueles de maior aplicação.

- **Modelo 1 – Gráfico de Colunas**

O modelo mais utilizado no Brasil, atualmente, é o mostrado na Figura 1.14.

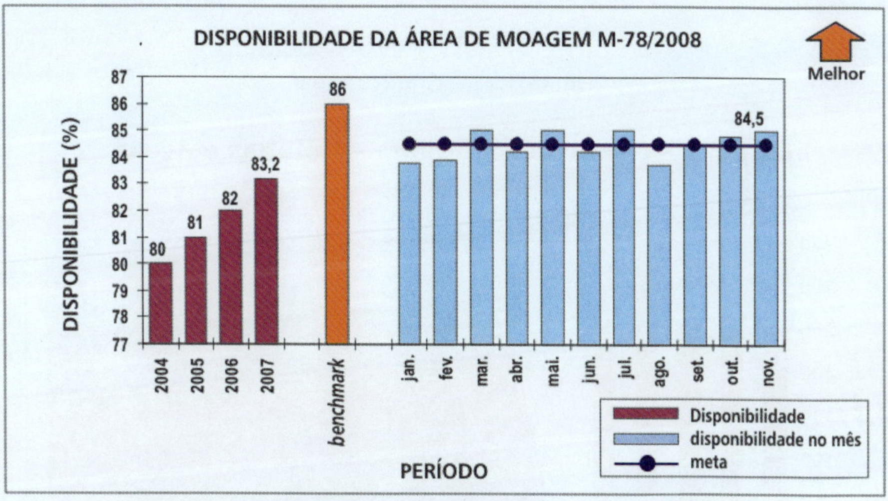


Figura 1.14 – Gráfico de acompanhamento de indicador

O gráfico inclui:

– Resultado dos anos anteriores.

– *Benchmark* (melhor marca de referência ou padrão de comparação).

– Meta estabelecida para o período (dia, mês, ano).

– Seta indicando o sentido de MELHOR.
– Resultados obtidos em cada fração do período considerado (minuto, hora, dia, mês).

- **Modelo 2 – Gráficos Radar**

São utilizados quando se deseja comparar diversas metas simultaneamente.

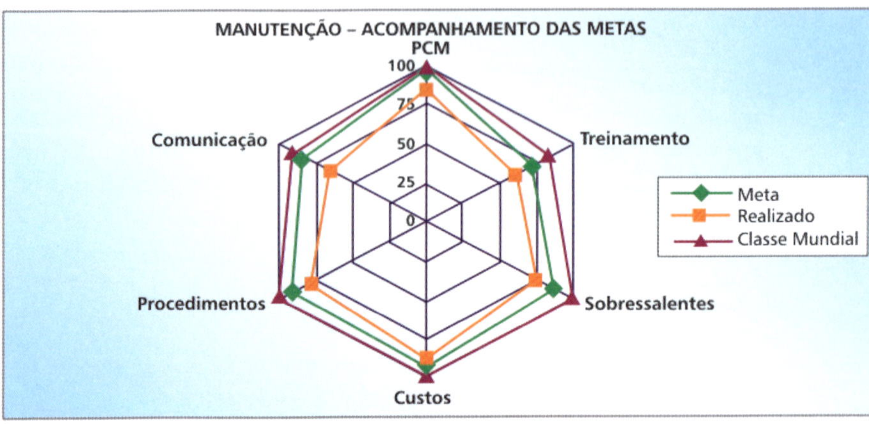


Figura 1.15 – Gráficos radar

- **Modelo 3 – Gráfico Combinado – Colunas e Áreas**

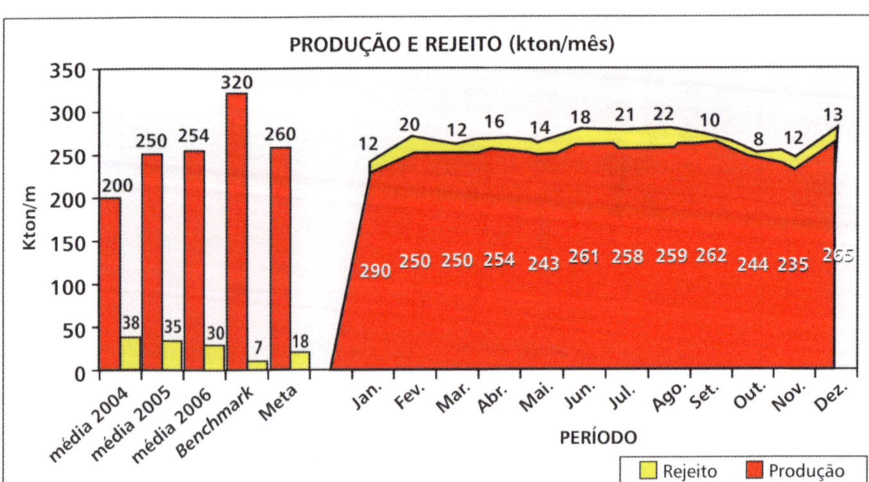


Figura 1.16 – Gráfico combinado: colunas-área

## 1.3. Gestão à Vista (Painel de Bordo)

Denomina-se Gestão à Vista o processo de divulgação que se faz, em diversos locais da empresa ou através da rede interna de informática do controle dos indicadores. Os quadros ou locais onde são afixadas ou o programa que mostra as Metas, Resultados e Problemas são também conhecidos como Painéis de Controle ou Painéis de Bordo.

A existência de painéis de bordo permite que todos conheçam os resultados e os problemas e participem mais efetivamente do processo. O painel de bordo é análogo a um painel de avião ou automóvel que nos permite conhecer e acompanhar uma série de variáveis durante a viagem.

Figura 1.17 – Gestão à Vista

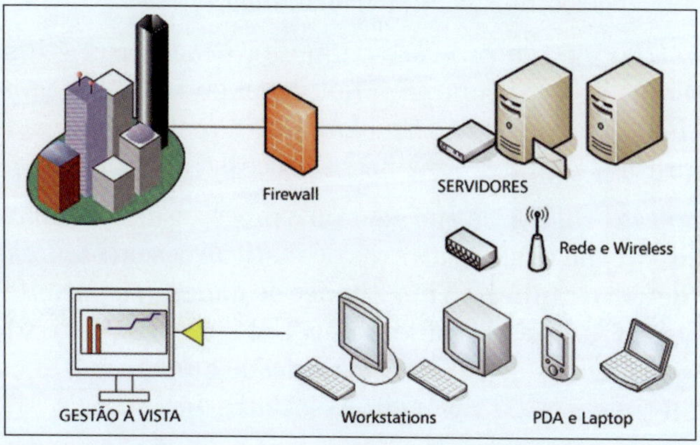


Figura 1.18 – Gestão à Vista *online*

## 1.4. *BENCHMARKING*

Na evolução dos processos de Gestão destaca-se um que ocorreu na Xerox, em 1979, conduzido por Robert Camp, denominado "*benchmarking* competitivo". O processo objetivava examinar os custos unitários das operações industriais da empresa.

*Benchmarking* é o termo que identifica uma técnica essencial para se obter melhoria contínua. É a busca das práticas industriais que levam à performance superior.[42]

*Benchmarking*, segundo a APQC – American Produtivity and Quality Center, pode ser definido como:

> ***Benchmarking* é o processo de identificação, conhecimento e adaptação de práticas e processos excelentes de organizações, de qualquer lugar do mundo, para ajudar uma organização a melhorar sua performance.[36]**

De modo geral, através da procura externa, podemos aprender com os outros e atingir uma performance superior que, se tivesse que ser obtida internamente com incrementos de melhoria, poderia levar muitos anos.

*Benchmarking* é um processo de contínua comparação e medição em uma organização, levando em conta as empresas líderes de mercado em qualquer lugar do mundo, de modo a obter informações que ajudarão a tomar ações para melhorar sua performance.

*Benchmarking* é um processo enquanto *Benchmark* é uma medida ou indicação de desempenho. Em outras palavras o *benchmark* é um indicador. Pode-se dizer que o *benchmark* é a melhor marca de referência. "A empresa Y é *benchmark* nesse processo de fabricação."

As empresas brasileiras que adotam o processo de *benchmarking* com comparação externa o fazem através de instituições ou empresas estrangeiras que detêm o conhecimento e banco de dados que permita a comparação efetiva entre empresas diferentes. Um dos exemplos é a Petrobras, que adota o processo de *benchmarking* desde o início dos anos 90 e utiliza os conhecimentos da Solomon Associates Inc.

A Figura 1.19 mostra como se dá esse processo.

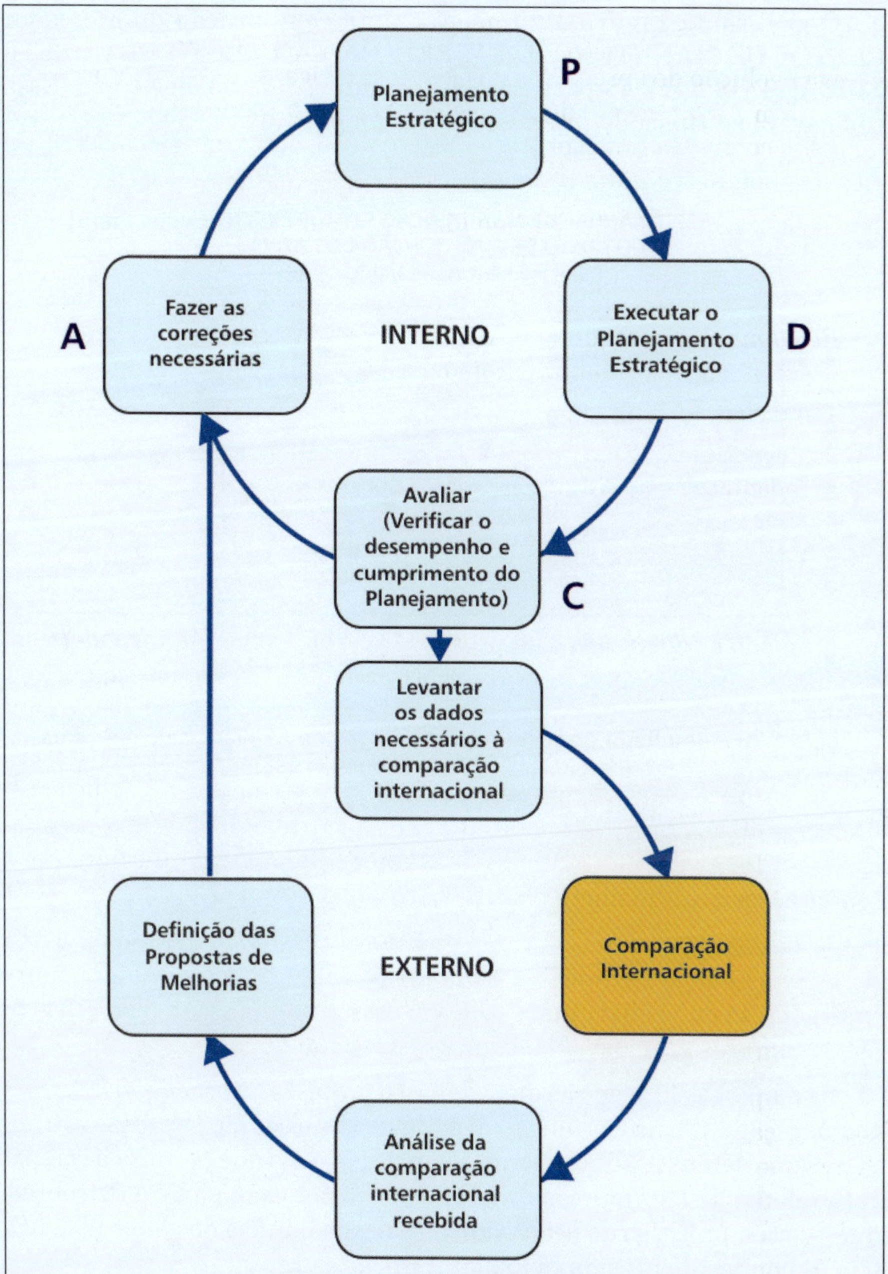


Figura 1.19 – *Benchmarking*

O gráfico da Figura 1.20 mostra uma comparação do indicador CUSTOS DE MANUTENÇÃO EM RELAÇÃO AO CUSTO DE SUBSTITUIÇÃO DOS ATIVOS para 25 plantas industriais de óleo e gás. Essa comparação é típica do processo de *benchmarking*.

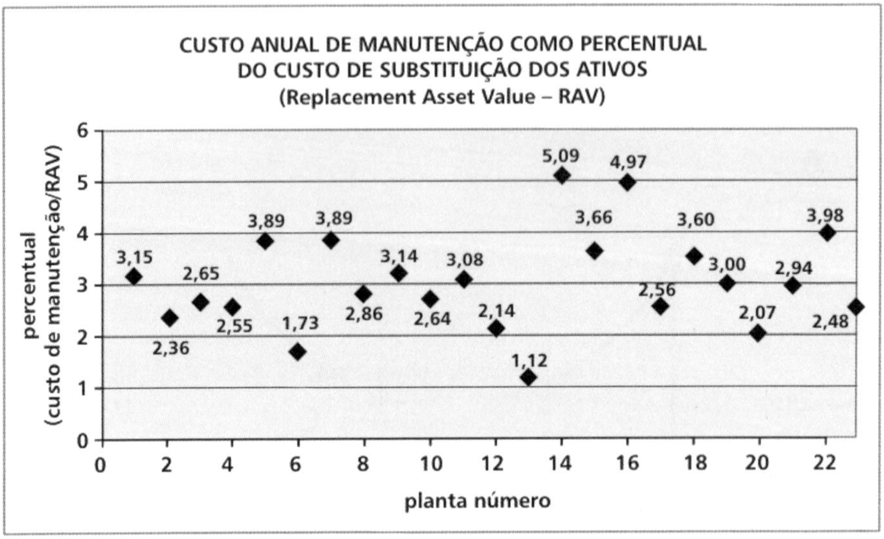


Figura 1.20 – Resultado do custo de manutenção de 25 plantas de óleo e gás (HSB Reliability Technologies, 1996)

# 2. GESTÃO DA MANUTENÇÃO

**Gestão da Manutenção: o que importa**
**1. Disponibilidade e Confiabilidade dos Ativos**
**2. Foco nos Resultados**

Como mostrado anteriormente, a Gestão da Manutenção deve estar alinhada com as Diretrizes emanadas da Alta Administração (Figura 1.6).

A Manutenção é considerada como uma Função Estratégica tendo em vista a sua importância em relação aos resultados da empresa. Em algumas empresas costuma-se, erradamente, considerar que a Produção é responsabilidade exclusiva da Operação. No entanto, a produção de bens ou serviços só é possível pela participação dos diversos segmentos da organização, mesmo que o grau de envolvimento seja maior ou menor, como mostrado na Figura 2.1.

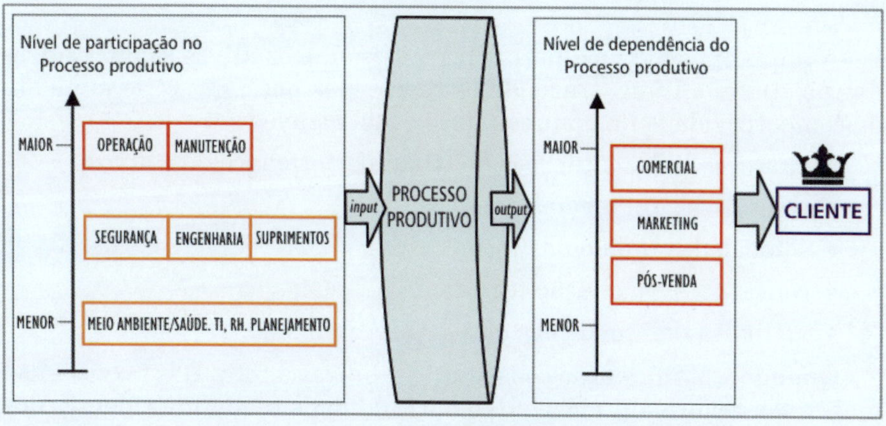


Figura 2.1 – Grau de envolvimento com a produção

Assim, a Produção é um somatório de esforços, onde a participação da Operação e da Manutenção tem uma intensidade maior do que os demais segmentos, mas não pode prescindir da participação deles.

A Gestão da Manutenção, assim como todas as atividades da Organização, depende do controle de dois processos, conforme enfatizado no Capítulo 1:

- GERENCIAMENTO DA ROTINA.
- IMPLANTAÇÃO DE MELHORIAS.

O Gerenciamento da Rotina implica fazer as tarefas do dia a dia de modo estável e previsível. Em qualquer ramo de negócio, é fundamental ter a rotina estabilizada.

Para se entender facilmente o que significa rotina estabilizada, imagine-se utilizando os serviços de uma lanchonete ou *fast-food*. Se a rotina estiver estabilizada você será atendido rapidamente, o sanduíche será servido "no ponto", o refrigerante estará adequadamente gelado, e assim por diante.

De modo análogo, a Manutenção deve dominar o que lhe cabe para também atender o(s) cliente(s) adequadamente.

Somente tendo a rotina estabilizada pode-se buscar a implantação das melhorias no processo. Quando a rotina não está estabilizada não sobra tempo para nada. Nem para pensar.

**De modo geral, enquanto não se tem domínio e previsibilidade na Gestão da Rotina não se consegue implantar melhorias.**

A implantação de melhorias permitirá que os ativos sejam utilizados na sua plenitude, trazendo os resultados necessários ao aumento da competitividade da empresa. Isso se dá através da:

- eliminação das situações de baixa performance dos ativos;
- solução dos problemas crônicos;
- solução dos problemas tecnológicos;
- constante capacitação técnica do pessoal;
- melhoria das condições de manutenibilidade.

Quando a Manutenção consegue estabilizar a rotina, os serviços são realizados de forma previsível, com a qualidade requerida e dentro dos prazos e custos previamente estimados.

Veja o exemplo hipotético da tabela a seguir, que compara a manutenção de uma prensa para as situações de rotina estabilizada e não estabilizada.

| Itens de Resultado | Rotina Estabilizada | Rotina não Estabilizada |
|---|---|---|
| Tempo estimado para a realização do serviço | 8 horas | |
| Tempo gasto na realização do serviço | 8 horas | 12 horas |
| Custo do serviço | Igual ao estimado | 1,5 vez o estimado |
| Retorno do equipamento à operação | Sem problemas | • Vazamento de óleo em mangueiras<br>• Reaperto do suporte de fôrmas |
| Tempo adicional gasto após a "entrega" | Zero | 2 horas |
| Perda de materiais e/ou sobressalentes | Zero | • 1 rolamento 6005<br>• 2 retentores<br>• 30 litros de óleo hidráulico H37 |
| Equipe envolvida na execução | • 1 supervisor<br>• 2 mecânicos<br>• 1 eletricista<br>• 1 instrumentista<br>• 2 ajudantes | • A partir da 8ª hora houve substituição da equipe de execução. |

Uma análise simplificada das duas situações indica que quando a rotina não está estabilizada as perdas são significativas:

- O tempo de realização do serviço 1,5 vez maior acarreta indisponibilidade do ativo, com possível perda de produção.
- Problemas detectados após a partida do equipamento implicaram 2 horas adicionais para correção de problemas. Mais tempo de indisponibilidade associado ao desgaste de relacionamento para o pessoal da operação e da manutenção.
- Perdas de materiais ou sobressalentes, o que implica aumento de custo.
- Utilização de pessoal adicional não previsto. Essa necessidade potencialmente introduz riscos na execução, na medida em que falhas de comunicação podem acontecer (muitos dos acidentes de Manutenção ocorrem pela passagem de serviço deficiente). Além disso, pode comprometer o cumprimento da programação de serviços do dia seguinte.

Esses problemas ocorridos na situação de rotina não estabilizada podem sugerir (pelo menos):

- Falta de capacitação do pessoal para realizar o serviço.
- Falta de preparação prévia dos serviços tanto pelo programador quanto pela equipe de execução.
- Falta ou ineficácia da supervisão da execução.

No entanto, em vez de adotar ações para corrigir essas distorções, é comum se conviver com a situação, adotando as justificativas: "manutenção tem muitos imprevistos" ou "não há dinheiro" para os investimentos que corrigiriam esses desvios. Esse dinheiro que não existe para os investimentos é gasto no custo adicional de mão de obra e materiais. E mais, a frequência com que isso ocorre nas empresas é muito maior do que se pode imaginar.

Para que se busque a estabilização da rotina e a implantação de melhorias, algumas condições básicas devem ser contempladas.

Podemos afirmar que as seguintes condições são fundamentais na Gestão da Manutenção (Figura 2.2):

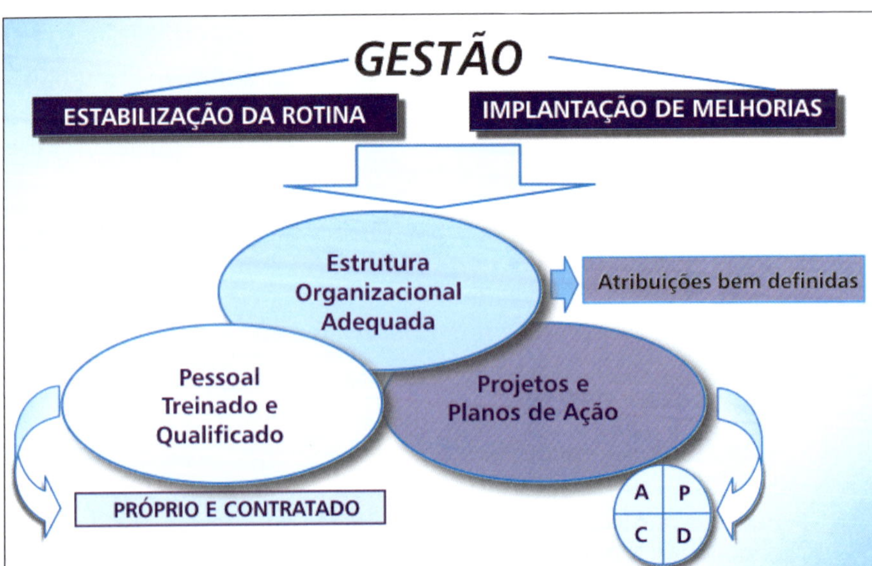


Figura 2.2 – Gestão da Manutenção

- Estrutura organizacional adequada.
- Equipe dimensionada para o exercício das atribuições.
- Pessoal treinado e qualificado.
- Metas bem definidas com Projetos e Planos de Ação com responsáveis, prazos, itens de controle e itens de verificação alinhados com as Diretrizes.

Essas quatro condições formam a base para que a Gestão da Manutenção seja exercida de maneira eficaz e produza os resultados necessários.

Não adianta imaginar que as condições de estabilidade do processo de manutenção serão alcançadas se a estrutura organizacional não for adequada, se o pessoal não for capacitado ou se não houver uma sistemática de trabalho.

É importante frisar que dentre as condições básicas para a boa Gestão da Manutenção deve estar contemplada a participação efetiva das empresas prestadoras de serviço.

No caso da relação entre empresas tomadoras e prestadoras de serviço, deve-se observar que:

- As condições indicadas acima devem valer para as duas empresas.
- A prestadora de serviço deve trabalhar alinhada com as diretrizes da empresa tomadora de serviço. Para isso, é fundamental que a empresa tomadora de serviço considere a empresa prestadora como parceira.
- As interfaces que existirão durante a vigência do contrato devem ser previstas e tratadas no instrumento contratual, ou seja, antes de serem iniciados os serviços.

## 2.1. Missão da Manutenção

A missão da Manutenção[1] é:

**Garantir a confiabilidade e a disponibilidade dos ativos de modo a atender a um programa de produção ou prestação de serviços com segurança, preservação do meio ambiente e custos adequados** (Figura 2.3)

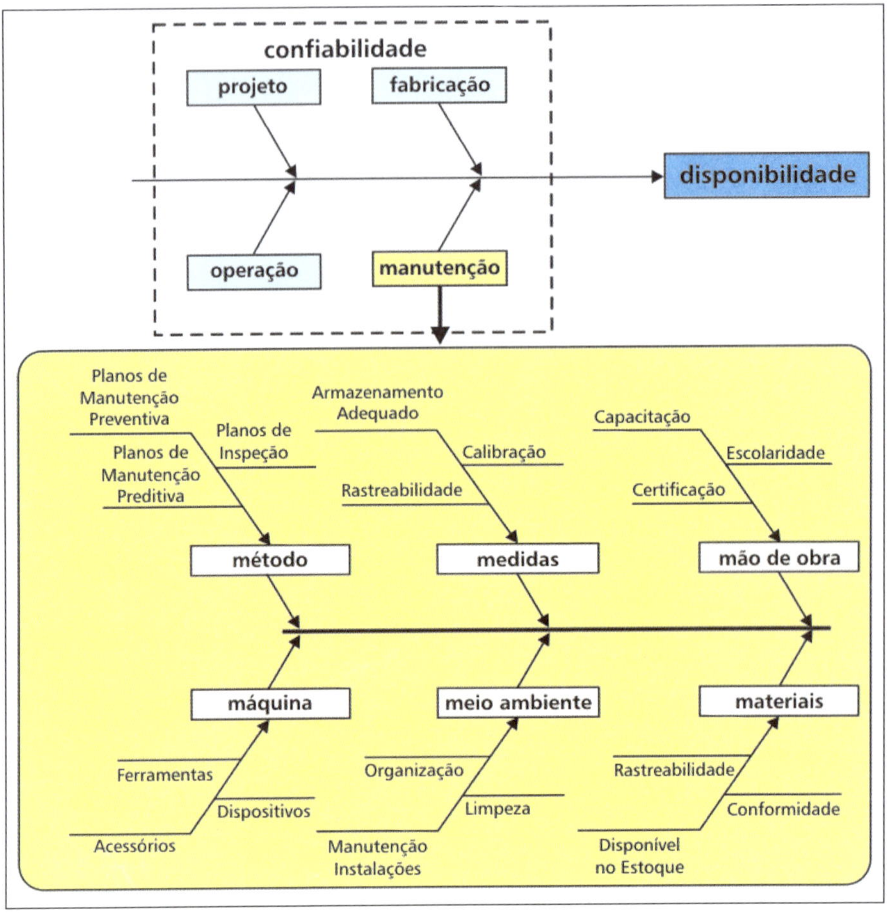


Figura 2.3 – Diagrama de causa e efeito da Manutenção

**Confiabilidade** é a probabilidade que um item pode desempenhar sua função requerida, por um intervalo de tempo estabelecido, sob condições definidas de uso.

Por ser uma probabilidade, a confiabilidade é uma medida numérica que varia entre 0 e 1 (0 e 100%).

**Disponibilidade** é o tempo em que o equipamento, sistema, instalação está disponível para operar (ou ser utilizado), em condições de produzir ou de permitir a prestação de um serviço.

Disponibilidade é **RESULTADO**.

Pode ser definida como:

$$\textbf{Disponibilidade} = \frac{\Sigma \text{ Tempos disponíveis para operação}}{\Sigma \text{ Tempos disponíveis para operação} + \Sigma \text{ Tempos em manutenção}}$$

Ou,

$$\textbf{Disponibilidade} = \frac{\text{TMEF}}{\text{TMEF} + \text{TMPR}}$$

Onde:

TMEF = Tempo médio entre falhas.

TMPR = Tempo médio para reparos.

A garantia da Confiabilidade e da Disponibilidade deve sempre considerar o atendimento à Segurança e Preservação do Meio Ambiente, além da garantia do Custo Adequado, de modo a atender ao Orçamento estipulado.

Custo Adequado difere de Custo Mínimo ou Menor Custo para permitir que sejam alcançados o(s) melhor(es) resultado(s). Isso, na maioria das vezes, não acontece quando o corte nos custos se torna o objetivo principal da Manutenção ou da Empresa.

| O PAPEL DA MANUTENÇÃO:[1] | |
|---|---|
| **NÃO É** | **É** |
| FAZER MANUTENÇÃO | GARANTIR A DISPONIBILIDADE |
| REDUZIR CUSTOS | PRODUZIR RESULTADOS |

Quanto maiores a confiabilidade e a disponibilidade dos equipamentos, sistemas e instalações melhores resultados serão obtidos pela empresa. Aumentar 2% na Disponibilidade é extremamente significativo em termos financeiros para a empresa.

**A contribuição da Manutenção para a Disponibilidade (ou *UpTime*) é, na pior das hipóteses, 10 vezes o potencial da redução de custos que ela tenta (ou pode) fazer internamente![5]**

Isso posto, pode-se afirmar que:

As empresas necessitam de Disponibilidade (Resultados) para garantir a sua sobrevivência no mercado.

A Manutenção própria ou realizada através das empresas prestadoras de serviço deve oferecer Disponibilidade (Resultados) para que seus clientes sejam atendidos e, dessa forma, se garanta a sobrevivência.

## 2.2. MELHORES PRÁTICAS GERENCIAIS NA MANUTENÇÃO

Melhores Práticas (*Best Practices*) são aquelas práticas que se têm mostrado superiores em resultados. Devem ser selecionadas por um processo sistemático e julgadas como exemplares e de sucesso demonstrado. As melhores práticas são então adaptadas para se ajustarem às organizações, desde que cada empresa tem suas particularidades, ou seja, são diferentes entre si.

Algumas das melhores práticas no gerenciamento da rotina da Manutenção são:

**a) Análise de Falhas**

A análise de falhas é uma das práticas que oferecem melhores resultados para a Organização. No caso da Manutenção, a análise das falhas ocorridas, sistematizada através de ferramentas já consagradas (histórico, estratificação, Gráfico de Pareto[10], padronização etc.) permite que a causa-raiz das falhas seja detectada e ações concretas sejam estabelecidas de modo que essas falhas não voltem a ocorrer.

**b) Atuação integrada com a Operação e a Engenharia**

As análises de falhas conduzidas pela Manutenção devem buscar a participação de pessoal da Operação e/ou da Engenharia, quando aplicável. Algumas vantagens dessa sistemática são:

- Complementar o conhecimento do pessoal da Manutenção na análise do problema.
- Criar uma ambiência favorável à solução conjunta de problemas.
- Melhorar o relacionamento interpessoal e interdepartamental.
- Permitir que áreas diferentes da empresa conheçam as rotinas, esforços e dificuldades da Manutenção (e vice-versa).

---

[10] O Gráfico de Pareto é utilizado para permitir a análise e a priorização em função do grau de importância entre grupos de dados.

c) **Ênfase na Inspeção e na Manutenção Preditiva em detrimento da Manutenção Corretiva Não Planejada e da Manutenção Preventiva em excesso**

A Manutenção Preditiva é a que apresenta melhor relação custo-benefício além de garantir que os equipamentos operem durante maior tempo sem intervenções. Assim, deve-se evitar a Manutenção Corretiva não Planejada e reduzir a Manutenção Preventiva, substituindo-a, onde possível e justificável, pela Manutenção Preditiva.

d) **Aplicação da técnica de Análise Preliminar de Riscos para os principais serviços de Manutenção como prática para aumentar a confiabilidade e a segurança das intervenções**

Também conhecida como Análise Prévia de Trabalhos ou Análise de Riscos no Trabalho, é uma prática bastante difundida na maioria das empresas. Atualmente, apesar de ser uma prática quase que obrigatória, dois cuidados devem ser tomados:

- O executante não pode preencher os formulários na oficina ou escritório somente para cumprir as normas. Isso representa uma forma de enganar o sistema e se expor ao risco.
- A Análise Preliminar de Riscos não pode ser uma sistemática que se torne um fim em si mesmo, isto é, acabe se tornando mais importante do que os serviços a serem executados.

e) **Análise crítica das intervenções com foco na disponibilidade e confiabilidade**

Como os recursos são limitados (pessoal, material, sobressalentes, dinheiro), as intervenções devem privilegiar os aspectos de garantia da disponibilidade dos equipamentos e instalações, e melhoria da confiabilidade. Essa função é primeiramente levada a efeito pelo PCM que deve atuar filtrando as solicitações de trabalho.

f) **Análise crítica anual dos planos de manutenção preventiva, manutenção preditiva e inspeção**

Os planos de Manutenção e Inspeção devem ser objeto de uma análise crítica anual coordenada pela Engenharia de Manutenção. Essa análise deve envolver a Execução, a Inspeção, a Operação e o PCM. Nessa ocasião serão revisados:

- Frequência de inspeção ou de serviços (quando).
- Os serviços listados no plano (o que fazer).
- Os recursos humanos necessários (quem).
- As técnicas ou soluções que devem ser empregadas (como).
- Aspectos relacionados à liberação dos equipamentos (Operação).
- Aspectos relacionados à segurança.

**g) Prática da multifuncionalidade (polivalência ou multiespecialização) tanto para os serviços com pessoal próprio como para os com pessoal terceirizado**

Apesar de polêmica, a multifuncionalidade é considerada como uma boa prática, pois agrega valor às funções, aumentando a produtividade e influenciando diretamente os resultados. A multifuncionalidade não deve ser entendida como a busca de executantes que sejam capazes de atuar em qualquer função, mas capazes de melhorar a maneira de executar o serviço, incorporando tarefas específicas e evitando interrupções absolutamente desnecessárias pela intervenção de outras especialidades.

Exemplos típicos:

- Mecânicos utilizarem maçarico para esquentar um cubo de acoplamento que vai ser montado em um eixo. Evita-se a interrupção do trabalho e ganha-se o tempo de espera até a chegada do maçariqueiro.
- Mecânicos retirarem manômetros de uma bomba centrífuga que vai sofrer uma revisão.
- Inspetores fazerem a preparação de uma peça para aplicação de líquido penetrante ou partículas magnéticas, dentre outras.

Contudo, duas providências são fundamentais nesse processo:

- Treinar os executantes nas novas técnicas que serão aplicadas por eles. O treinamento deve ser formal, com os registros que evidenciem a capacitação do pessoal.
- Alterar a descrição de cargos, incluindo as novas atividades que os profissionais podem exercer.

**h) Contratação, sempre que possível, por resultados com indicadores de desempenho focados nas metas da manutenção e da empresa (disponibilidade, confiabilidade, custos...)**

De modo simplificado pode-se afirmar que existem três modalidades de contratação na Manutenção:

- Contratação de Mão de Obra – remunera-se a mão de obra disponível independentemente de sua produtividade, qualidade do serviço executado, responsabilidade técnica, e outros.
- Contratação por Serviços – a contratada recebe pela execução de um serviço, o que modifica para melhor a produtividade e a garantia técnica do serviço. No entanto, não há compromisso da contratada com a DISPONIBILIDADE da planta, desde que ela recebe pelos serviços executados.
- Contratação por Resultados – a DISPONIBILIDADE é a meta para ambos – Contratante e Contratada. Mesmo que o total de homem-hora previsto não seja utilizado, a contratada é remunerada em função da disponibilidade da planta. A verba que não foi aplicada na execução dos serviços é repartida entre tomadora e prestadora.

Assim, sempre que possível, é desejável que a contratação privilegie os resultados.

**i) Aplicação sistematizada de programas de capacitação tanto para o pessoal próprio como para os terceiros**

Pessoal treinado e capacitado é condição fundamental para garantir o cumprimento da rotina. A capacitação de pessoal é um dos itens mais negligenciados em âmbito mundial, desde que ela encabeça a lista nos cortes de custos e tem as programações sistematicamente descumpridas. Pessoal treinado e qualificado traz reflexos positivos nos custos, qualidade dos trabalhos, tempo de execução, segurança pessoal e patrimonial.

**j) Aplicação sistemática de programas de auditorias internas e externas como ferramenta para avaliação e divulgação das melhores práticas**

A realização sistemática de auditorias internas e externas não é nada mais do que a aplicação do ciclo do PDCA aos processos do negócio, ou seja, a fase C (Avaliação). Sem essa fase, não é possível a análise crítica que permitirá a introdução de melhorias.

**k) Adoção da prática de TPM – *Total Productive Maintenance*[10] – como forma de garantir o senso de propriedade do**

**operador em relação aos ativos, considerando que ele é a primeira fonte de inspeção**

TPM – *Total Productive Maintenance**[38] – ou Manutenção Produtiva Total – é um processo estruturado que busca identificar os problemas que limitam a efetividade dos ativos e fornece as ferramentas para a solução desses problemas. O maior mérito do TPM é o envolvimento dos empregados na solução dos problemas e na criação de uma cultura de propriedade e orgulho pelo bom funcionamento dos equipamentos. Um dos destaques do programa é a participação dos operadores realizando pequenos serviços de manutenção nas máquinas (Manutenção Autônoma).

A implantação de TPM demanda a participação de toda a estrutura da planta e se dá em um prazo de três a cinco anos.

l) **Elaboração de Procedimentos para os principais trabalhos**

Os procedimentos escritos são:

- A memória técnica da organização.
- A melhor forma de realizar um trabalho.
- Um excelente material para treinamento.

Devem ser:

- Elaborados com a participação dos executantes.
- Revisados ou atualizados sistematicamente, com coordenação da Engenharia de Manutenção.
- Utilizados por todos, ou seja, os serviços devem ser feitos conforme os procedimentos.

m) **Integração entre Manutenção e Suprimentos (*supply-chain*)**

O maior fornecedor da Manutenção é a área de Suprimentos, que engloba as atividades de previsão e controle, compras e almoxarifado. A integração entre Manutenção e Suprimentos significa:

- Definição clara das atribuições de cada área em relação a materiais e sobressalentes.
- Análise conjunta de estoque, armazenamento e compras.

---

* (38) Seiichi Nakajima, engenheiro, a quem se credita a criação do TPM a partir dos conceitos da Manutenção Preventiva em 1950. No Japão o TPM é praticado desde 1970. Inicialmente aplicado na Nippon Denso KK, do grupo Toyota, permitiu significativa redução nos problemas relacionados com os equipamentos.

- Complementaridade de conhecimentos para o exercício das atividades.
- Credenciamento e auditoria em fornecedores.

A aplicação das melhores práticas é o caminho natural para se atingir a Excelência ou a Manutenção Classe Mundial. Empresas nas quais existe um programa estruturado de Manutenção estabelecem metas para melhoria da taxa de utilização de ativos alicerçados na aplicação das melhores práticas controlada através de (poucos) indicadores representativos.

As auditorias permitirão que seja verificado o cumprimento do plano de ação, corrigidas as falhas do planejamento inicial e divulgados os melhores resultados para toda a empresa.

Em suma, é a aplicação do ciclo PDCA na sua totalidade.

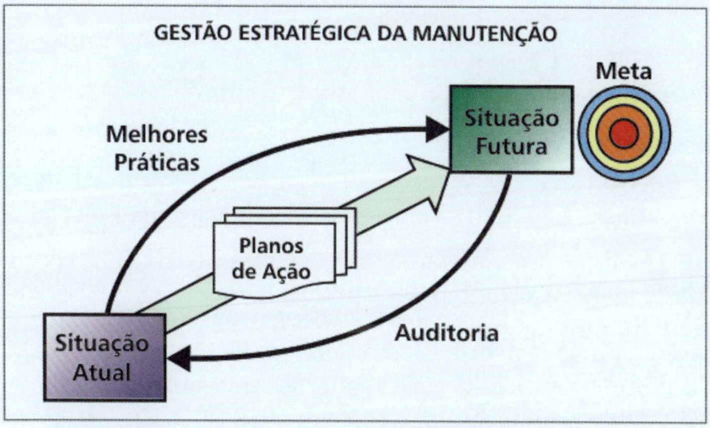


Figura 2.4 – Melhores Práticas na Gestão da Manutenção

Constata-se que as melhores práticas são amplamente conhecidas pelos profissionais que atuam tanto na Operação quanto na Manutenção. Todos concordam que a sua aplicação é fator de melhoria nos resultados e que as empresas que as aplicam, de modo sistemático, estão em melhor situação no mercado. No entanto, uma significativa parcela de profissionais ou de empresas NÃO APLICA AS MELHORES PRÁTICAS.

| MELHORES PRÁTICAS – NÃO BASTA CONHECER. TEMOS QUE APLICÁ-LAS |
|---|

Outro problema comumente encontrado nas empresas é a má aplicação do ciclo do PDCA. São elaborados os Planos (P) e parte-se para a ação, ou seja, para sua aplicação (D). No entanto, não são praticadas nem a verificação ou avaliação e nem a correção (C e A).

Dessa forma, não se verifica ou se avalia e nem se implantam as melhorias. Com isso, não se consegue mudar de patamar, nem garantir uma melhora consistente e definitiva.

| NÃO SE FAZ O GIRO COMPLETO DO PDCA. |
|---|

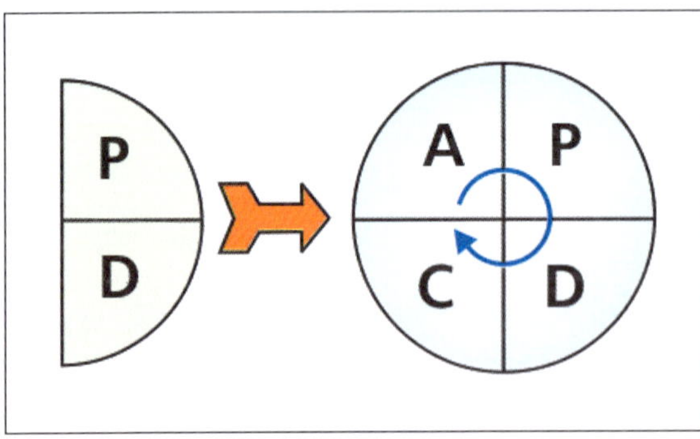


Figura 2.5 – Giro incompleto e giro completo do PDCA

A melhoria contínua se dá por etapas, ou seja, a cada ciclo completo do PDCA obtém-se uma melhoria e sobe-se um degrau. Para efeito de comparação, vamos usar um caso hipotético em que uma parada de manutenção de uma estação de britagem em uma fábrica de cimento vem sendo feita da mesma forma por 15 anos consecutivos.

O planejamento, a programação e a execução seguem, infalivelmente, os mesmos procedimentos nesses anos. Naturalmente não são feitas avaliações após a conclusão dos serviços. Todos estão satisfeitos com o nível de resultados.

Conclui-se, então, que todos estão estacionados no mesmo degrau há 15 anos. Para que haja melhoria, é necessário que, após a conclusão dos serviços, seja feita uma avaliação e questionado o que pode ser melhorado.

Essa reunião de avaliação é o C do PDCA e as ações de melhoria a serem implantadas para os próximos serviços são o A do ciclo.

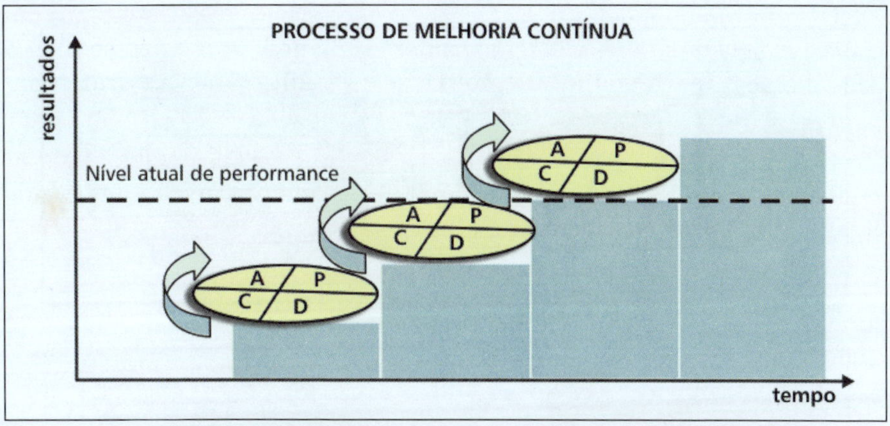


Figura 2.6 – Melhoria Contínua pelo giro do PDCA

## 2.2.1. Técnicas Básicas de Manutenção

Apesar de conhecidas, algumas práticas consideradas BÁSICAS nem sempre são adotadas e, em consequência, a confiabilidade e a disponibilidade dos ativos são afetadas negativamente. Pela não adoção ou não aplicação dessas práticas básicas, o risco de acidentes com os equipamentos e falhas de proporções maiores do que as toleradas são contabilizados pela indústria. Mais do que isso, a não aplicação dessas práticas consideradas básicas é sinônimo de falta de compromisso com a qualidade do serviço.

Algumas dessas práticas básicas estão listadas a seguir:

- **Alinhamento de Equipamentos Rotativos**

Condição básica para o funcionamento dos equipamentos girantes, qual seja a colinearidade dos eixos que pode ser obtida com o auxílio do conjunto de alinhamento com relógios comparadores ou alinhamento óptico (*laser*).

Entre os benefícios do alinhamento, destacam-se:

- Redução das forças nos mancais garantindo maior vida.
- Minimização do desgaste dos componentes dos acoplamentos.
- Eliminação da possibilidade de falha do eixo por fadiga cíclica.
- Redução da potência consumida (entre 2 e 17%).
- Manutenção das folgas internas do rotor.
- Baixos níveis de vibração na carcaça, mancais, peças móveis e base.

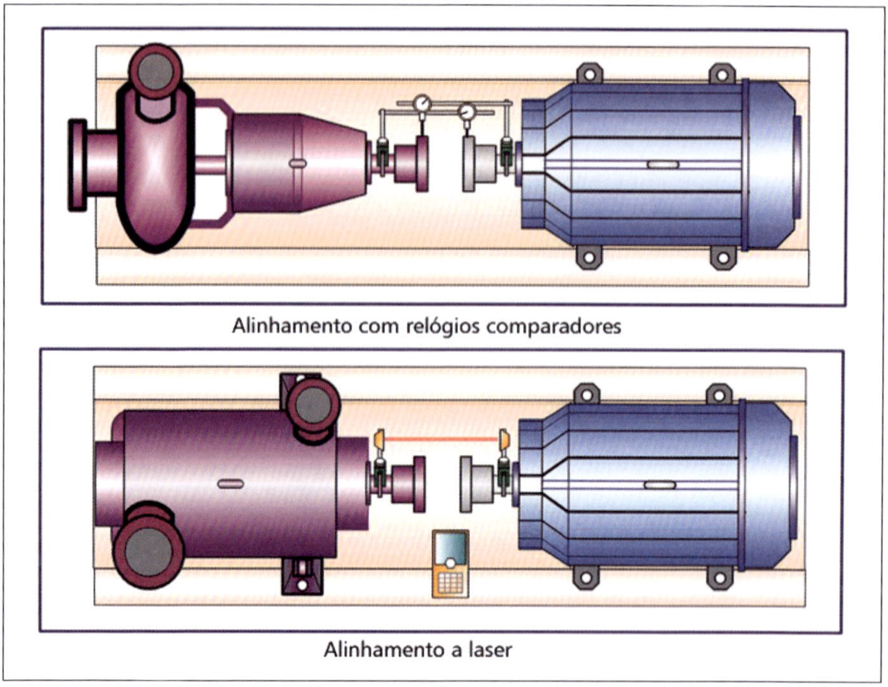


Figura 2.7 – Alinhamento de equipamentos rotativos

- **Balanceamento**

É o processo pelo qual se promove a melhoria da distribuição de massa de um corpo, de modo que, quando girando, não induzirá forças oriundas da má distribuição ou desbalanceamento na carcaça, mancais e fundações.

O balanceamento dinâmico é uma prática básica obrigatória nos equipamentos rotativos – bombas, turbinas, compressores, ventiladores, dentre outros. Dentre os benefícios que o balanceamento propicia, destacam-se:

- Redução das forças nos mancais, garantindo maior vida.
- Minimização do desgaste dos componentes dos acoplamentos.
- Eliminação da possibilidade de falha do eixo.
- Eliminação da ocorrência de roçamento entre as partes fixas e móveis.
- Baixos níveis de vibração na carcaça, mancais e base.

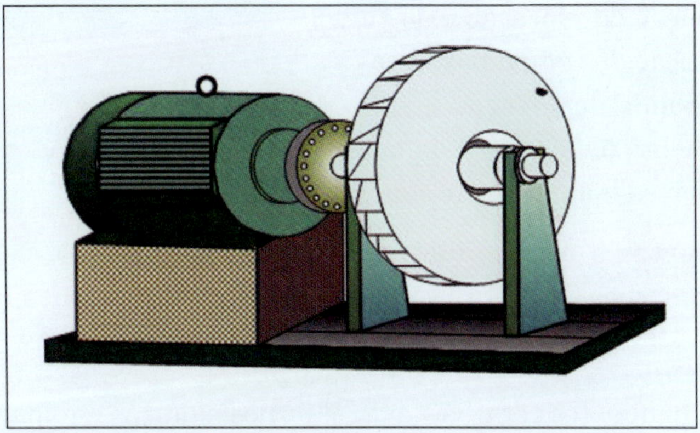

Figura 2.8 – Balanceamento de um rotor de ventilador

- **Alinhamento de Polias**

Analogamente ao alinhamento de eixos, o alinhamento de polias é fundamental para um bom rendimento da transmissão.

Atualmente estão disponíveis sistemas de alinhamento a *laser*, que praticamente aposentaram a antiga régua.

A Figura 2.9 mostra um equipamento a *laser* para alinhamento de polias.

Figura 2.9 – Alinhamento de polias a *laser*

Dentre os benefícios gerados pelo correto alinhamento de polias se destacam:

- Redução da vibração e do ruído.
- Redução do tempo para reparos.
- Economia de energia.
- Aumento da vida útil da correia, da polia e dos mancais.
- Suportes e alinhamento de tubulações.

- **Suportes e Alinhamento de tubulação**

As tubulações estão presentes em praticamente todos os tipos de indústrias e dois aspectos merecem atenção: os suportes e o alinhamento na montagem.

Os equipamentos rotativos, vasos, fornos e outros equipamentos podem sofrer tensões elevadas oriundas dos esforços das tubulações neles conectadas. Esses esforços podem provocar alguns problemas, como:

- Desalinhamento nos equipamentos rotativos.
- Tensões nos bocais que podem chegar à ruptura.
- Esforços não admissíveis nos equipamentos em geral.
- Indução de deformações permanentes em equipamentos e grandes válvulas.
- Ruptura da tubulação com consequências mais ou menos sérias dependendo do tipo de indústria ou produto transportado.

A tabela da Figura 2.10 indica as tolerâncias que devem ser adotadas para o alinhamento de flanges de tubulação (medido com calibradores de folga).

| Diâmetro do Flange (mm) | Tolerâncias (mm) |
|---|---|
| Até 100 | 0,2 |
| >100 a 150 | 0,3 |
| >150 a 200 | 0,4 |
| >200 a 250 | 0,5 |
| >250 | 0,6 |

Figura 2.10 – Tabela de tolerância para alinhamento de flanges de tubulações

- **Equipamentos Elétricos**

Alguns fatores básicos e simples podem determinar um aumento de confiabilidade nos equipamentos elétricos na indústria, dentre os quais:

- Organização e identificação de circuitos, chaves e painéis.
- Limpeza e arrumação.
- Sistema que evite a entrada de animais (gatos, gambás, ratos) nas subestações e painéis.
- Sinalização adequada.
- Sistema de pressurização para evitar a entrada de poeira e umidade (onde possível).
- Documentação técnica (desenhos unifilares, funcionais, de interligação) atualizada.
- Aplicação de Termografia.
- Aplicação de Análise de Gases Dissolvidos em óleo isolante.

Figura 2.11 – Painéis elétricos: esquerda – inadequado; direita – adequado

## 2.3. Gestão de Ativos

Ativo pode ser definido como uma entidade com valor monetário. No contexto de Manutenção, um ativo pode ser considerado qualquer equipamento ou sistema de uma planta ou instalação.

Outras fontes definem como Ativo Fixo um conjunto de bens duráveis (tangíveis e intangíveis) que a organização explora como meio para atingir seu objetivo. A partir dessa definição pode-se afirmar que uma planta de mineração, uma refinaria de petróleo ou uma fábrica de automóveis são ativos fixos.

**GESTÃO ESTRATÉGICA DE ATIVOS[2] é um modelo para se obter valor dos ativos de produção. Representa uma ação gerencial de cima para baixo para se obter a máxima lucratividade através dos equipamentos e das pessoas.**

A Gestão Estratégica de Ativos (*Strategic Asset Management*) envolve a gestão do capital investido (nos ativos), através de um programa de longo prazo para aumentar o RONA (*Return on Net Assets*).

*Return On Net Asset* (RONA) ou *Return On Assets* (ROA) é a relação entre o lucro operacional (depois de taxado) e o valor líquido dos ativos da empresa. Os ativos líquidos (*net assets*) compreendem o terreno, construções e equipamentos de propriedade da empresa.

A Gestão Estratégica de Ativos é uma função exercida de cima para baixo (*top-down*) definindo uma especificação de performance para cada unidade operacional, identificando seus componentes críticos em relação à performance e melhorando, sistematicamente, as variáveis-chave controláveis da operação.

Envolve todas as áreas da empresa, sendo o foco principal de cada uma:

**Manutenção e Operação**

- produzir/utilizar a capacidade dos ativos.

**Compras**

- confiabilidade operacional em primeiro lugar;
- custos em segundo lugar.

**Engenharia**

- baseada no LCC (Custo do Ciclo de Vida), incluindo características do produto, manutenibilidade, operacionalidade e custo por unidade produzida.

A Visão da Gestão de Ativos é ter a planta ou instalação operando continuamente, na capacidade máxima, sem tempo perdido (*downtime*) e mínimo tempo de paradas imprevistas ou planejadas.

Nesse contexto, a Manutenção não pode gastar a maioria dos seus recursos para atender reparos em emergência, como ainda ocorre em diversas plantas e instalações, mas adotar uma cultura de gerência de ativos. *Buscar resultados para a empresa em vez de intervir.*

Uma das abordagens sobre Gestão de Ativos está associada a um ciclo de melhoria que se baseia em modelo empírico de cinco estágios, cuja aplicação demanda um tempo entre três e dez anos, dependendo de onde esteja situada a Manutenção[2].

Os cinco estágios do ciclo de melhoria estão indicados na tabela abaixo:

| Estágio | Objetivo | Atributo |
|---|---|---|
| 1 | Ganho do controle do trabalho | Manutenção Diária |
| 2 | Ganho do controle da condição do equipamento | Manutenção Proativa |
| 3 | Criação de ambiente para maximizar a contribuição do pessoal | Excelência Organizacional |
| 4 | Eliminar, sistematicamente, fontes potenciais de falhas | Engenharia da Confiabilidade |
| 5 | Garantir o alinhamento das operações financeiras, liderança corporativa, vendas, marketing e clientes | Excelência Operacional |

O triângulo onde são detalhadas as ações para cada estágio de melhoria está mostrado na Figura 2.12.

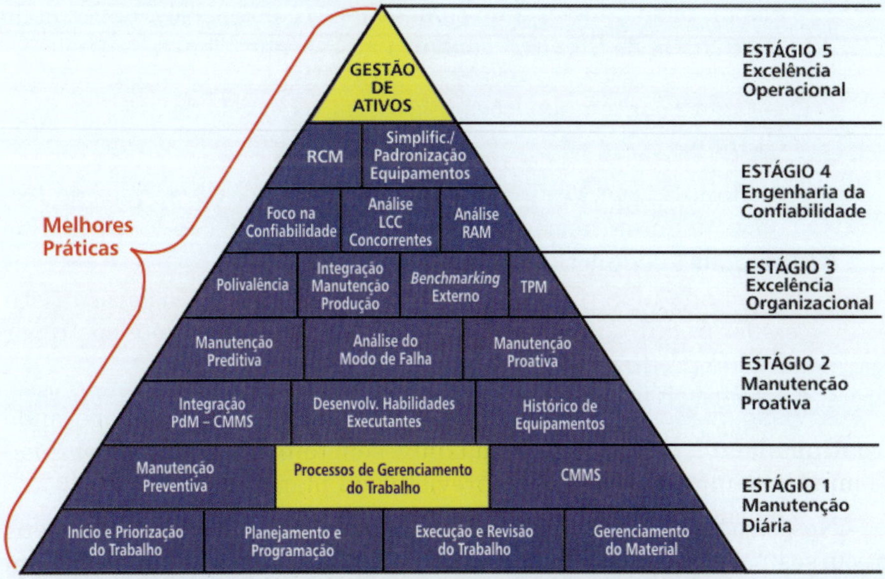


Figura 2.12 – *Operational Reliability Maturity Continuum Strategic Asset Management Incorporation* – SAMI[2]

Uma análise mais detalhada do modelo indica que:

a) As diversas ações contidas em cada estágio são (melhores) práticas de Manutenção.

b) A base do triângulo, estágio 1, privilegia as ações relativas ao Planejamento e Controle da Manutenção (PCM), quais sejam: (ver Capítulo 3)

- Início e Priorização do Trabalho → Matriz de Criticidade e Priorização.
- Planejamento → Estabelecer planos de manutenção (P).
- Programação → Operacionalizar os planos e outros serviços (P).
- Execução → Executar conforme planejado (D).
- Revisão do Trabalho → Análise crítica e revisão de rumos (C, A).
- A atividade de Gerenciamento de Material está diretamente ligada ao Planejamento e à Programação dos Serviços.
- O CMMS, *software* de gerenciamento da Manutenção, é a ferramenta que permitirá a operacionalização de todas as atividades da base do triângulo como cadastro dos ativos, emissão de OS (Ordem de Serviço), consulta ao estoque, dentre outras.

c) O estágio 2 contempla ações relativas à execução da Manutenção, incluindo:

- A Manutenção Preditiva e Manutenção Proativa, que são técnicas de manutenção. A Manutenção Preventiva localizada no estágio 1 completa as três técnicas.
- A integração entre os *softwares experts* de Preditiva e o CMMS, isto é, que a interface entre os *softwares* seja amigável.
- Desenvolvimento das habilidades dos executantes, ou seja, capacitação e qualificação para o bom desempenho dos serviços.
- Histórico de Equipamentos que contempla a preservação da memória técnica da Manutenção e banco de dados para que seja possível fazer as Análises de Falhas. A geração desse material para o histórico se dá por ocasião da execução dos serviços (Figura 2.13).

Figura 2.13 – Estágio 2

d) No estágio 3, Excelência Organizacional, encontramos quatro melhores práticas:

- Polivalência ou Multiespecialização.
- TPM – Manutenção Produtiva Total.
- *Benchmarking* Externo.
- Integração Manutenção/Operação.

As duas primeiras dizem respeito à melhor utilização da mão de obra, recurso fundamental na Manutenção. A Integração Manutenção – Operação reforça o fato de que as duas áreas que compõem a PRODUÇÃO devam trabalhar em estreita cooperação, o que nem sempre acontece nas organizações, por incrível que isso possa parecer.

O *Benchmarking* externo abre a empresa à comparação com os concorrentes, ensejando a obtenção de resultados comparáveis às que têm melhores resultados. Entretanto, para que a empresa possa aplicar efetivamente o *Benchmarking* externo, deve ter implantado e sistematizado os processos dos dois estágios anteriores. Enquanto não se obtém a estabilização da rotina é muito mais difícil implantar melhorias.

e) O estágio 4 inclui as ações que devem ser desenvolvidas ou coordenadas pela Engenharia de Manutenção com foco no aumento da confiabilidade dos ativos. Dentre elas estão:

- RCM – Manutenção Centrada na Confiabilidade.
- Análise RAM (*Reliability – Availability – Maintainability*).
- Simplificação e Padronização de Equipamentos.
- Análise do LCC dos concorrentes.

Em 2001, John Woodhouse[44] afirmou que "Gestão de Ativos é um guarda-chuva para juntar uma porção de melhores práticas existentes e para preencher alguns dos *gaps* remanescentes. Ela alinha o que faremos para clarear os objetivos do negócio e garantir que as atividades que os compõem operem em harmonia. Ela requer algumas soluções técnicas sofisticadas mas o elemento humano é o elo mais importante de toda a cadeia".

## 2.4. PERDAS NA INDÚSTRIA

Nos itens anteriores foi enfatizado que, desde o alinhamento estratégico na organização através do Gerenciamento pelas Diretrizes até a aplicação da filosofia da Gestão de Ativos, o que importa é a busca para garantir os melhores resultados para a empresa e dentre outras eliminar ou reduzir as perdas.

Observa-se que as perdas na indústria, muitas vezes, são tratadas de forma isolada ou com enfoque particular em cada área. É muito raro encontrarmos empresas que tratam as perdas de uma forma global.

Isso ocorre, dentre outras causas, porque:

- As áreas têm limitações de conhecimentos. Assim, a área operacional se dedica a aspectos relacionados à operação de modo mais enfático, mas não tem conhecimentos suficientes de engenharia de equipamentos.
- A maioria das empresas não possui um departamento ou grupamento que se preocupe com a otimização da planta. Desse modo, não há uma coordenação dos esforços para análise e eliminação das perdas. De um modo simplificado, temos perdas na operação, na manutenção, nos equipamentos e sistemas – rendimento, especificação, perdas de energia (vapor, eletricidade, ar comprimido), perdas relacionadas à produtividade no trabalho (planejamento, programação, coordenação, execução), dentre outras.
- Por vezes os problemas de disponibilidade, perdas na operação ou outros problemas do dia a dia não permitem que se enxerguem oportunidades de ganhos com as inúmeras formas pelas quais ocorrem as perdas.

## PERDAS DE PRODUÇÃO

As perdas nas organizações e, particularmente, na indústria se originam de diversas fontes, tendo Nakajima[38] as classificado como as 6 grandes perdas:

1. **Quebras e Falhas**
   Representam a perda total ou parcial da função de um ativo necessário à produção.
   *Causas:* excesso de carga na máquina, manutenção ineficiente, desgaste excessivo, ou contaminação do meio.
2. **Mudança de Linha, *Setup* e Ajustes**
   É o tempo perdido no ajuste ou *setup* para a troca de linha ou a alteração dos ajustes durante uma operação.
   *Causas:* retirada, procura, instalação e ajuste do novo ferramental, falta de conhecimento dos operadores, falta de material, falta de operador, tempo de aquecimento.
3. **Operação em Vazio e Pequenas Paradas**
   Paradas de curta duração devido a problemas aparentemente insignificantes ou erros operacionais.
   *Causas:* peças travadas na máquina, remoção de cavacos, mau funcionamento dos sensores, necessidades pessoais do operador, erros de programa, erros do operador.
4. **Redução de Velocidade**
   Máquina, linha ou sistema operando abaixo do ritmo-padrão para o qual foi projetado.
   *Causas:* desgaste do equipamento ou das ferramentas, problemas de regulagem ou ajuste, falhas em componentes, excesso de carga na máquina, operador ineficiente.
5. **Defeitos de Produção**
   Tempo perdido produzindo peças defeituosas, sucata, fazendo retrabalho ou gerenciando peças com defeitos.
   *Causas:* falhas no ajuste das máquinas, problemas de material, problemas de ferramentas, erro humano, erro em programas ou desenhos, manutenção malfeita.
6. **Queda no Rendimento**
   Tempo despendido pelo processo para atingir a condição de regime estável, rejeitos durante a partida, retrabalho, montagem incorreta.

*Causas:* curva de aquecimento obrigatória na partida e na parada de máquinas térmicas (fornos, turbinas a vapor), eliminação do excesso de material ou perda de material relacionado com o processo, recirculação no processo até atingir a especificação dos produtos.

| | AS 6 GRANDES PERDAS | Causa da Perda |
|---|---|---|
| 1 | Quebras e falhas | Perdas por PARALISAÇÃO |
| 2 | Mudança de linha | |
| 3 | Operação em vazio e pequenas paradas | Perdas por QUEDA DE VELOCIDADE |
| 4 | Redução de velocidade | |
| 5 | Defeitos de produção | Perda por DEFEITOS |
| 6 | Queda no rendimento | |

Figura 2.14 – Tabela "As 6 grandes perdas"

Mais recentemente, alguns autores citam 8 (oito) grandes perdas como mostra a classificação de Tokutarö Suzuki[45]:

| | AS 8 GRANDES PERDAS | Caracterização da Perda |
|---|---|---|
| 1 | Paradas programadas | (*Shutdown*) É o tempo perdido quando a planta ou unidade é parada para manutenção anual (ou periódica) |
| 2 | Ajustes na produção | É o tempo perdido quando mudanças no suprimento ou na demanda provocam necessidade de ajustes nos planos de produção |
| 3 | Falhas em equipamentos | É o tempo perdido na produção causado por falhas nos ativos – cessação parcial ou total da capacidade produtiva (falhas em mancais, curto-circuito etc.) |
| 4 | Falhas no processo | É o tempo perdido na produção causado por falhas relacionadas a fatores externos, como qualidade da matéria-prima, erros de operação |
| 5 | Perdas normais no processo | São perdas consideradas normais durante o processo produtivo, como partida, parada e mudança de linha |
| 6 | Perdas anormais no processo | São perdas anormais causadas por mau funcionamento da linha de produção ou condições que interferem na performance. Redução de velocidade, redução de carga, operação em vazio, pequenas paradas |
| 7 | Defeitos de produção (Qualidade) | Tempo perdido produzindo produtos defeituosos, processando sucata ou perdas financeiras relacionadas a produtos com menor grau de qualidade |
| 8 | Reprocessamento | São as perdas ocasionadas pela necessidade de reprocessamento do produto fora das especificações |

Figura 2.15 – Tabela "As 8 grandes perdas"

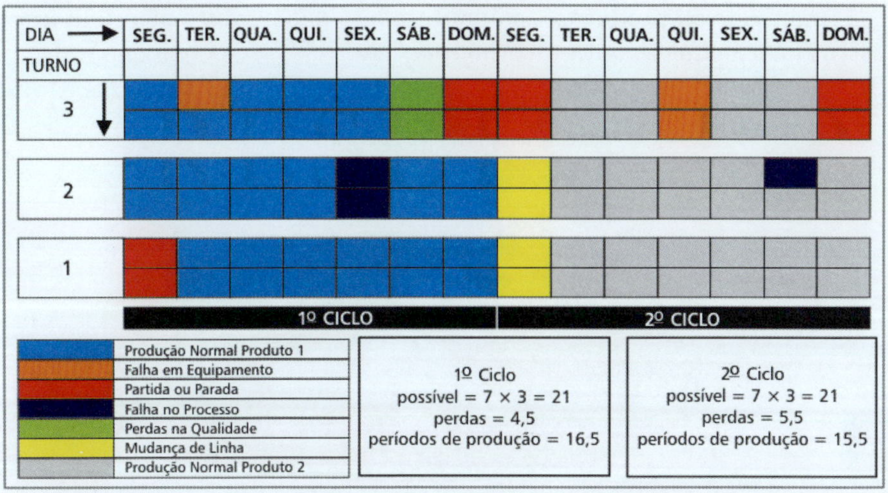


Figura 2.16 – Processo Produtivo e Perdas

A Figura 2.16 representa graficamente um exemplo hipotético de um processo produtivo trabalhando em três turnos nos sete dias da semana.

No 1º ciclo, com duração de uma semana, é produzido o produto 1 e no 2º ciclo o produto 2. As perdas ocorridas no processo foram:

| Semana | Dia | Turno | Cor | Tipo de Perda | Perda (h) |
|---|---|---|---|---|---|
| 1 | SEG. | 1 | | Partida da linha de produção | 8 |
| 1 | TER. | 3 | | Falha em equipamento parou linha de produção por 4 horas | 4 |
| 1 | SEX. | 2 | | Falha no processo devido a erros operacionais | 8 |
| 1 | SAB. | 3 | | Perdas de qualidade – produtos fora de especificação | 8 |
| 1 | DOM. | 3 | | Parada da linha de produção | 8 |
| 2 | SEG. | 1,2 | | Troca de linha – Preparação e ajustes para produzir produto 2 | 16 |
| 2 | SEG. | 3 | | Partida da linha de produção | 8 |
| 2 | QUI. | 3 | | Manutenção preventiva em três equipamentos da linha de produção | 8 |
| 2 | SÁB. | 2 | | Falha no processo | 4 |
| 2 | DOM. | 3 | | Parada da linha de produção | 8 |

O controle da produção e o apontamento das perdas permitem uma estratificação que aponta as principais causas e áreas responsáveis.

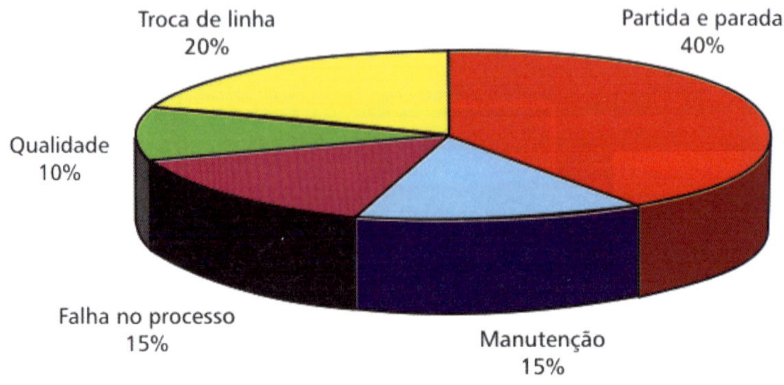


Figura 2.17 – Distribuição percentual das perdas no processo produtivo (para o exemplo da Figura 2.16)

Uma primeira análise indica que a Manutenção foi responsável por "apenas" 15% das perdas. No entanto, se fizermos uma análise mais detalhada verifica-se que, independentemente da ocorrência de uma falha inesperada (semana 1 – terça-feira – turno 3) ou de uma atuação programada como Manutenção Preventiva em três equipamentos da linha de produção (semana 2 – quinta-feira – turno 2), houve cessação de produção. Se por um lado a atuação da Manutenção pode ser considerada proativa na medida em que atua simultaneamente em três equipamentos para cumprir o plano de manutenção preventiva, por outro lado os desafios a considerar são:

- A atuação via manutenção preventiva é realmente necessária?
- Existe possibilidade de fazer acompanhamento preditivo ao invés de intervir?
- Caso a manutenção preventiva seja mandatória, há como reduzir o tempo de intervenção?

Uma análise detalhada da falha ocorrida na semana 1 revela que nesse tempo de Manutenção podemos ter outras perdas, como indicado na tabela a seguir.

| Falha semana 1 – terça-feira – turno 3<br>Prensa P-3421 | Tempo Registrado (min) | Melhor Tempo Estimado ou Possível (min) |
|---|---|---|
| Tempo decorrido entre a comunicação da falha e a chegada da Manutenção | 20 | 10 |
| Análise e diagnóstico – Falha do rolamento | 10 | 10 |
| Aguardando ferramentas | 20 | 10 |
| Bloqueio, liberação e limpeza | 40 | 25 |
| Desmontagem | 45 | 30 |
| Aguardando o rolamento | 15 | 5 |
| Montagem | 60 | 60 |
| Acoplamento, energizar, teste | 30 | 30 |
| TEMPO TOTAL | 240 | 180 |

A redução de tempo na correção da falha alcançou, no exemplo acima, 25%. Mais do que esse ganho pontual, a análise deve fornecer subsídios para correção permanente ou contínua dos desvios ou atrasos que ocorrem na atuação da Manutenção.

O mesmo tipo de análise pode (e deve) ser levado a efeito para os serviços de Manutenção Preventiva.

É muito frequente observarmos que:

- A equipe que irá executar os serviços em um determinado equipamento é definida imediatamente antes do serviço.
- Nem todos os profissionais estão capacitados para o serviço.
- Não há preparação prévia do que vai ser feito. Assim, nenhum dos componentes da equipe sabe exatamente o que vai fazer ou qual é o seu papel. Isso é decidido na hora pelo supervisor ou líder da equipe.
- Nem sempre são requisitados e separados os materiais e sobressalentes que irão (ou poderão) ser utilizados durante a Preventiva.
- Idem para as ferramentas e dispositivos
- A análise crítica após a execução dos serviços raramente é exercida.

Consequentemente, os tempos gastos nos serviços são maiores do que o desejável.

### 2.4.1. OEE (*Overall Equipment Effectiveness*)

*Overall Equipment Effectiveness* (OEE) é um indicador-chave de eficiência no processo de fabricação (manufatura) seja na máquina, seja na célula ou linha de montagem.

O *Overall Equipment Effectiveness* ou Rendimento Global da Instalação, como é conhecido no Brasil, é um indicador "top de linha", normalmente acompanhado no nível tático da empresa, utilizado para avaliar a performance da operação e da qualidade.

O OEE, que se relaciona com equipamentos, é um indicador de performance de produção. Em outras palavras, o OEE é uma medida do processo e da efetividade dos equipamentos quando esses são planejados para operar.

O OEE foi primeiramente utilizado por Seiichi Nakajima[38], sendo atualmente usado em processos contínuos e processos por batelada. Melhorias na confiabilidade afetam o OEE e o OEE afeta as vendas.

Basicamente, o OEE analisa a produtividade dos equipamentos, medido como o percentual do tempo em que o equipamento esteve trabalhando (e produzindo) comparado com o tempo máximo teórico disponível. Pode ser utilizado para acompanhar um equipamento, uma célula de produção ou uma linha de montagem.

Por estar ligado à prática do TPM, o OEE leva em consideração as seis grandes perdas mostradas anteriormente.

O cálculo do OEE se inicia com o levantamento do TEMPO POTENCIAL (teórico) disponível para operação.

| Tempo Potencial | |
|---|---|
| Tempo Disponível | Paradas Programadas |

Tempo Potencial → número de dias × número de horas/dia ou por turno × número de turnos

| | | | |
|---|---|---|---|
| Dia | = 8 horas × 3 turnos/dia | = | 24 h/dia |
| Semana | = 7 dias/semana × 8 horas/turno × 3 turnos/dia | = | 168 h/semana |
| Mês | = 30 dias/mês × 8 horas/turno × 3 turnos/dia | = | 720 h/mês |
| Ano | = 365 dias/ano × 8 horas/turno × 3 turnos/dia | = | 8.760 h/ano |

Do TEMPO POTENCIAL são excluídos os tempos denominados "Paradas Programadas" ou "Horas Deduzidas", isto é, paradas para almoço, lanche, troca de turno, manutenções programadas, férias coletivas, e ao resultado se denomina TEMPO DISPONÍVEL.

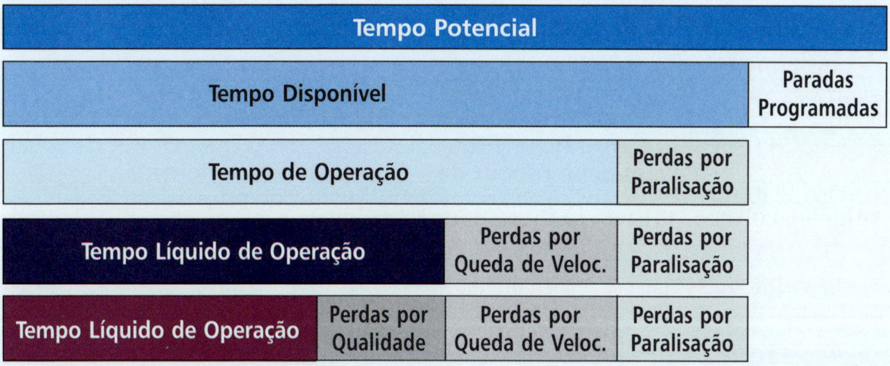


Do TEMPO DISPONÍVEL, ou Tempo Planejado para Produção, são abatidos os tempos perdidos definidos nas 6 Grandes Perdas que podem ser grupadas como mostrado na tabela da Figura 2.14 e detalhadas na página[52]. Quando se retira o tempo devido às perdas causadas por paralisação o tempo restante é denominado TEMPO DE OPERAÇÃO.

Quando se abate do TEMPO DE OPERAÇÃO as perdas causadas por queda de velocidade, o tempo restante é denominado TEMPO LÍQUIDO DE OPERAÇÃO. A velocidade, ou ritmo, é o tempo gasto para fabricação de uma determinada peça, usualmente comparado com um tempo de padrão ou tempo ideal.

Finalmente são abatidas desse tempo as perdas oriundas de defeitos ou má qualidade. Ao tempo restante denomina-se TEMPO DE OPERAÇÃO EFETIVA.

A Figura 2.17 permite uma melhor visualização do procedimento de cálculo do OEE. Verifica-se que o cálculo do OEE é fundamentalmente a relação entre o *Tempo Final de Operação* e o *Tempo Planejado para a Produção*.

Os índices mostrados na Figura 2.18

**1 – Disponibilidade**

**2 – Performance**

**3 – Qualidade**

São calculados como segue:

$$\text{Disponibilidade} = \frac{\text{Tempo disponível} - \text{Paradas}}{\text{Tempo disponível}} \times 100$$

$$\text{Performance} = \frac{\text{Ciclo de tempo teórico} \times \text{Quantidade produzida}}{\text{Tempo de operação}} \times 100$$

$$\text{Qualidade} = \frac{\text{Quantidade produzida} - \text{Quantidade com defeitos}}{\text{Quantidade produzida}} \times 100$$

O valor do OEE será o produto dos 3 índices, isto é:

**OEE = Disponibilidade × Performance × Qualidade**

Observa-se que pelo fato de o cálculo do OEE trabalhar com percentuais e, portanto, números menores do que 1, seu resultado final fica severamente afetado pela queda de qualquer um dos fatores. Se, por exemplo, todos os 3 fatores forem 90% o resultado final será 72,9%.

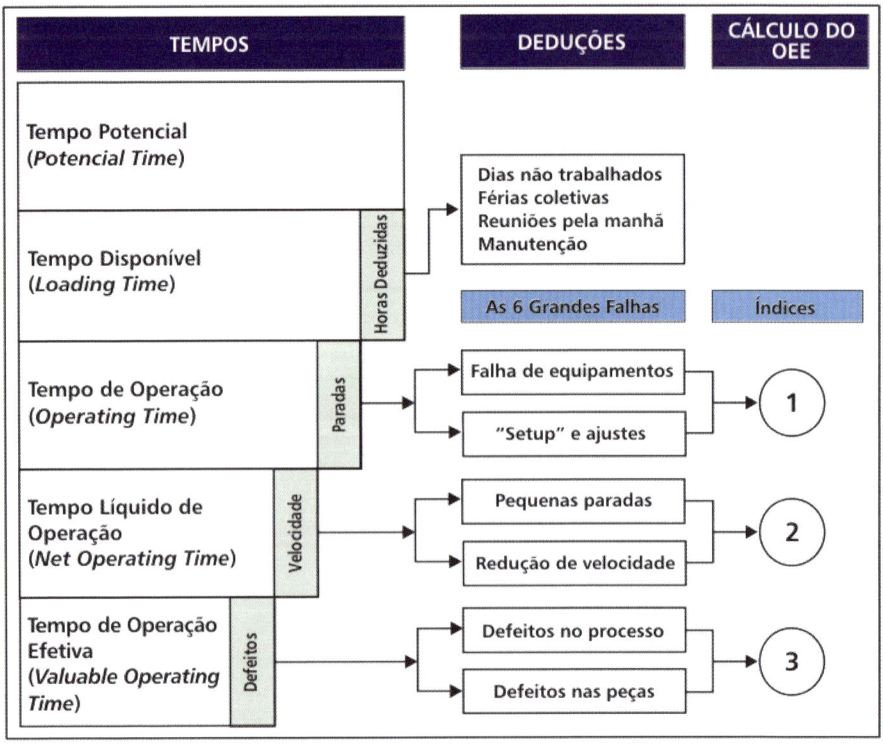


Figura 2.18 – Representação gráfica do cálculo do OEE

Os valores definidos atualmente como "classe mundial" são os seguintes:

| Índice | Valores Classe Mundial | |
|---|---|---|
| | Ref(1) | Ref(2) |
| Disponibilidade | 90,0% | >95% |
| Performance | 95,0% | >95% |
| Qualidade | 99,9% | >95% |
| OEE | 85,0% | >85% |

*Fonte:* Mitchel&others 2002(1), Moore 2004, 2002-2007 Vorne Industries, Inc,(2)

Figura 2.19 – Valor "World Class" para o OEE

A performance mundial para OEE é dita ser 85% ou maior para processos contínuos e 80% para processos de batelada. Segundo Mitchel[46], valores típicos de OEE para a indústria americana são da ordem de 50%. "Isso significa a existência de uma planta oculta de capacidade recuperável em pelo menos 35%." Para a indústria de petróleo o *benchmark* para disponibilidade de processo é da ordem de 98%.

Figura 2.20 – Perdas de produção – Fábrica oculta

Podemos também representar o OEE na forma tridimensional (Figura 2.22), onde o cubo transparente representa a máxima efetividade de produção (teórica) e o cubo cinza o OEE real, ou seja, a efetividade de produção, abatidas as perdas.

**CÁLCULO DE OEE**

| Item | | Indicadores | Fórmula | Resultado | Unidade |
|---|---|---|---|---|---|
| 1 | | **TEMPO POTENCIAL** | 8h × 3 turnos × 60 min. | **1.440** | min./dia |
| 2 | | **TEMPO DEDUZIDO** | (21+22+23) | **26** | |
| | 2.1 | Horário de ponta | | 120 | min./dia |
| | 2.2 | Deduções na operação – (reunião, descanso, troca de turno, lanche) | | 30 | min./dia |
| | 2.3 | Deduções de manutenção – (preventiva/programada dentro do horário produtivo) | | 15 | min./dia |
| 3 | | **TEMPO DISPONÍVEL** | (1–2) | **1.264** | min./dia |
| 4 | | **TEMPO PERDIDO EM PARALISAÇÕES** | | **70** | min./dia |
| | 4.1 | Falha em equipamentos e sistemas (manutenção) | | 25 | min./dia |
| | 4.2 | Falta de sobressalentes, matéria-prima ou material de consumo (suprimentos) | | 30 | min./dia |
| | 4.3 | *Setup*, ajustes, mudança de linha, erros de operação, pequenas paradas (operação) | | 15 | min./dia |
| 5 | | **TEMPO DE OPERAÇÃO** | (1–2) | **1.194** | min./dia |
| 6 | | **ÍNDICE DE DISPONIBILIDADE** | (5/3)*100 | 94,46 | % |
| 7 | | **ÍNDICE DE VELOCIDADE DE PRODUÇÃO** | | | |
| | 7.1 | Total de peças produzidas (boas e ruins) | | 1.800 | qte |
| | 7.2 | Ciclo de tempo de produção ideal | | 0,5 | min./peça |
| | 7.3 | *Setup*, ajustes, mudança de linha, erros de operação, pequenas paradas (operação) | 5/7.1 | 0,7 | min./peça |
| 9 | | **ÍNDICE DE PERFORMANCE** | 7.3/7.2 | 75,38 | % |
| 10 | | **ÍNDICE DE REJEITOS** | (10.1+10.2+10.3) | **24** | qte |
| | 10.1 | Refugos (peças defeituosas rejeitadas) | | 16 | qte |
| | 10.2 | Retrabalho (peças que sofreram algum tipo de correção) | | 8 | qte |
| | 10.3 | Reprocessamento (indústrias de processamento) | | | |
| 9 | | **ÍNDICE DE QUALIDADE** | [(7.1–10)/7.1]*100 | 98,67 | % |
| 10 | | **OEE** | OEE = (6*9*11) | 70,25 | % |

Figura 2.21 – Exemplo de cálculo do OEE

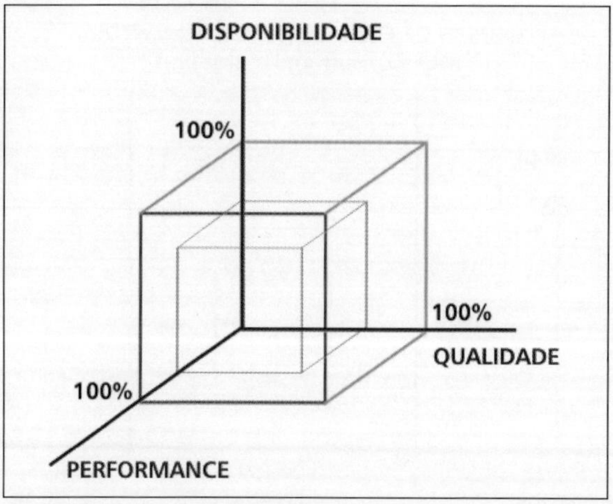


Figura 2.22 – Representação tridimensional do OEE

Atualmente são oferecidos painéis que indicam, em tempo real, os principais indicadores da produção. A Figura 2.23 mostra um desses painéis.

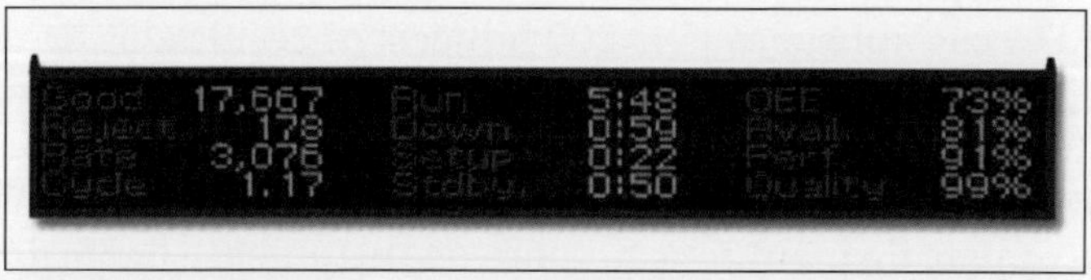


Figura 2.23 – Painel (*display*) para visualização das variáveis de produção

## 2.4.2. Origens das Perdas

Segundo Moore[5], "a MCP Consulting, em seu trabalho para o Departamento de Comércio e Indústria no Reino Unido, observou que cerca de 40 a 50% das falhas em equipamentos estavam relacionadas com práticas inadequadas de operação, 10 a 30% estavam relacionadas ao projeto ou condição e 10 a 30% estavam relacionadas com práticas inadequadas de manutenção".

Cita ainda que 2/3 de todas as perdas de produção, quando comparadas com o ideal, não estão relacionadas a falhas em equipamentos, mas a problemas de perda de qualidade, perdas por trocas de linha, perdas por falta de demanda, falta de matéria-prima, queda nas utilidades etc.

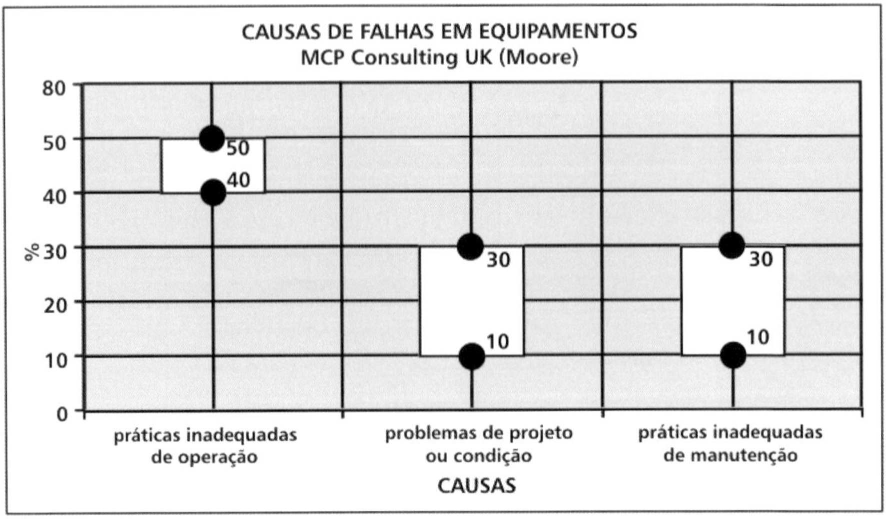


Figura 2.24 – Causas de falhas em equipamentos (MCP Consulting-UK)

Keith Mobley[48] afirma que 1/3 dos custos de manutenção é desnecessário ou originado em manutenções inadequadas. Como se estima que nos EUA são aplicados US$ 200 bilhões, os resultados da manutenção inadequada atingem a cifra de US$ 60 bilhões. No Brasil, mantendo-se o mesmo índice de perda (1/3), esses custos inadequados equivaleriam a US$ 17 bilhões, considerando que o PIB ano-base de 2007 foi R$ 1,3 trilhão* e o custo de manutenção sobre o faturamento bruto das empresas igual a 3,89%, segundo a Abraman.[8]

As principais falhas em equipamentos em plantas de óleo e gás estão mostradas nos gráficos a seguir.[47]

"Um dos mais efetivos métodos de garantir confiabilidade, segurança e eficiência energética é ter eficiência nas atividades de O&M – Operação e Manutenção. A manutenção inadequada de sistemas de energia é a maior causa de desperdícios, tanto no setor estatal como no setor privado. As perdas de energia de vapor, água, ar, linhas isoladas, controles mal ajustados ou mal operados e outras perdas oriundas da manutenção são geralmente consideráveis. Boas práticas de manutenção podem gerar substanciais economias em energia e devem ser consideradas como um recurso. Além disso, melhorias para facilitar os programas de manutenção podem ser imediatamente acompanhadas e a custos relativamente baixos."[49]

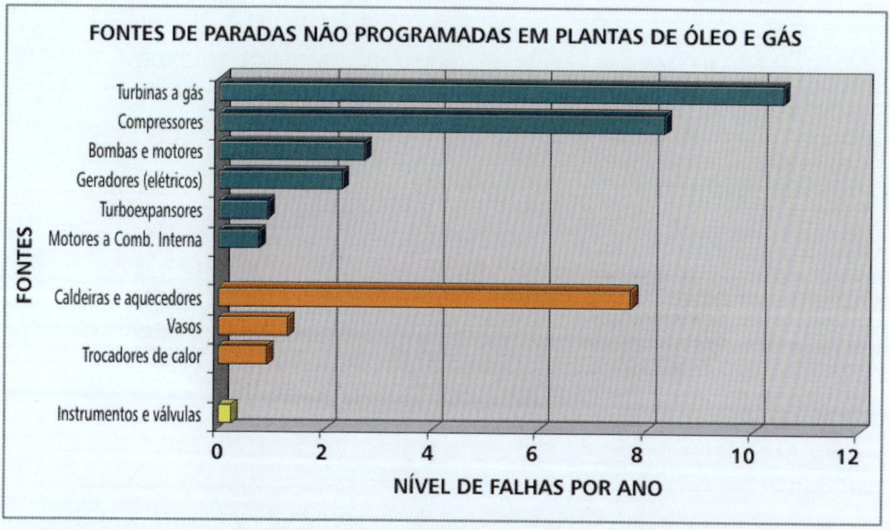


Figura 2.25 – Fontes de paradas não programadas em plantas de óleo e gás

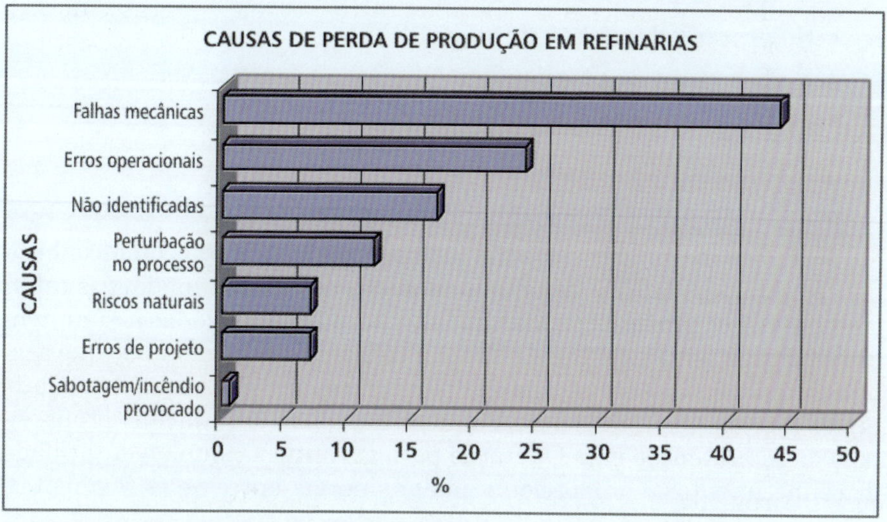


Figura 2.26 – Causas de perdas de produção em refinarias

Estima-se que o atraso na partida de uma planta custa entre 4 e 5% do capital aplicado por mês.[51]

Koolen[52] aponta que as causas de perdas nas indústrias são oriundas de falhas "mecânicas" e falhas de processo.

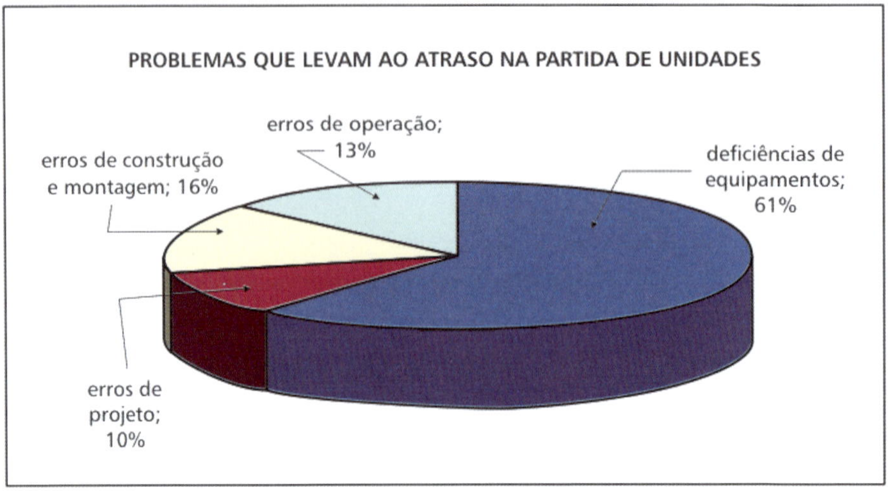


Figura 2.27 – Causas de atrasos em partida de unidades[51]

As falhas de processo são:

- Sujeira (ou deposição de sujeira).
- Regeneração de catalisador.
- Aplicação de limpeza ou lavagem.
- Esterilização.
- Troca de produtos (ou de linhas).

As falhas mecânicas são mais facilmente identificadas ou reconhecidas, porém mais difíceis de ter sua causa básica determinada. A análise tradicional geralmente costuma apontar para causas ligadas à Manutenção e há uma tendência de se colocar a culpa no equipamento, o que acaba exigindo uma intervenção para possível reparo. Por causa desse fato, muito comum nas indústrias, a análise de falhas deve incluir profissionais da Manutenção e da Operação para garantir a complementaridade de conhecimentos e proporcionar maior sinergia entre esses segmentos.

As causas de falhas em equipamentos de aviação estão mostradas na Figura 2.28.[53]

Contudo, convém frisar que as falhas podem se originar de mais de uma causa, da combinação ou da sucessão delas. Por exemplo: uma centelha pode originar uma explosão interna e o calor gerado no equipamento pode levar a uma reação química não prevista.

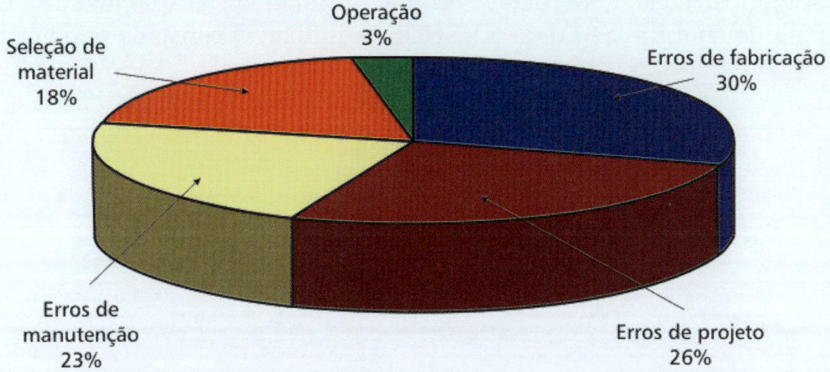


Figura 2.28 – Causas de falhas em equipamentos de aviação

## 2.4.3. Perdas e Oportunidades de Ganhos

Estima-se que nos EUA, os custos com energia representem 51% dos custos operacionais nas indústrias do setor de petróleo (refinarias e petroquímicas), de acordo com a Solomon Associates.

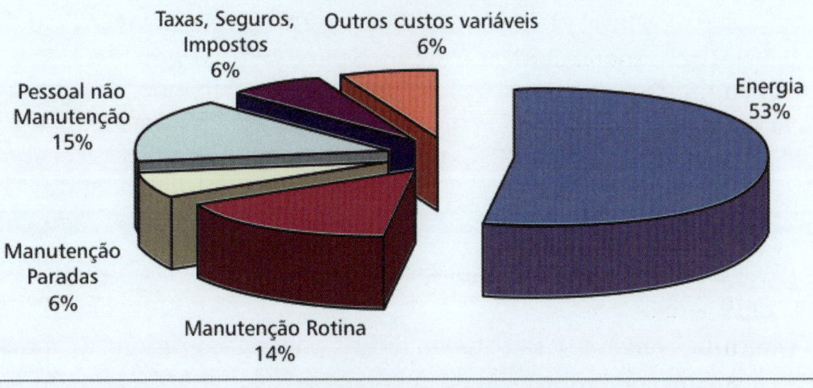


Figura 2.29 – Custos operacionais em plantas petroquímicas (Solomon Associates)

O Departamento de Energia dos Estados Unidos (US Department of Energy – USDOE) tem um programa consistente de avaliação de plantas, identificação de perdas e recomendação de ações que levam à economia de energia. Segundo o USDOE, a indústria consome mais de 1/3 de toda a energia utilizada nos Estados Unidos.

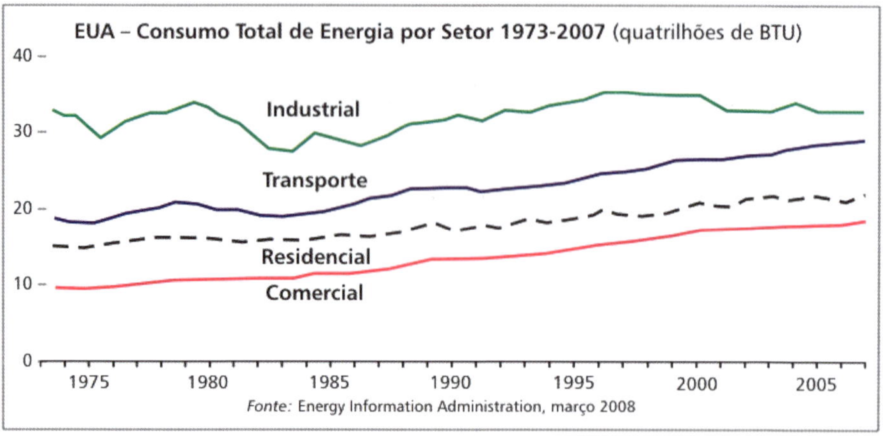


Figura 2.30 – Consumo total de energia por setor (1973-2007 – EUA)

O consumo do setor industrial é de aproximadamente 40 quatrilhões de BTU, dos quais cerca de 18 quatrilhões vêm do petróleo e do gás natural. A energia elétrica contribui com cerca de 3 quatrilhões de BTU, o que representa 7,5%.

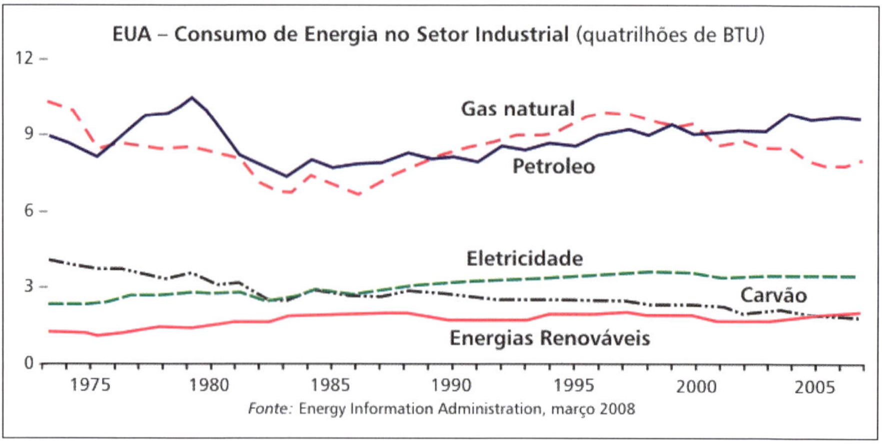


Figura 2.31 – Consumo de energia no setor industrial – EUA – 1973-2007

No Brasil, a indústria consome 46% da energia elétrica, segundo a Empresa de Pesquisa Energética-EPE e a Eletrobrás-Procel, sendo os sistemas motrizes responsáveis por 50% desse consumo.

Segundo o Balanço Energético Nacional 2007, editado pelo Ministério das Minas e Energia, o consumo de energia (em todas as suas formas) pelo setor industrial é de 38%; pelo setor de transporte de 26% e pelo setor residencial de 11%, que, juntos, representam 75% do consumo final de energia em 2006.

Evolução dos Consumos Setoriais
Brasil: 1970 a 2006

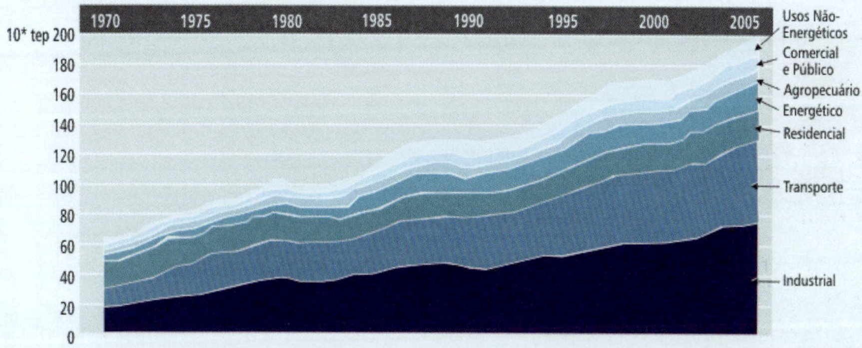


Figura 2.32 – Evolução do consumo de energia no Brasil 1970-2006 (MME 2007)

Na indústria do petróleo estima-se que a oportunidade de melhoria em relação à eficiência energética é de 10 a 20%. As áreas que apresentam possibilidade de aumento da eficiência energética são[50]:

- utilidades – 30%;
- caldeiras e fornos – 20%;
- otimização no processo – 15%;
- trocadores de calor – 15%;
- motores e aplicação de motores – 10%;
- demais áreas – 10%.

A tabela da Figura 2.33 indica a economia possível, o tempo de retorno do investimento (*payback*) para os diversos sistemas/equipamentos de uma refinaria de petróleo. A Figura 2.34 mostra um perfil de utilização de energia por alguns dos segmentos industriais.

| Equipamento/Sistema | Participação na Matriz Energética de uma Refinaria | Medidas | Economia em combustível / em energia elétrica | *Payback* (anos) |
|---|---|---|---|---|
| **Geração e distribuição de vapor** | 30% | Melhorar o isolamento | 3 a 13% | 1,1 |
| | | Manutenção de pugadores | 10 a 15 | 0,5 |
| | | Eliminação de vazamentos | 3 a 5% | 0,4 |
| | | Recuperação de vapor de *flash* e retorno de condensado | 83% | Não aferida |
| | | Somente retorno de condensado | 10% | 1,1 |
| **Motores Elétricos** | 80% da energia elétrica (60% bombas, 15% compressores, 9% ventiladores, 16% outros) | Dimensionamento adequado (menor sobrepotência)<br>Utilização de motores de alto rendimento | 1,2%<br>Sem dados | |
| **Bombas** | 47% energia elétrica total de uma refinaria | | 20% | |
| | | Manutenção e operação adequadas | 2 a 7% | 1 ano |
| | | Dimensionamento adequado | 15 a 25% da energia consumida | 1 ano |
| | | Bombas em paralelo para demanda variável | 10 a 50% da energia consumida | 0,5 ano |
| | | Substituição de tubos subdimensionados | 5 a 20% da energia consumida | Sem dados |
| | | Acoplamento direto ao invés de correias | 1% | |

| Equipamento/Sistema | Participação na Matriz Energética de uma Refinaria | Medidas | Economia<br>em combustível<br>em energia elétrica | *Payback* (anos) |
|---|---|---|---|---|
| **Compressores** | 12% energia elétrica total de uma refinaria | | | |
| | | Manter filtros de entrada limpos | 2% | <2 anos |
| | | Eliminação de vazamentos | 20% | <1 ano |
| | | Redução da temperatura do ar de entrada | Cada 3°C economiza 1% | <5 anos |
| | | Controle operacional adequado | Até 12% com controle mais sofisticado | Sem dados |
| | | Dimensionamento das tubulações | 3% | Sem dados |
| **Ventiladores** | | Velocidade variável | 14 a 49% | <5 anos |
| **Permutadores de calor** | | Limpeza dos tubos | 0,7% | 0,7 ano |
| **Fornos, aquecedores e caldeiras** | 60% do combustível utilizado na refinaria | Instalação de pré-aquecedores de ar | 8 a 18% | 2,5 anos |
| | | Manutenção de queimadores e ramonadores | 10% | – |
| | | Operação – excesso de ar | – | – |

Figura 2.33 – Oportunidades de ganho de energia em equipamentos de refinaria[50]

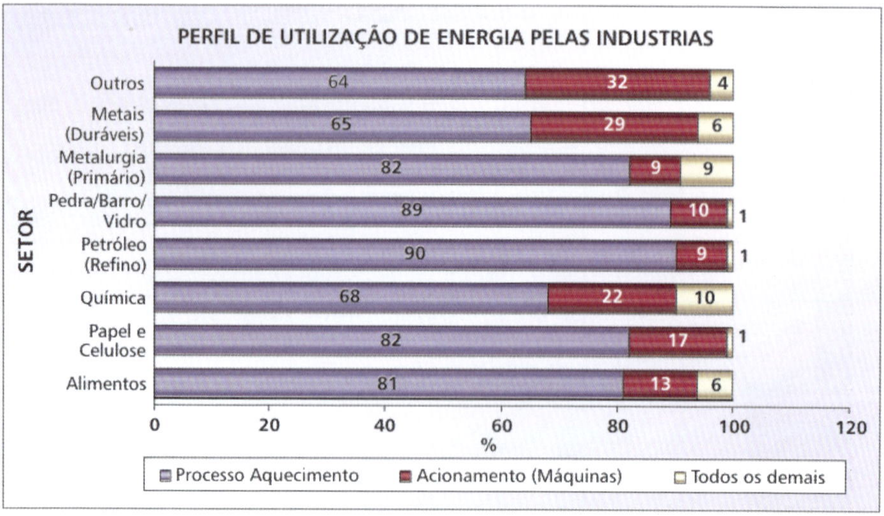


Figura 2.34 – Perfil de utilização de energia por tipo de indústria[55]

Para outros tipos de indústria, as oportunidades são coincidentes para alguns sistemas comuns como caldeiras, bombas, compressores, sistemas de distribuição de vapor.

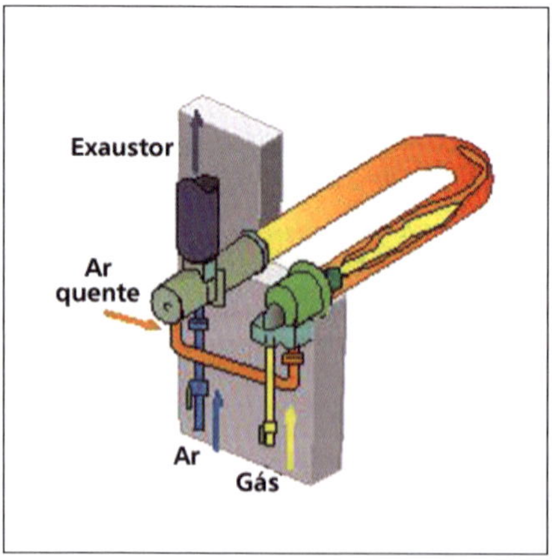


Figura 2.35 – Queimador recuperativo

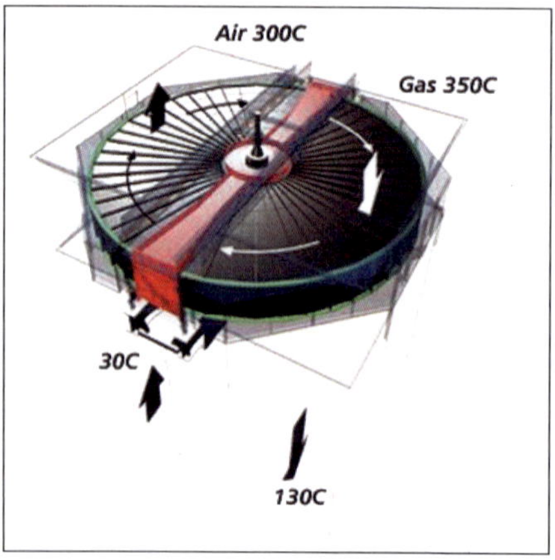


Figura 2.36 – Pré-aquecedor de ar de forno (Howden)

As tabelas das Figura 2.37a e 2.37b mostram alguns exemplos específicos para as indústrias cimenteira e siderúrgica.

| FÁBRICAS DE CIMENTO | | | |
|---|---|---|---|
| **Medida de Eficiência Energética** | **Economia Específica em Combustível** | **Economia Específica em Eletricidade** | ***Payback* (anos)** |
| **Preparação de matéria-prima** | | | |
| Sistema de transportadores eficiente | | 3,2 | >10 |
| Moinho de rolos eficiente | | 10,2 – 11,9 | >10 |
| Classificadores eficientes | | 4,3 – 5,8 | >10 |
| **Fabricação de clinquer** | | | |
| Sistema de combustão eficiente | 0,10 – 0,39 | | 2 a 3 |
| Recuperação de calor para geração de energia | | 18 | 3 |
| Acionadores de moinhos eficientes | | 0,8 – 3,2 | 1 |
| **Moagem de cimento (final)** | | | |
| Gerenciamento de energia e controle do processo | | 1,6 | <1 |
| Melhoria nos moinhos de bolas | | 1,8 | 8 |
| Valores médios para processos "via seca"e "via úmida". Adaptado de [54] | | | |

Figura 2.37a – Tabela de medidas de aumento da eficiência energética na indústria cimenteira

| SIDERÚRGICAS | | | |
|---|---|---|---|
| Medida de Eficiência Energética | Economia Específica em Combustível (%) | Economia Específica em Eletricidade (%) | *Payback* (anos) |
| **Sinterização** | | | |
| Recuperação de calor da planta de sinterização | 1 | | 2,8 |
| Redução dos vazamentos de ar | 0,08 | | 1,3 |
| **Coqueria** | | | |
| Controle da mistura de carvão | 0,54 | | >50 |
| Aquecimento programado | 0,3 | | 0,7 |
| **Fabricação do aço (alto-forno)** | | | |
| Recuperação do gás do alto-forno | 0,12 | | 2,3 |
| Melhoria do sistema de controle do alto-forno | 0,72 | | 0,4 |
| **Laminação a quente** | | | |
| Controle do processo (*hot strip mills*) | 0,54 | | 1,2 |
| Acionadores eficientes | | 0,02 | 3,2 |
| Queimadores "Recuperativos" | 1,3 | | 1,8 |
| **Laminação a frio** | | | |
| Redução do consumo de vapor | 0,35 | | 7,3 |
| Monitoramento e "targeting" automático | | 0,38 | 0,8 |

Valores médios. Percentual calculado pela razão entre a economia prevista em GJ/tonelada e a produção estimada em Mton para produção de aço nos EUA em 1994. Adaptado de [54]

Figura 2.37b – Tabela de medidas de aumento da eficiência energética na indústria siderúrgica.

Alguns indicadores vêm sendo cada vez mais utilizados para verificar/comparar o consumo de energia, dentre eles:

***Energy Intensity*** – é a quantidade de energia utilizada na produção de um dado nível de saída ou atividade. É medida pela quantidade de energia necessária para realizar uma atividade particular (serviço), expressada como energia por unidade entregue (ou produzida) ou medida de atividade de serviço (realizado)*. Desse modo, a redução de energia gasta para produzir um determinado produto implica a redução da Intensidade (Intensity). (*Tonnes of oil equivalent (toe) per million constant 2000 international $)

***Energy Intensity per GDP*** ou *Energy consumption per GDP* é a quantidade de energia primária utilizada por unidade de renda gerada pela economia de um país. Todas as fontes primárias de energia, incluindo carvão e subprodutos, petróleo e derivados, gás natural, nuclear, hidrelétrica, etc., estão incluídas aqui. A unidade usual é toneladas métricas de petróleo equivalente (toe). Para facilitar a comparação entre diferentes fontes de energia, a IEA mede o conteúdo de calor de todas as fontes de energia em "tonnes" (toneladas métricas) de óleo equivalente. Uma tonelada de energia contida em 1 (uma) tonelada métrica (1.000 kg) de petróleo (*crude oil*) é igual a 107 kilocalorias, 41.868 Gjoules ou 11.628 kWh.

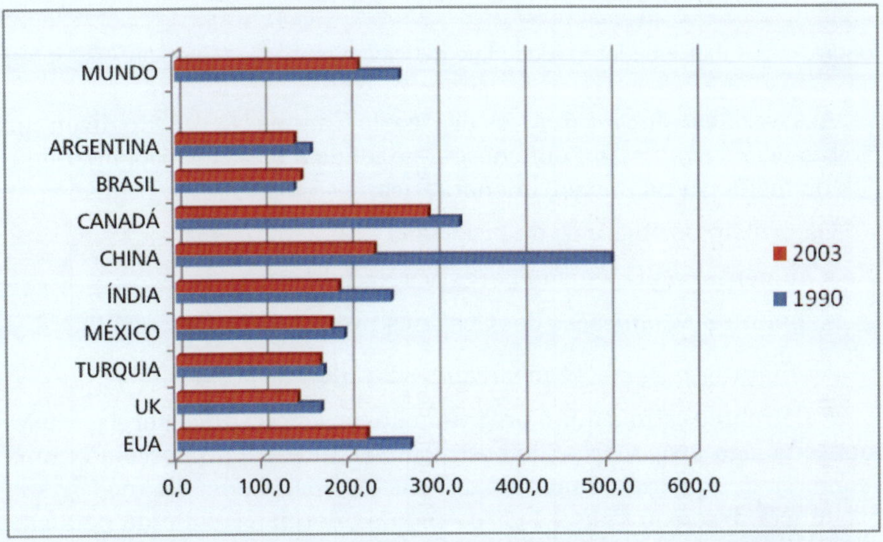


Figura 2.38 – *Energy Intensity per GDP* – Intensidade Energética/PIB

Obviamente que esse indicador pode ser acompanhado para os diversos setores consumidores de uma nação, como o setor industrial. Os estudos de *benchmarking* normalmente utilizam o Índice de Intensidade Energética (*Energy Intensity Index*) como métrica de comparação.

Os estudos de *benchmark* da Solomon Associates para a indústria de petróleo contemplam o acompanhamento desse índice, conforme mostrado na Figura 2.39.

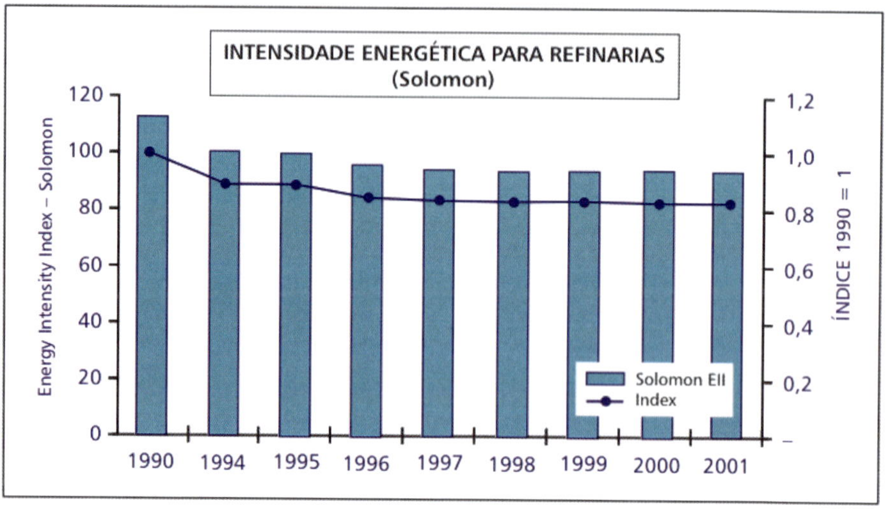


Figura 2.39 – Índice de Intensidade Energética em refinarias (Solomon Associates)

A Associação dos Produtores de Aço do Canadá (CSPA) realizou um estudo de *benchmarking* em energia de modo a identificar oportunidades de melhoria na eficiência energética.

Os principais objetivos do programa eram:

- aumentar a eficiência energética na fabricação do aço;
- diminuir as emissões de $CO_2$ nos próximos 7 a 10 anos.

As Figuras 2.40 e 2.41 mostram os resultados obtidos.

A Petrobras estima que o programa de conservação de energia, implementado logo após a crise do petróleo nos anos 70, proporcionou uma economia de aproximadamente 13 Mtoe de energia em 32 anos de sua existência. Isso equivale a 11% de toda a energia consumida pela empresa durante esse período.[57]

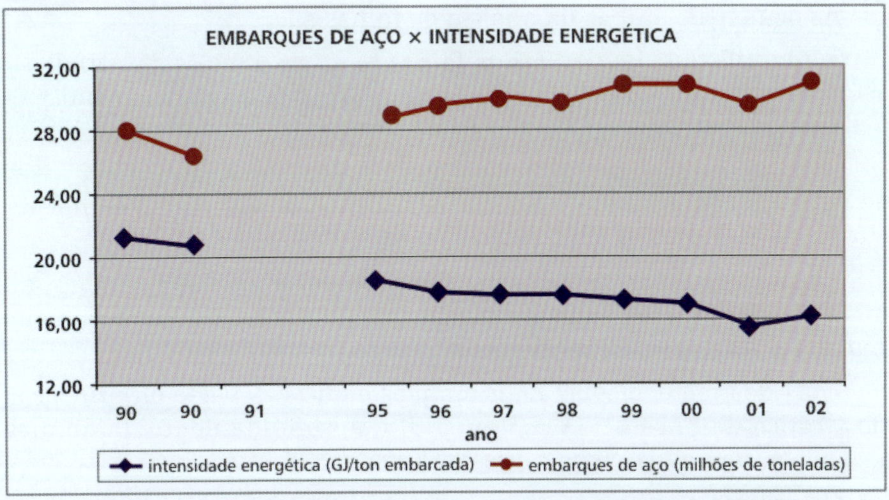


Figura 2.40 – Embarques de aço × Intensidade Energética (CSPA)

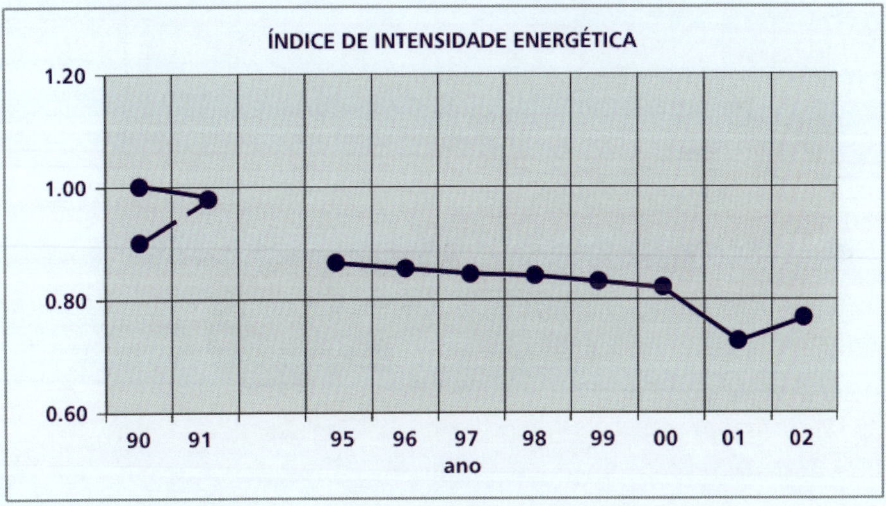


Figura 2.41 – Índice de Intensidade Energética (CSPA)

## 2.4.4. Análise de Falhas

Análise de Falhas é um processo sistemático de exame ou estudo das falhas com o objetivo de determinar as causas (ou causas-raízes) e utilizar essas informações para melhorar a confiabilidade dos ativos.

As principais etapas da análise de falhas são:

- Identificação dos modos de falhas (o modo como se deu a falha).
- Mecanismo de falha (que fenômeno físico esteve envolvido na falha, defeito).
- Causa que determinou a falha.
- Ações recomendadas para prevenir a ocorrência da falha.

Existem diversos métodos para se proceder à análise de falhas, alguns simples, outros mais complexos que envolvem um conhecimento maior em ferramentas estatísticas.

Uma das metodologias mais simples e eficazes parte da utilização do Gráfico de Pareto[10] (Ver item 1.3) e aprofundamento da análise focando o item que é mais representativo.

O exemplo a seguir mostra a aplicação da metodologia a compressores alternativos de processo.

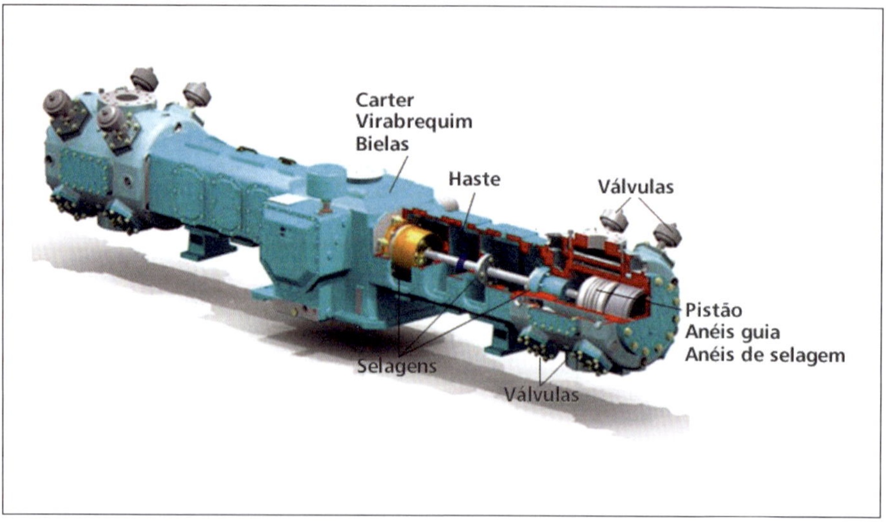


Figura 2.42 – Compressor alternativo de processo

Os dados apresentados a seguir foram extraídos do trabalho desenvolvido na Petrobras-Regap (Eduardo De Caux e Nelmo Fernandes[76]).

A Figura 2.43 mostra o percentual de falhas e o percentual do custo para os diversos componentes ou sistemas.

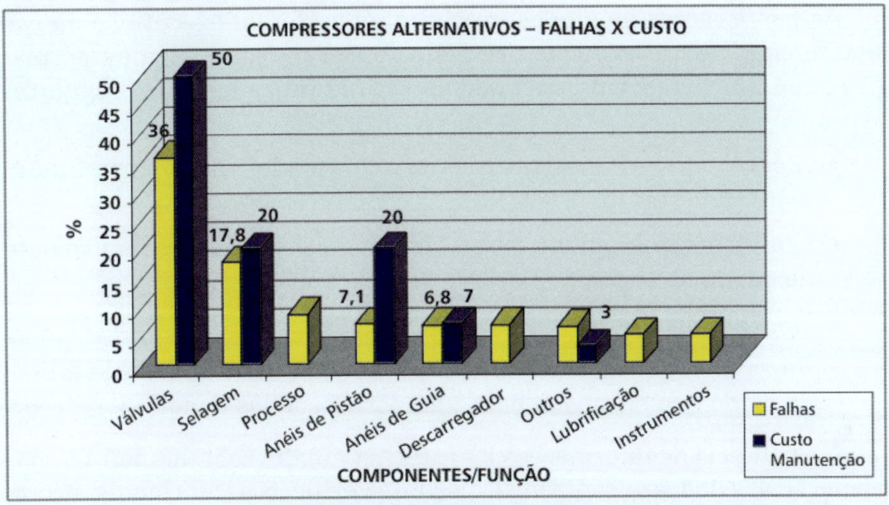


Figura 2.43 – Falhas e custo

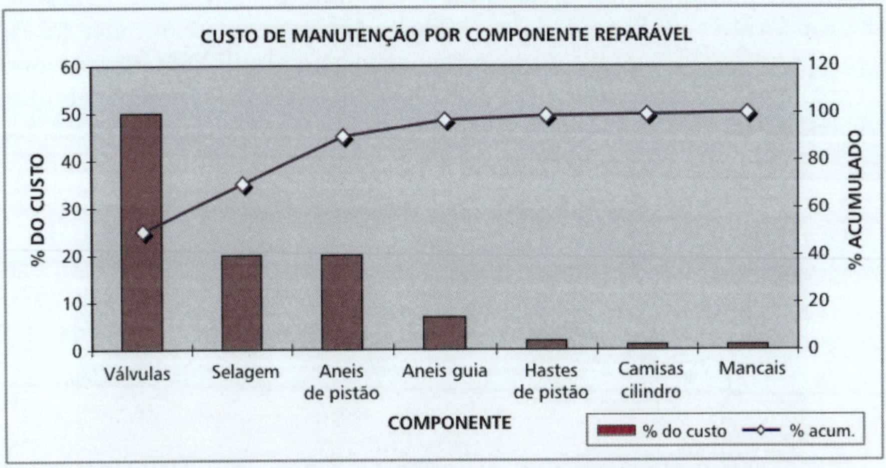


Figura 2.44 – Gráfico de Pareto do custo por componente

Pela Figura 2.44, verifica-se que o somatório de válvulas, selagem e anéis de pistão significa 90% dos custos de manutenção. Logo, os esforços e os recursos deverão ser dirigidos para a solução dos problemas causados por esses itens.

As informações necessárias às análises de falhas são obtidas no histórico de manutenção da planta, o que reforça a necessidade de registro de todas as ocorrências/serviços.

As ponderações de que os executantes preferem executar e não se sentem motivados a realizar o registro dos serviços no sistema informatizado ou nas fichas em papel podem ser minimizadas pelas seguintes atitudes:

- A gerência deve mostrar que essa atividade é uma parte fundamental do serviço e cobrar.
- Garantir o treinamento necessário dos executantes no lançamento de dados no sistema.
- Disponibilizar o *hardware* necessário.
- Fazer com que os executantes participem das análises de falhas de modo que eles percebam a importância dos dados.

A existência de informações na Internet auxilia sobremaneira a confirmação dos dados encontrados, permite verificações adicionais e comparações que auxiliam nas conclusões das análises de falhas bem como na justificativa para investimentos em melhorias. A Figura 2.45 mostra um Gráfico de Pareto elaborado pela Dresser, que é o maior fabricante mundial de compressores alternativos na atualidade. Repare que os gráficos da Petrobras-Regap e da Dresser indicam serem as válvulas e selagens os itens A na quantidade de falhas nesse tipo de equipamento.

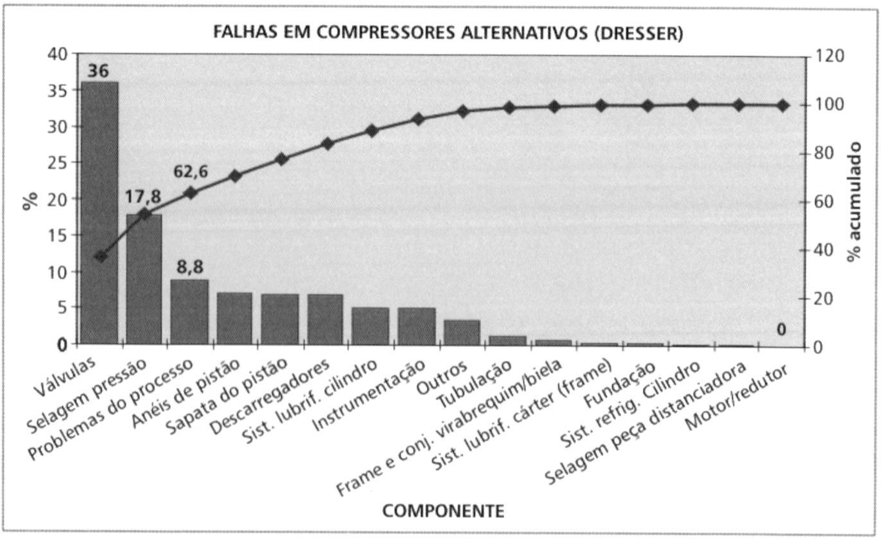


Figura 2.45 – Falhas em compressores alternativos (Dresser-Rand)[77]

A comprovação de que os modos de falhas são muito semelhantes em diversos locais do mundo, como era de se esperar, pode ser vista na Figura 2.47 que apresenta o resultado da análise de Pareto para bombas centrífugas de processo no Brasil, EUA, Arábia Saudita e Colômbia.

Observa-se que o item "selos mecânicos" contribui com aproximadamente 40% das falhas, desde que essa é a forma mais usual de vedação nas bombas centrífugas de processo.

O item "gaxetas", também vedação, aparece com participação bem inferior.

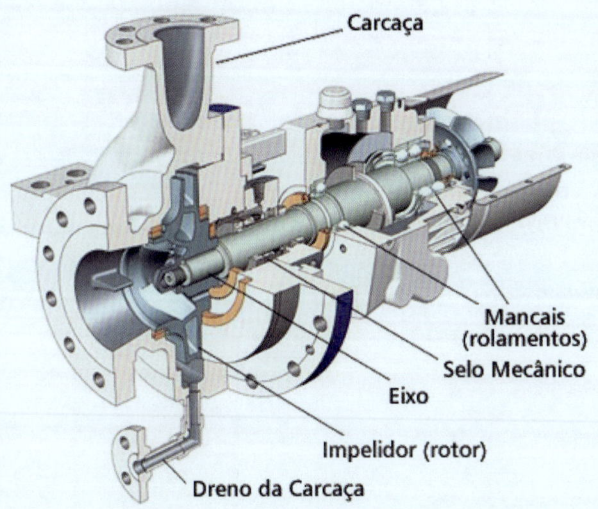


Figura 2.46 – Bomba centrífuga horizontal API 610 (Sulzer OHH)

Em geral, quando se procede a análise de falhas, outros aspectos vêm à tona e promovem melhorias adicionais nos resultados.

O estudo de falhas em bombas centrífugas realizado na Petrobras-Regap promoveu uma padronização que envolvia a aquisição de selos mecânicos, a redução da quantidade de tipos de sedes de selos em estoque além da redução de itens de vedação secundária, como anéis O.

A Figura 2.48 apresenta um fluxograma simplificado do processo de Análise de Falhas utilizando a técnica de Análise de Pareto.

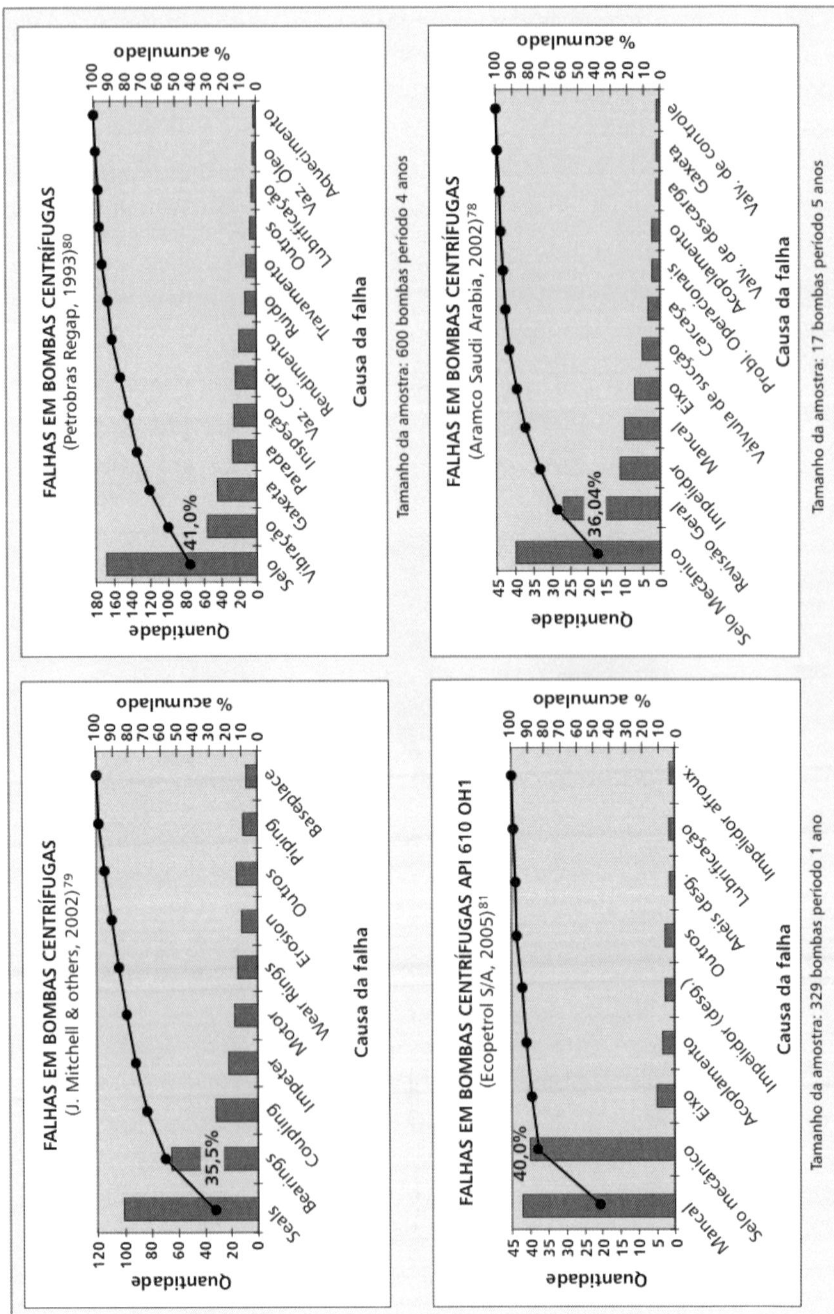


Figura 2.47 – Falhas em bombas centrífugas de processo[78,79,80,81]

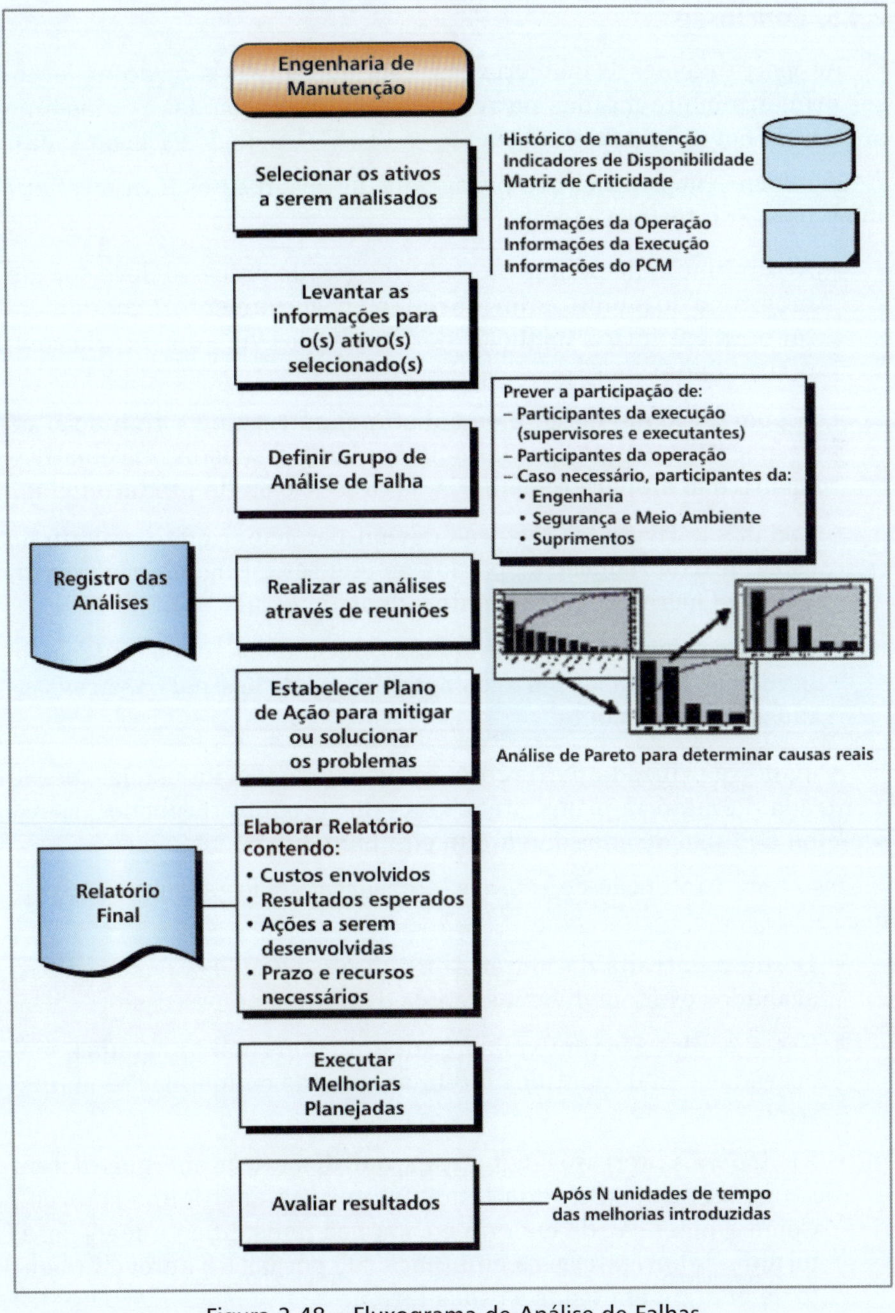


Figura 2.48 – Fluxograma de Análise de Falhas

## 2.4.5. Conclusão

As oportunidades de melhoria dos resultados nas organizações devem ser primeiramente focadas na redução ou eliminação das perdas e na análise de novas instalações com foco no LCC (Custo do Ciclo de Vida).

A informação contida nos parágrafos anteriores nos leva a refletir sobre os seguintes aspectos:

- A eliminação de perdas ou a otimização do processo deve ser um programa de âmbito empresarial (ou governamental), fundamental para garantir a melhoria dos resultados via aumento da competitividade.
- A oportunidade de ganhos substanciais está na eliminação do desperdício e/ou das perdas e não no corte de custos que objetivamente não ampara a melhoria do processo ou da produtividade.
- Todas as atividades técnicas devem participar efetivamente do controle e da redução de perdas na empresa: Engenharia, Manutenção, Operação, Suprimentos, dentre outras.
- As informações e os treinamentos relacionados com o controle de perdas devem fazer parte da capacitação do pessoal das áreas citadas anteriormente.

A maneira utilizada para representar o fluxo nas indústrias, desde a entrada da matéria-prima até a saída dos produtos acabados, se assemelha ao fluxo de energia em um equipamento ou sistema.

Isso tem a intenção de reforçar a observação aos seguintes aspectos:

- Desde a entrada da matéria-prima até a entrega dos produtos acabados existem diversas fontes de perdas no processo.
- Essas perdas são tanto maiores quanto mais mal projetadas, mal operadas e mal mantidas forem as plantas ou instalações industriais.
- Em todos os processos industriais, a utilização de energia é o item A nos custos (excetuada a matéria-prima em alguns setores). Como a obtenção de energia é cada vez mais difícil e mais cara, tornam-se obrigatórios a eliminação de perdas e o aproveitamento de energia em todas as suas formas.

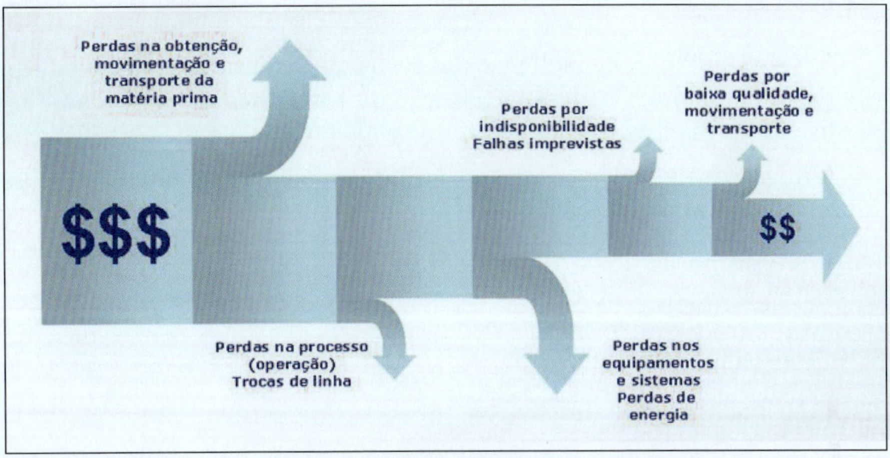
Perdas na obtenção, movimentação e transporte da matéria prima
$$$
Perdas na processo (operação) Trocas de linha
Perdas nos equipamentos e sistemas Perdas de energia
Perdas por indisponibilidade Falhas imprevistas
Perdas por baixa qualidade, movimentação e transporte
$$

Figura 2.49

# 3. Planejamento e Controle da Manutenção (PCM)

> **PCM:**
> **Núcleo de Trabalho que garante a otimização dos recursos da Manutenção**

## 3.1. O Processo PCM

A sigla PCM é utilizada para designar o conjunto de atividades da Manutenção relacionadas ao Planejamento, Programação, Coordenação e Controle dos serviços. Sua razão de ser é a OTIMIZAÇÃO DOS RECURSOS da função Manutenção.

Essas atividades são normalmente concentradas em um núcleo de trabalho conhecido por PCM – Planejamento e Controle da Manutenção, o qual deve estar integrado ao Modelo de Gestão e participar de modo orientado nos projetos em que as Diretrizes são desdobradas, para o atingimento das Metas.

Em vista disso, são condições fundamentais:

- A definição da razão de ser do PCM e suas atribuições.
- A definição de metas e dos indicadores de desempenho de suas atividades.
- A existência de seus Padrões e Procedimentos de Trabalho.
- O detalhamento dos planos de ação para atingimento das Metas.
- O processo de auditoria interna, orientado pelo Manual de Gestão e a Lista de Verificação.

As atividades do PCM estão indicadas na Figura 3.1. As causas dos processos, controladas através de seus Itens de Verificação, devem produzir o efeito, que se traduz na eficácia do PCM, isto é, o seu Resultado.

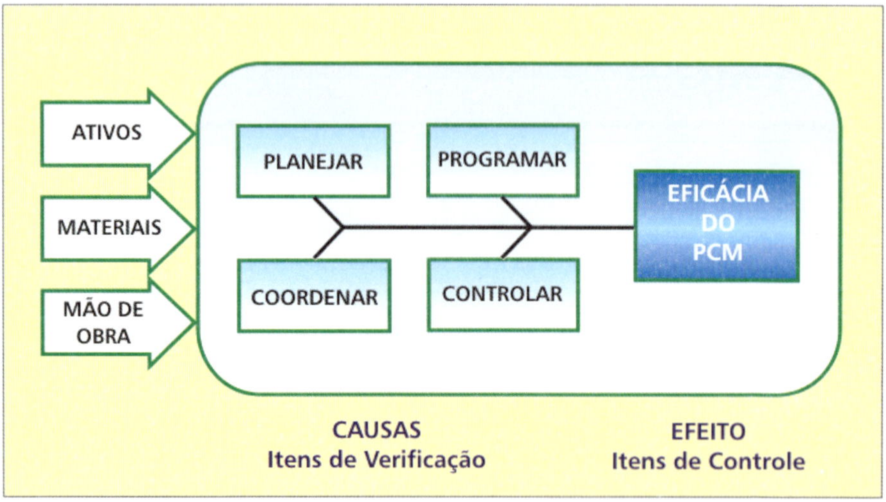


Figura 3.1 – Processos do PCM

## 3.2. RAZÃO DE SER DO PCM

A razão de ser da Manutenção é garantir a Confiabilidade e a Disponibilidade dos ativos da planta industrial. A participação do PCM é contribuir para essas Confiabilidade e Disponibilidade, otimizando a utilização dos recursos (mão de obra e materiais). Se considerarmos que mais de 60% dos custos de Manutenção são devidos a mão de obra e a materiais (Figura 3.2), percebe-se o porquê da criação dos núcleos de PCM.

E, como em qualquer processo, o núcleo de PCM deve exercer o controle sobre as suas Causas e Efeitos. Para fazê-lo, suas atribuições fundamentais devem ser bem conhecidas.

As seguintes ferramentas são fundamentais para a atuação eficaz do PCM:

- Padrões e Procedimentos de Trabalho.
- Sistema Informatizado de Gerenciamento da Manutenção (CMMS/EAM).

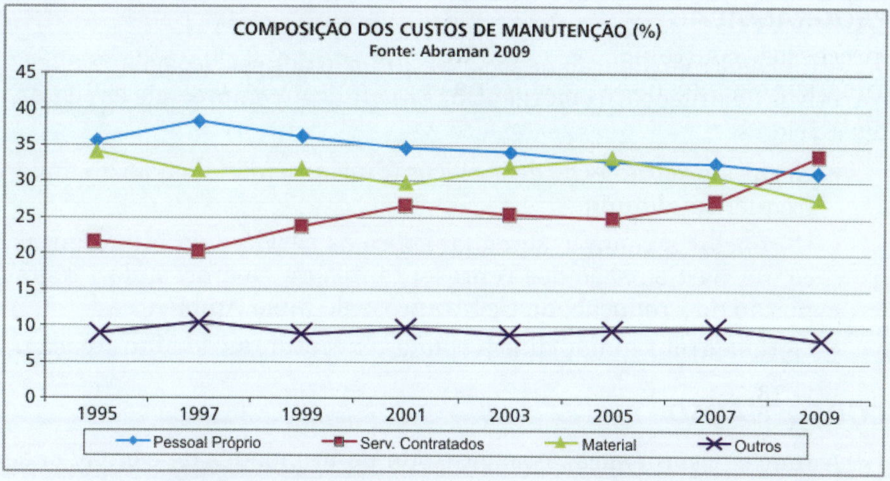


Figura 3.2 – Custos de Manutenção – Composição[8]

## 3.3. Atribuições do PCM

As quatro funções fundamentais do PCM, quais sejam, Planejamento, Programação, Coordenação e Controle devem ser bem definidas e compor o Manual de Gestão através de seus Padrões e Procedimentos de Trabalho.

### *PLANEJAMENTO*

O núcleo de PCM deve desenvolver as seguintes atividades na função Planejamento:

- Participar da geração da Matriz de Criticidade dos Ativos, com a Engenharia de Manutenção, Operação, SMS e Programação da Produção.
- Elaborar o mapa de 52 semanas.
- Classificar os ativos no CMMS/EAM, utilizando a Matriz de Criticidade e grupando os equipamentos por tipos definidos (código de catalogação dos ativos).
- Detalhar e orçamentar as Ordens de Serviço dos diversos planos de manutenção (Inspeção, Manutenção Preditiva e Manutenção Preventiva) e os serviços de Manutenção Corretiva.
- Negociar com os clientes a real necessidade dos serviços de Manutenção Corretiva (filtrar solicitações de serviço).
- Fazer o aprovisionamento de materiais para os serviços futuros.

## *PROGRAMAÇÃO*

A função Programação negocia a execução dos serviços planejados e corretivos de urgência e emergência. Essa função compreende as seguintes atividades:

- Gerar a programação de serviços (diária, semanal ou de qualquer frequência definida).
- Gerenciar a reunião semanal sobre os serviços da Manutenção, com a participação dos representantes da Operação, da Programação de Produção, da Segurança e do Meio Ambiente.
- Gerenciar a reunião diária com os executantes de Manutenção.

## *COORDENAÇÃO*

A função Coordenação é constituída de atividades de campo, onde os profissionais do PCM atuam com o objetivo principal de facilitar a execução dos serviços. As principais atividades dessa função são:

- Coordenar (controlar) a execução dos serviços diários, com enfoque na sua continuidade, observando facilidades, fornecimento de materiais, máquinas de apoio, liberação, permissão, dentre outros.
- Levantamento de não-conformidades relativas a projetos de manutenibilidade.
- Colher informações relativas aos serviços para melhorar o planejamento e a programação (processo de melhoria contínua).

## *CONTROLE*

As atividades de Controle se constituem no acompanhamento gerencial dos recursos da Manutenção. Dentre as atividades mais relevantes dessa função estão:

- Gerar e manter atualizado o Mapa de Gestão à Vista do PCM e da Manutenção.
- Gerenciar a apropriação dos serviços executados, com ênfase em homens-hora, materiais aplicados e classificação de falhas em caso de Manutenção Corretiva Não-planejada.
- Gerenciar o Orçamento da Manutenção.
- Gerar o *book* de Manutenção dos Grandes Serviços e Paradas de Manutenção.
- Controlar a atualização dos Padrões e Procedimentos de Trabalho do PCM.

Os itens seguintes detalham com maior profundidade as atribuições fundamentais estabelecidas. Obrigatoriamente essas atribuições devem fazer parte do Manual de Gestão da Manutenção.

## 3.4. Planejamento

| Planejar é estabelecer Planos. |
|---|

As principais virtudes dos planejadores estão no conhecimento:

- da sequência das atividades na Ordem de Serviço (OS);
- dos recursos necessários para cada atividade – mão de obra, material, ferramentas especiais – que não façam parte da caixa de ferramentas, bem como equipamentos de apoio como iluminação, ventilação ou exaustão, acesso dentre outros, máquinas de elevação de carga;
- das ferramentas de planejamento e dos *softwares* de gerenciamento da Manutenção (CMMS/EAM, Pert-CPM, MS Project).

Planejamento é uma atividade aplicada a qualquer campo de trabalho. Deve ser desenvolvida de modo ordenado e racional (orientada por padrões e procedimentos bem definidos). Planejar é sistematizar o processo de decisão. São características de Planejamento:

- Atividade permanente e contínua.
- Sustentada por padrões e procedimentos, de modo a permanecer ordenada e racional.
- Base confiável para a tomada de decisões.
- Objetividade – ferramenta para facilitar o alcance dos objetivos.

Dentro de um núcleo de PCM, planejar é detalhar planos de manutenção e de inspeção, além de atender as solicitações de manutenção corretiva, de pequenos projetos e obras. Trata-se de criar para todos os ativos da empresa os mais adequados planos da Manutenção e Inspeção que irão garantir a sua confiabilidade e a sua disponibilidade.

A atividade de PLANEJAR na Manutenção deve começar pela elaboração da MATRIZ DE CRITICIDADE dos ativos. A Matriz de Criticidade é elaborada a partir da análise dos ativos em relação aos aspectos de:

- Segurança Pessoal.
- Meio Ambiente.
- Produção.
- Qualidade do Produto.

- Custos de Manutenção.

A elaboração da Matriz de Criticidade deve ser levada a efeito pela Manutenção (PCM e Engenharia de Manutenção), em conjunto com a Operação, Programação de Produção, Segurança e Meio Ambiente.

Ao analisarmos todos os ativos da empresa deveremos nos esforçar para estabelecer três níveis de Criticidade: Máxima (A), Média (B) e Pequena (C). Esses três níveis servirão de base para a escolha das técnicas e dos tipos de serviço mais adequados de Manutenção que serão aplicadas a eles, assim como a frequência de sua aplicação. As técnicas/serviços aplicáveis são classificadas em:

- Manutenção Corretiva.
- Manutenção Preventiva.
- Manutenção Preditiva e Detectiva.
- Inspeção.

## *MATRIZ DE CRITICIDADE*

Os parâmetros que devem nortear sua execução estão indicados na tabela a seguir:

| Área de Ação | Parâmetro | Graduação |
|---|---|---|
| **Segurança e Meio Ambiente** | Causa fatalidade ou acidente incapacitante, danos irreversíveis à Saúde e ao Meio Ambiente, não cumprimento da legislação (NR-10 e NR-13) | **Máxima** |
| | Causa lesões leves, perturbação ecológica de baixa duração | **Média** |
| | Causa efeitos leves à saúde, não afeta o Meio Ambiente | **Pequena** |
| **Produção** | Afeta a produção anual de forma irrecuperável | **Máxima** |
| | Afeta a produção, porém pode ser recuperada | **Média** |
| | Não afeta a produção | **Pequena** |
| **Qualidade do Produto** | Afeta a qualidade final (produto fora de especificação para o cliente externo) | **Máxima** |
| | Exige reprocessamento do produto | **Média** |
| | Não afeta a qualidade do produto | **Pequena** |
| **Custos de Manutenção** | Aumenta em mais de 20% os custos mensais da Manutenção | **Máxima** |
| | Aumenta de 10% a 20% os custos mensais da Manutenção | **Média** |
| | Não afeta significativamente os custos de Manutenção | **Pequena** |

A maioria das empresas utiliza um fluxograma lógico para classificação dos ativos dentro dos itens mostrados.

A Figura 3.3 apresenta um fluxograma típico.

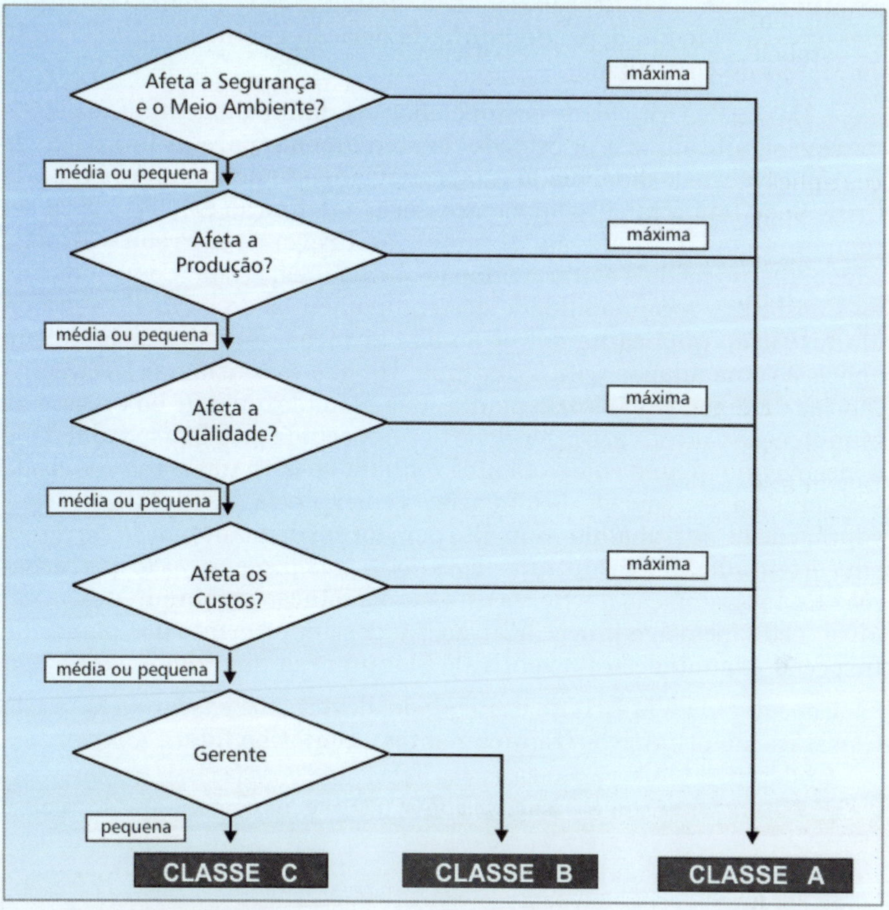


Figura 3.3 – Fluxograma para determinação da criticidade de um ativo

| **A maior contribuição da Matriz de Criticidade é uniformizar o comprometimento de todas as áreas, de todo o pessoal e particularmente dos Gerentes com a definição da importância relativa dos Ativos.** |
|---|

Aplicada a Matriz de Criticidade para todos os ativos, faz-se a classificação dos equipamentos definindo-os em três níveis: A, B e C.

Serão de Criticidade A todos aqueles equipamentos que se enquadrarem na classificação Máxima em qualquer um dos quatro requisitos, quais sejam Segurança e Meio Ambiente, Produção, Qualidade do Produto e Custos de Manutenção. De Criticidade C serão aqueles que se situarem na classificação Pequena em todos os requisitos. Quanto à classificação Média, depende muito de decisão gerencial na utilização da Matriz de Criticidade.

A Matriz de Criticidade assim elaborada define uma situação estática. Não significa que a prioridade de atendimento para as intervenções de manutenção do dia a dia já esteja previamente definida. A Matriz de Criticidade tem como finalidade acessória a definição das técnicas a serem empregadas (Inspeção, Manutenção Preventiva, Preditiva) mais adequadas de modo a evitar a falha de forma inesperada. Como indicado na Figura 2.3, a confiabilidade dos equipamentos do ponto de vista da Manutenção, implica na definição das técnicas, da frequência de sua aplicação e na análise crítica contínua. Há que se considerar as circunstâncias de funcionamento da planta. Por exemplo: quando há excesso de Manutenção Corretiva, a prioridade fica impactada pela indisponibilidade e mesmo que alguns equipamentos tenham reserva (ou *stand-by*), pode ser gerada a necessidade de urgência ou emergência. Isso enfatiza as desvantagens de se trabalhar com alto percentual de manutenção corretiva em carteira de serviços futuros (*back-log*), pois pode provocar perturbações na Programação de Serviços. Como a lotação de Manutenção é estável, pode inclusive provocar atrasos e descumprimento dos planos de Inspeção, Manutenção Preventiva e Manutenção Preditiva.

Consolidada a Matriz de Criticidade, deveremos passar ao Mapa de Classificação dos Ativos (Equipamentos), conforme figura abaixo.

| MAPA DE CLASSIFICAÇÃO DOS ATIVOS | | | | | | |
|---|---|---|---|---|---|---|
| **Equipamento (descrição)** | **TAG** | **Classificação** | | | | |
| | | SMS | Qualidade | Produção | Custo | Criticidade |
| Compressor de Gás | C-4378 | M | m | m | m | A |
| Bomba de Irrigação | B-1129 | p | p | p | p | C |
| Prensa Schindler | P-0098 | m | m | p | p | B |
| Prensa Stompmayer | P-0189 | m | M | M | M | A |
| Permutador Óleo/Água | E-2234 | p | p | m | p | B |
| **M – máxima m – média p – pequena** | | | | | | |

Figura 3.4 – Mapa de classificação dos ativos

| ABC7 | Usina Pres. Antonio Carlos | | | | |
|---|---|---|---|---|---|
| CADASTRAMENTO DE EQUIPAMENTOS | | | | | |
| Tipo de Equipamento | | MOTOR ELÉTRICO DE INDUÇÃO | | CRITICIDADE | B |
| SIGLA | M | ÁREA RESPONSÁVEL | ELÉTRICA | Procedimento | PM-099 |

| TAG | UNIDADE, LINHA, LOCAL | LOCAL DE INSTALAÇÃO | | TAG EQPTO PRINCIPAL |
|---|---|---|---|---|
| M-5112 | U-51 | Torre de Resfriamento Alpina | | F-5101 |
| FABRICANTE | MODELO | NÚMERO DE SÉRIE | POTÊNCIA (CV) | ROTAÇÃO (RPM) |
| WEG | Dahlander Ip55 | 345SZ2890 | 40 | 1800 |
| CARCAÇA | FATOR DE SERVIÇO | PESO (KG) | DIMENSÕES (AC × AD × LC × HD) mm | |
| 225S/M | 1,00 | 360 | 476 × 373 × 935 × 537 | |

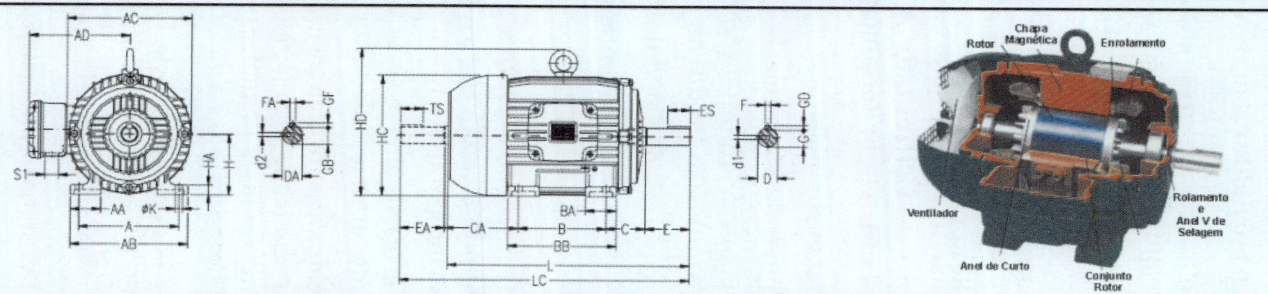


Figura 3.5 - Cadastramento de Equipamentos

Concluída a elaboração do Mapa de Classificação para todos os ativos, duas providências devem ser tomadas:

- Definição técnico-gerencial quanto às técnicas/tipos de serviço que devem ser aplicados a cada ativo.
- Cadastramento dos Ativos no Software de Gestão de Manutenção (CMMS/EAM), identificando sua Criticidade.

A distribuição quantitativa e as técnicas recomendadas para cada grupo de equipamentos, classificados segundo a Matriz de Criticidade, está indicada a seguir.

**Ativos de Criticidade A**, aproximadamente 10% do total de ativos da planta. Obrigatoriamente devem ser detalhados para esses:

- Planos de Inspeção.
- Planos de Manutenção Preditiva.
- Planos de Manutenção Preventiva (onde não for possível aplicar Manutenção Preditiva).
- Programas de Confiabilidade.
- Programas de Engenharia de Manutenção.
- Programas de TPM.

A Manutenção Corretiva nesses ativos só deve acontecer sob a forma de Manutenção Corretiva Planejada, isto é, aquela aplicada após a Inspeção ou a Manutenção Preditiva.

Esses ativos devem gerar obrigatoriamente Relatórios de Não-Conformidade, em casos de falha (situação de indisponibilidade).

Adicionalmente, dentre esses ativos são escolhidos os "TOP-TEN" da planta industrial, ou seja, os 10 (dez) ativos mais críticos e importantes, para serem os primeiros a receber a aplicação dos Programas de Confiabilidade.

**Ativos de Criticidade B**, cujo total deve representar aproximadamente 60% dos ativos da planta.

Deve ser adotada pelo menos uma entre as seguintes técnicas:

- Manutenção Preventiva.
- Manutenção Preditiva ou Inspeção.

**Ativos de Criticidade C** devem representar aproximadamente 30% do total de ativos da planta. Por definição gerencial, podem ser adotadas desde técnicas de Manutenção Preditiva, Preventiva ou Inspeção (em função das disponibilidades/oportunidades) até técnicas de Manutenção Corretiva após falha, ou seja, deixar o equipamento operar até a falha.

### *Criticidade e Prioridade*

Por vezes os termos **Criticidade** e **Prioridade** podem provocar alguma confusão.

**Criticidade**[6] é "o quanto um equipamento é crítico ou influencia o funcionamento de uma máquina ou sistema. O efeito de um mau funcionamento ou falha de um item para o desempenho de um sistema".

**Prioridade** é o tratamento que se dá ao serviço no momento de sua execução. **Prioridades de Atendimento**[6] "são normas ou padrões de gerenciamento que indicam quais os critérios a serem adotados para definir quem será atendido antes, quando existem vários pedidos pendentes ou simultâneos e acima da capacidade de atendimento momentâneo".

Assim, um equipamento de Criticidade A pode, em um dado momento, não ser o mais prioritário. Por exemplo: Uma fábrica de peças estampadas está produzindo o produto ALFA 2. A prensa P-456 tem Criticidade A e está na linha de produção BETA 3. Naquele momento, a empresa tem necessidade de atender ao cliente do produto ALFA 2 (e não do produto BETA 3), portanto uma falha na prensa P-456 não terá prioridade maior do que a de um equipamento de Criticidade B da linha ALFA 2.

Simplificando, podemos afirmar: **As ações decorrentes da Criticidade são ações de Confiabilidade. As ações decorrentes da Prioridade são ações de Disponibilidade**.

### *Planos de Inspeção e de Manutenção*

Uma vez estabelecida a Matriz de Criticidade e o Mapa de Classificação dos Ativos estão satisfeitas as condições para a elaboração dos Planos de Manutenção.

Normalmente costuma-se detalhar os Planos de Manutenção e Inspeção com o horizonte anual, ou seja, 52 semanas. Por isso, esses são conhecidos como "planos de 52 semanas".

Os Planos de Inspeção e Manutenção são desenvolvidos na Engenharia de Manutenção e enviados ao PCM para inserção no CMMS/EAM, planejamento e execução.

Os tipos usuais de Planos são:

- Planos de Inspeção Rotineira.
- Planos de Manutenção Preventiva.
- Planos de Manutenção Preditiva.
- Planos de Inspeção para Atendimento de Normas (NR13, por exemplo).
- Planos de Lubrificação.

Na elaboração dos Planos de Manutenção as atividades ou intervenções (Manutenção Preventiva, Manutenção Preditiva, Inspeção) são distribuídas ao longo do tempo, considerando-se, no mínimo:

- Recomendações do fabricante.
- Experiência pessoal dos especialistas.
- Histórico dos equipamentos.
- Sazonalidade do negócio.
- Oportunidades de Programação da Produção.
- Nivelamento de recursos.

É condição básica que cada plano explicite a frequência de aplicação bem como as técnicas a serem adotadas.

A Figura 3.6 apresenta um modelo simplificado de um Plano de 52 semanas.

Quando o PCM insere os Planos de 52 semanas no CMMS/EAM, com o conjunto de tarefas a serem executadas por especialidade, na frequência definida, permite que o *software* faça o nivelamento dos recursos.

Cabe ao Planejamento detalhar com mais precisão cada uma das tarefas do plano recebido antes de cadastrá-lo no *software*.

A Figura 3.7 exemplifica esta situação.

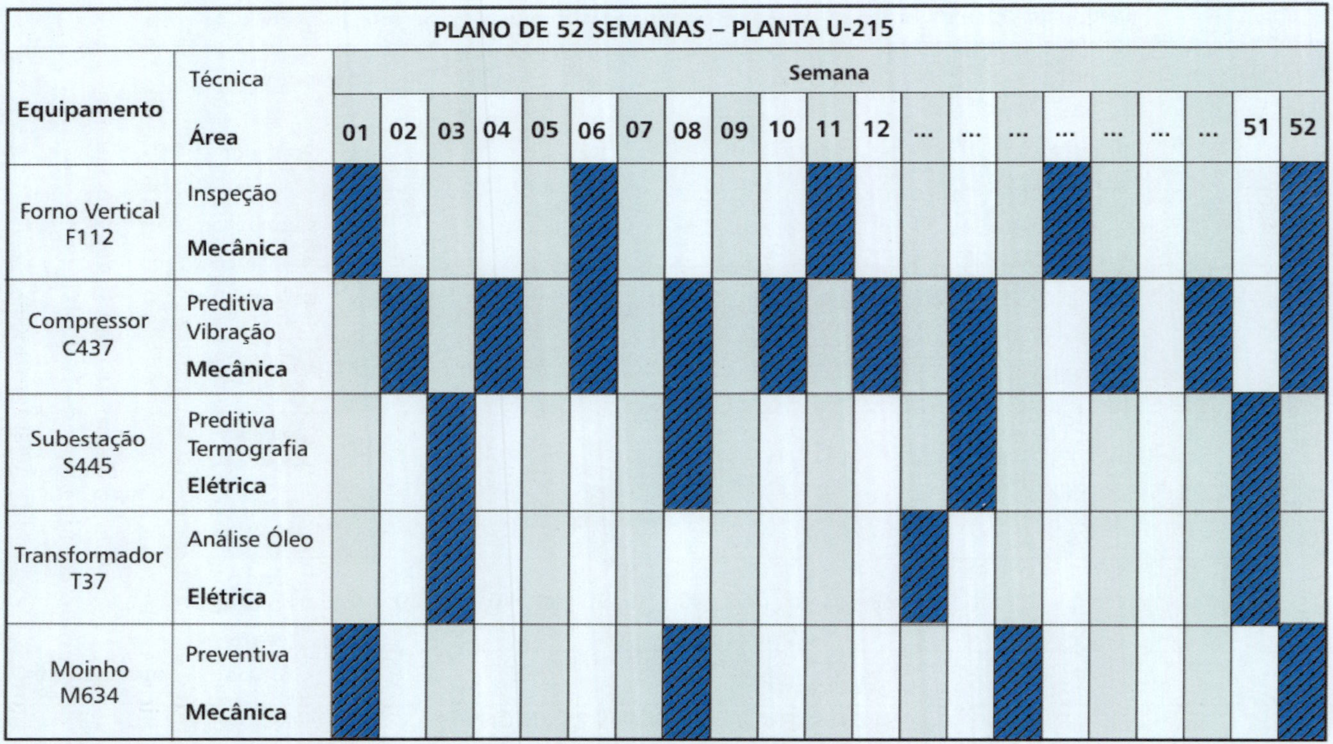


Figura 3.6 – Plano de 52 semanas

| PLANO DE 52 SEMANAS – PLANTA U-215 | | | | | | | | | | | | | | | | | | | | | | |
|---|---|---|---|---|---|---|---|---|---|---|---|---|---|---|---|---|---|---|---|---|---|---|
| Equipamento | Técnica<br>Área<br>Mão de Obra | Semana hh | | | | | | | | | | | | | | | | | | | | |
| | | 01 | 02 | 03 | 04 | 05 | 06 | 07 | 08 | 09 | 10 | 11 | 12 | ... | ... | ... | ... | ... | ... | ... | 51 | 52 |
| Forno Vertical F112 | Inspeção Mecânica | ■ | | | | | ■ | | | | | ■ | | | | | ■ | | | | | ■ |
| | 1 Inspetor Mecânico | 4h | | | | | 4h | | | | | 4h | | | | | 4h | | | | | 4h |
| Moinho M634 | Preventiva Mecânica | ■ | | | | | | | ■ | | | | | | ■ | | | | | | | ■ |
| | 3 mecânicos | 8h | | | | | 8h | | | | | 8h | | | | | 8h | | | | | 8h |
| | 2 ajudantes | 8h | | | | | 8h | | | | | 8h | | | | | 8h | | | | | 8h |
| | 1 soldador | 4h | | | | | 4h | | | | | 4h | | | | | 4h | | | | | 4h |
| | 1 lubrificador | 2h | | | | | 2h | | | | | 2h | | | | | 2h | | | | | 2h |

Figura 3.7 – Plano de 52 semanas explicitando o tempo "previsto" para as atividades

### Solicitações de Serviço

As Solicitações de Serviço (SS) ou Ordens de Serviço (OS) são a entrada (*input*) do sistema em relação aos serviços do dia a dia. Os serviços, independentemente de sua origem, devem ser pedidos através da Solicitação de Serviços, que na maioria das empresas é feito via Intranet, ou através de formulários preenchidos manualmente em modelo específico.

A solicitação formal dos serviços tem o objetivo de permitir o controle global sobre as intervenções de Manutenção. Admite-se que cerca de 5 a 10% dos serviços sejam oriundos de ocorrências ou falhas, o que determina uma atuação reativa, isto é, manutenção corretiva não-planejada. O PCM recebe a informação/solicitação e, em função da prioridade do equipamento ou sistema, aciona a especialidade de execução para solucionar o problema.

Serviços de alta prioridade devem ser executados e ter apropriação que pode ser feita *a posteriori*. Serviços de curta duração e rotineiros podem ser executados em uma OS padrão que engloba diversas intervenções em um mesmo Centro de Custo. Por exemplo:

- Reajustar gaxetas de uma bomba centrífuga.
- Reajustar um instrumento.
- Trocar um manômetro.
- Reapertar um flange de tubulação.

Antes da inclusão da Solicitação de Serviços no sistema ou de acionar a execução, o PCM deve, dentre outras coisas, questionar:

- A solicitação é procedente? Verificação pela manutenção.
- Qual é a sua prioridade? Negociação com a operação ou solicitante ou aplicação da Matriz de Criticidade.
- O serviço se enquadra na manutenção do dia a dia ou é serviço de parada ou serviço especial?
- O serviço é uma atividade de manutenção?

O PCM deve atuar como um filtro para os serviços solicitados, planejando somente aqueles que se justificam. Quando o PCM não cumpre essa função, a demanda de serviços normalmente é maior do que a capacidade que a Manutenção pode atender. Paradoxalmente, a queixa que se ouve é "falta gente" e não "a demanda está elevada"[1].

Figura 3.8 – O filtro do PCM às solicitações de serviço

Uma vez resolvido esse aspecto, a solicitação de serviço é incluída no sistema e gera uma Ordem de Serviço (OS):

- Recebe um número (número da Ordem de Serviço – OS).
- Sua prioridade é registrada.
- O serviço é detalhado a partir de um detalhamento padrão ou desenvolvido em conjunto com a área especializada.
- O centro de custo contábil é registrado para correta alocação dos custos.
- Recebe um código para fazer a ligação com o equipamento ou posto de serviço (TAG ou código do local), objetivando alimentar o histórico do equipamento e garantir os dados necessários para análises de falhas ou análises econômicas.

### *Ordens de Serviço (OS)*

As **Ordens de Serviço** (**OS**) ou **Ordens de Trabalho** (**OT**) se constituem no principal documento do PCM, pois:

- definem e detalham os serviços a serem executados;
- indicam os meios e recursos necessários;
- recebem as apropriações que alimentam o sistema financeiro da organização;
- fornecem os dados necessários ao histórico de Manutenção, dentre outros.

As OS são geradas pelo PCM a partir das Solicitações de Serviço ou dos Planos de 52 semanas. Compete aos planejadores fazer o detalhamento aprofundado dos serviços, criando as Ordens de Serviço que devem conter:

- TAG (identificação) do Equipamento.
- Criticidade.
- Prioridade.
- Campo para grupamento de equipamento por especialidade.
- A descrição do serviço.
- Tipo de serviço (Inspeção, Manutenção Preditiva, Preventiva ou Corretiva).
- O detalhamento em tarefas e a dependência entre elas.
- A definição da mão de obra especialista.
- A indicação dos Procedimentos de Trabalho aplicáveis.
- As ferramentas e máquinas de apoio necessárias.
- A Análise de Risco das Atividades.
- Os EPI especiais necessários.
- O Centro de Custo.
- Orçamentação do serviço.
- Campo para identificar motivos de bloqueio de serviços: Material, Liberação, Mão de obra.

Este detalhamento nos permite definir com relativa precisão a expectativa de duração das ORDENS DE SERVIÇO. Em uma situação ideal, uma vez concluído o detalhamento de todas as Ordens de Serviço, tem-se uma visão global das atividades de manutenção, que inclui:

- Os Planos de 52 Semanas.
- O *Back-log* esperado.
- O tamanho da lotação necessária.
- A previsão de consumo de materiais e sobressalentes.
- A quantificação necessária para a contratação de Serviços de Terceiros.
- A distribuição percentual de aplicação de técnicas de:
  - Inspeção e Manutenção Preditiva.
  - Manutenção Preventiva.
  - Manutenção Corretiva.

| EMPRESA ABC7 | ORDEM DE SERVIÇO (OS) | | | | Nº 12345 |
|---|---|---|---|---|---|
| TAG | 29-MB-45 | Criticidade | B | Prioridade | NO |
| TIPO DE SERVIÇO | | Manutenção Preventiva | | Data – 12/04/2008 | |
| Descrição da OS | | Manutenção Eletromecânica | | | |
| CCAM – MB A3 | | CC 290045-32 | | Planejador: Hélio B. Souza | |

| Tarefa | Descrição | Tempo (h) | Recursos MO | Dep. | B* | Observações |
|---|---|---|---|---|---|---|
| 01 | Análise Preliminar de Risco | 0,5 | 1EL, 1 ME | | M | |
| 02 | Retirar Permissão de Trabalho (PT) | 0,5 | 1EL, 1 ME | 01 | | |
| 03 | Desenergizar e bloquear | 0,5 | 1EL | 02 | | |
| 04 | Liberar o serviço | 0,5 | | | | Operador da área |
| 05 | Desconectar os cabos do motor e desacoplar | 1,0 | 1EL, 1ME | 03, 04 | | |
| 06 | Retirar bomba e motor | 1,0 | 1EL, 1 ME | 05 | | |
| 07 | Apoio de máquina de elevação de carga | 1,0 | 1 OM | | | |
| 08 | Revisar Motor Elétrico | 8,0 | 1 EL | | | |
| 09 | Revisar Bomba | 8,0 | 2 ME | | | |
| 10 | Montar Motor e Bomba na Base | 3,0 | 1ME, 1EL | 08, 09 | | |
| 11 | Apoio de Máquina de elevação de carga | 1,0 | 1 OM | | | |
| 12 | Testar e fazer relatório de manutenção | 1,0 | 1ME, 1EL | | | |
| 13 | Apropriar os serviços (MO e materiais) | 1,0 | 1ME, 1EL | | | |

**INFORMAÇÕES COMPLEMENTARES**

- EPI complementares – nenhum
- Procedimentos aplicáveis – Mec-016/06, Elt-023/06, Ope-045/05, Seg-011/06
- Ferramentas especiais
  - Chave de batida 2.3/4"
  - Cabo de aço (eslinga) d ½"
- Máquina de elevação de carga – Guindaste PH 003 capacidade 10 toneladas
- Peso da bomba – 150 kg
- Peso do motor elétrico – 250 kg
- Planejador de contato – Helio – ramal 456

**Legenda**

| Dep | Dependência | "B | Bloqueio | CCAM | Grupo de Equipamentos | CC | Centro de Custo |
|---|---|---|---|---|---|---|---|
| Criticidade | A – MÁXIMA | | B – MÉDIA | | C – PEQUENA | | |
| Prioridade | E – Emergência | | U – Urgente | NO – Normal Operacional | | NN – Normal não-Operacional | |

Figura 3.9 – Ordem de Serviço (OS)

## *Processamento das Solicitações de Serviço de Manutenção Corretiva*

Embora seja desejável que haja um predomínio de serviços de Inspeção, Manutenção Preditiva e Manutenção Preventiva, ainda existe uma grande incidência de serviços de Manutenção Corretiva na maioria das empresas.

Esses serviços também devem ser realizados a partir da emissão de OS e receber o mesmo tratamento utilizado para todos os outros.

O tratamento dessa demanda, via PCM, deve considerar:

- A entrada no sistema dos serviços solicitados pelos diversos usuários, normalmente através de uma solicitação de serviços. Em geral, é oriunda da Área Operacional, podendo ser gerada também pela própria Manutenção.
- Mesmo sendo solicitações de cunho emergencial ou de reparação em curto prazo, as perguntas clássicas de análise e filtro das solicitações deverão ser feitas:
  - ✓ A solicitação é procedente?
  - ✓ É uma atividade de manutenção?
  - ✓ Qual a sua prioridade?
  - ✓ O serviço se enquadra na manutenção de rotina?
  - ✓ O serviço pode ser realizado em campanha ou somente em ocasiões especiais? Paradas, por exemplo.

Caso o serviço seja emergencial, ele deve ser executado enquanto o planejamento abre uma OS e toma as providências de suporte à sua execução.

### *Carga de Trabalho Futura (*Back-Log*)*

Conceitua-se *back-log* (ou carga de trabalho futura) como sendo o volume de serviços em carteira, em um dado instante, normalmente medido em homens-hora necessários para realizá-los.

Assim, o *back-log* é o somatório de toda a carga de trabalho futuro da Manutenção detalhada nas Ordens de Serviço a serem realizadas. Também pode ser medido em dias de serviço.

Considerando, por exemplo, que a lotação da Manutenção seja de 10 eletricistas e de 20 mecânicos e que o somatório de todos os serviços planejados é de 800 homens-hora para a função eletricista e de 1.200 homens-hora para a função mecânico, teremos:

- Carga futura da função Eletricista

  = 800 hh/(10 eletricistas × 8 horas) =10 dias de trabalho.

- Carga futura da função Mecânico

  = 1.200 hh/(20 mecânicos × 8 horas) = 7,5 dias de serviço.

O modelo mais utilizado para ilustrar o *back-log* é o indicado na figura a seguir:

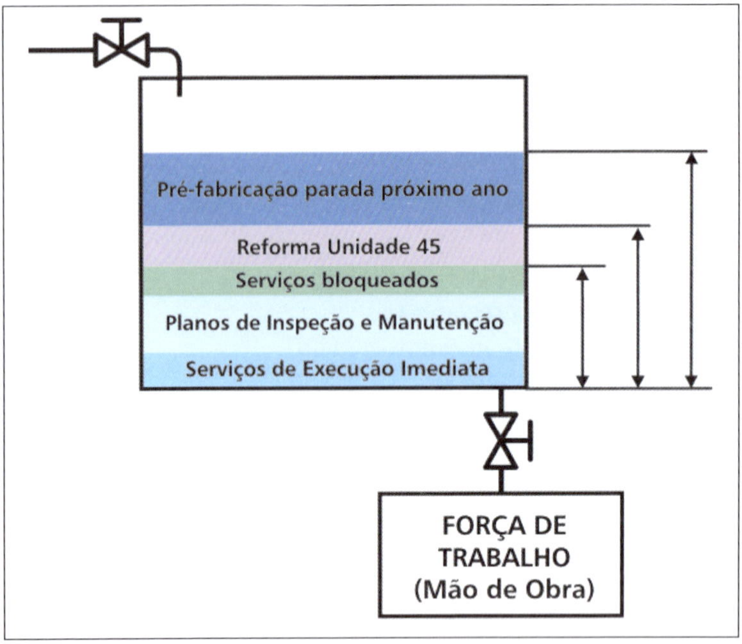


Figura 3.10 – *Back-log*

Suponhamos que em um dado instante fechemos as duas válvulas da caixa-d'água, ou seja, a entrada e a saída de serviços e meçamos o seu volume. A esse volume da caixa-d'água, que representa o quanto de serviço temos para fazer, se denomina *back-log*. Para a Manutenção significa o total de homens-hora que deve ser aplicado para esvaziar a caixa.

Caso a equipe de manutenção seja fixa, isto é, tenha um número definido e constante de executantes, o *back-log* pode ser traduzido no tempo (em horas, dias ou meses) que essa equipe levará para esvaziar a caixa.

O controle do *back-log* contempla a carga de serviço global e por especialidade. Assim, o sistema deve informar, por exemplo, qual a carga de trabalho para a manutenção mecânica e dentro dela qual a carga para soldador, mecânico e caldeireiro, por exemplo. Com isso, é possível atuar no dimensionamento das equipes de manutenção.

A identificação nas OS do tipo de serviço permite que seja analisada a forma de atuação da Manutenção e comparada com as melhores marcas de referência.

Por exemplo: Atualmente o índice de manutenção reativa (corretiva não-planejada, emergências) considerado de melhor prática deve ser menor do que 10%.

$$IR = \frac{\text{Horas de manutenção corretiva não-planejada}}{\text{Total de horas}} < 10\%$$

O *back-log* pode ser estratificado de diversas maneiras, de modo a permitir uma análise gerencial adequada. Eis alguns exemplos:

- Trabalhos executáveis de imediato de manutenção corretiva.
- Trabalhos de planos de inspeção da função mecânico.
- Trabalhos de pré-fabricação para a parada de manutenção de dezembro de 2007.
- Trabalhos de eletricista que estão impedidos de execução por falta de material.
- Toda a carga de trabalho da reforma da caldeira de alta pressão (para todas as funções).

## *Controle do* **Back-log**

Normalmente, em todos os locais onde existe Manutenção, é aceitável um determinado nível de *back-log* de Manutenção Corretiva, que deve ser variável em função da criticidade/prioridade dos ativos. A única instituição para a qual não se pode aceitar *back-log* é hospital de pronto-socorro. Essas instituições foram criadas para os atendimentos de emergência (quando a vida está em risco) ou para os atendimentos de urgência (quando os pacientes estão em estado de grande sofrimento). Nesses casos deve existir uma estrutura de atendimento médico (médicos, enfermeiros e equipamentos) disponível para o pronto-atendimento.

O controle do *back-log* que é exercido pelo núcleo de PCM, através da atividade de CONTROLE, pressupõe medir, analisar, diagnosticar, recomendar/negociar. A maioria dos *softwares* de Gestão de Manutenção (CMMS/EAM) fornece relatórios de *back-log* customizados segundo orientação dos gerentes de Manutenção.

Esses relatórios medem o *back-log* em dias de serviço futuro por função, indicam a tendência de evolução, por áreas específicas, por setores especializados, dependendo como foi customizado o relatório gerencial.

## *Cálculo e Análise do* Back-log

Seja uma empresa que possua um quadro com 40 eletricistas e 83 mecânicos, que apresente em um dado instante 52 OS para a função eletricista, num total de 2.823 hh planejados e 76 OS para a função mecânico, totalizando 3.522 hh planejados.

A tabela abaixo apresenta algumas informações adicionais para a ocasião em análise:

| Situação do Pessoal | Eletricista | Mecânico |
|---|---|---|
| Efetivo | 40 | 83 |
| Em férias | 2 | 3 |
| Absenteísmo | 2 | 4 |
| Em turno | 8 | 12 |
| **Disponível** | **28** | **64** |
| Homem-hora/dia | 28 × 8 = 224 | 64 × 8 = 512 |
| *Back-log* (dias) | 2.823/224 = 14,7 = ~15 | 3.522/512 = 6,9 = ~7 |

| Classificação do *Back-log* | hh | % | hh | % |
|---|---|---|---|---|
| Corretiva | 282,3 | 10 | 528,3 | 15 |
| Preventiva | 1.693,8 | 60 | 1.232,7 | 35 |
| Preditiva | 564,6 | 20 | 1.584,9 | 45 |
| Projeto/fabricação | 282,3 | 10 | 176,1 | 5 |

Na análise do *back-log* da Manutenção deve prevalecer a observação de um período mais longo, de modo que prevaleça a tendência sobre o resultado "instantâneo".

Vamos admitir que a Figura 3.11 represente o *back-log* da Manutenção ao longo de 10 semanas.

Na análise do *back-log* os valores da tendência são mais representativos do que os valores instantâneos e o exemplo indica um *back-log* estável.

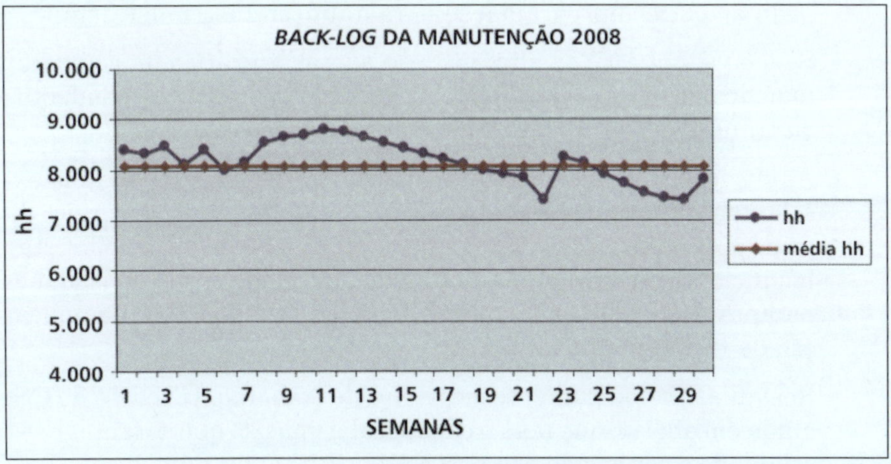


Figura 3.11 – Evolução do *back-log* da Manutenção

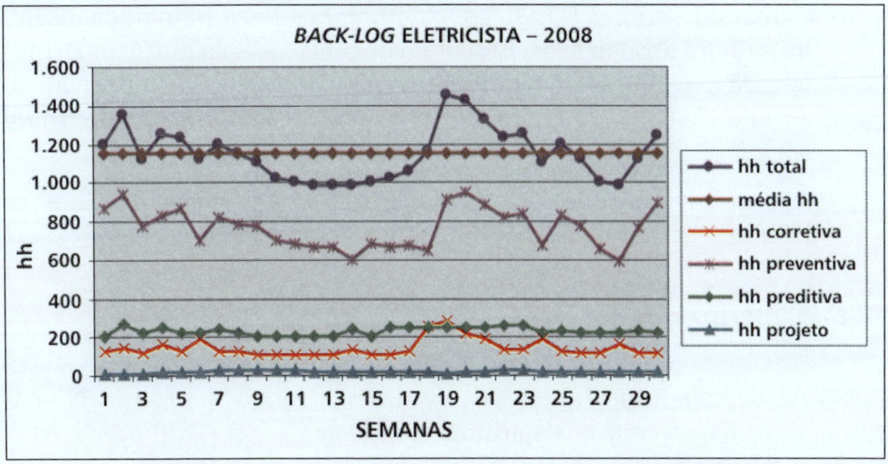


Figura 3.12 – Evolução do *back-log* da função Eletricista

Embora não exista uma "receita de bolo" para a análise e o diagnóstico de *back-log*, algumas considerações podem ser feitas:

- Tomar cuidado com tarefas detalhadas envolvendo mais de uma função (por exemplo, 1 instrumentista e 1 ajudante), pois se a função Ajudante estiver com baixa disponibilidade, pode acontecer que o *software* CMMS/EAM não consiga emitir programação para o instrumentista, mesmo havendo disponibilidade para essa função. Costuma-se dizer, nesse caso, que a função Ajudante está impedindo gerar a programação para a função Instrumentista.
- Se o *back-log* estiver alto, pode-se adotar a prática de contratar mão de obra temporária para a execução dos serviços pendentes ou transferir serviços internos para execução externa.
- As observações de campo feitas pelos coordenadores são uma excelente prática para reavaliação dos detalhamentos de serviço de modo a se obter um *back-log* mais real. A mão de obra pode estar insuficiente, ou ser de má qualidade, ou ainda a supervisão inoperante. Isso pode exigir novos métodos de trabalho ou a aplicação de treinamento.
- Reavaliar periodicamente a carteira de trabalho. Há casos de OS, ainda em aberto, que nem o cliente sabe mais do que se trata. Essa atividade é conhecida como "SANEAMENTO da Carteira de Trabalho".
- Controlar sempre o indicador de homens-hora planejados × homens-hora apropriados. Esse item de controle é bastante importante para a avaliação da qualidade da programação, da produtividade da mão de obra, da facilitação do serviço e tem impacto direto no *back-log*.
- Aproveitar a situação de *back-log* temporariamente baixo para treinamento de pessoal e programação de férias.

### *Detalhamento dos Serviços*

O detalhamento é fundamental para o bom andamento da execução dos serviços, não importando se o serviço é pequeno ou grande. No entanto, devem-se tomar os seguintes cuidados:

- não fracionar em demasia o serviço em microtarefas;
- não adotar planejamento de tarefa única.

As duas situações causam problemas para a execução.

No detalhamento são definidas as principais tarefas que compõem o trabalho, os recursos necessários e o tempo estimado para cada uma delas. Também é definida a dependência entre as tarefas. O exemplo mostrado na Figura 3.13 indica que:

- A tarefa 4 só poderá ser executada após a conclusão das tarefas 2 e 3, respectivamente.
- A tarefa 8, instalação do equipamento na base, só poderá ser executada após a montagem do equipamento na oficina (tarefa 7) e pintura da base (tarefa 6).

| Detalhamento de OS | | | | | |
|---|---|---|---|---|---|
| **Título da OS** | | **Prior.** | **OS nº** | **Data** | |
| **Revisão Geral Bomba Centrífuga B 476** | | **N** | **12877** | **02/06/08** | |
| **Tarefa** | **Descrição** | **Dep.** | **Recurso** | **Qte.** | **Horas** |
| 1 | Desenergizar, drenar e liberar o equipamento | | Operador | 1 | 0,5 |
| 2 | Soltar flanges, retirar tubulações auxiliares e desacoplar | 1 | Mecânico | 2 | 1,0 |
| 3 | Retirar instrumentos | 1 | Instrumentista | 1 | 0,5 |
| 4 | Retirar bomba da base e levar para a oficina | 2 e 3 | Mecânico | 2 | 0,5 |
| 5 | Lavar, desmontar e inspecionar peças | 4 | Mecânico | 2 | 2,0 |
| 6 | Pintar a base conforme recomendação da inspeção | 4 | Pintor | 1 | 3,0 |
| 7 | Substituir peças, balancear conjunto rotativo e montar | 5 | Mecânico | 2 | 3,0 |
| 8 | Levar equipamento para a base e instalar | 6 e 7 | Mecânico | 2 | 1,5 |
| 9 | Montar instrumentos | 8 | Instrumentista | 1 | 0,5 |
| 10 | Testar e fazer relatório de manutenção | 9 | Mecânico | 1 | 1,0 |
| Dep. = Dependência | | Prior. = Prioridade<br>E – Emergência, U – Urgente, N – Normal | | | |

Figura 3.13 – Detalhamento de OS

## *Microdetalhamento/Facilitação de Serviços*

O microdetalhamento/facilitação de serviços está diretamente ligado ao aumento da produtividade (taxa de ocupação) da mão de obra, maior satisfação dos executantes e redução do Tempo Médio para Reparo.

Consiste na análise prévia do serviço a ser executado visando fornecer as informações básicas para os executantes, como:

- Facilidades não existentes no local do serviço.
- Aspectos ligados à segurança.
- Dados sobre o equipamento ou a sua função.
- Recomendações especiais.
- Ferramentas especiais, dispositivos ou acessórios necessários.

Na medida em que o planejamento inclui informações relacionadas a ferramentas, máquinas ou acessórios de elevação de carga, dispositivos, etc., estará contribuindo para a eliminação de gargalos e perdas de tempo durante a execução dos serviços.

Para exemplificar, tomemos o detalhamento mostrado na Figura 3.13. A tarefa 4 determina "Retirar a bomba da base e levar para a oficina". Vamos supor que:

- Na caixa de ferramentas dos mecânicos exista jogo de chaves de boca, cuja maior bitola seja 1.1/4".
- Para retirar a bomba da base será necessário soltar os parafusos que a prendem à base, cujo diâmetro é 2.3/4".

Caso essa informação conste da OS, os mecânicos providenciarão uma chave de 2.3/4" de batida com a marreta correspondente, antes do início do serviço. Caso contrário, os mecânicos somente perceberão a necessidade dessa chave durante o serviço. Obviamente haverá solução de continuidade no serviço e deslocamentos desnecessários, o que acaba gerando insatisfação nos executantes.

O microdetalhamento/facilitação de serviços pode incorporar informações na OS, automaticamente, a partir do banco de dados no CMMS/EAM. A OS mostraria as seguintes informações para a Revisão Geral da Bomba B 476:

| Microdetalhamento | |
|---|---|
| **FERRAMENTAS E DISPOSITIVOS** | **EPIs ADICIONAIS** |
| • Chave de batida Ø 2.3/4"<br>• Marreta 5 kg<br>• Eslinga (cabo de aço) Ø 1/2"<br>• Empilhadeira com lança adaptada | • Luvas de couro<br>• Óculos |

Outro exemplo:

Para o serviço de ligação de um painel auxiliar temporário no campo que alimentará uma bomba de esgotamento de um tanque de óleo combustível para limpeza, por exemplo, a OS mostraria:

| Microdetalhamento | |
|---|---|
| **FERRAMENTAS E DISPOSITIVOS** | **EPIs ADICIONAIS** |
| • Painel elétrico AUX43 armazenado no galpão 47<br>• Conjunto motobomba 06 armazenado no galpão 12<br>• Ligação do painel no poste P435 na Avenida 4 – 220V<br>• Escada – altura 4 metros<br>• Empilhadeira/Pick-up para transporte<br>• Estropo (cabo de aço) Ø 1/2" e manilha | • Cinto de segurança para eletricista<br>• Luvas de couro |

O campo pode conter também:

- informações ligadas aos aspectos de segurança para realização dos serviços;
- dados sobre o equipamento.

Quanto mais complexo o serviço, mais esmerado deve ser o detalhamento.

## 3.5. Programação

A programação dos serviços é a etapa que define:

- quando o serviço será executado (atribuição do PCM); e
- quem o executará (escolha essa feita pelos especialistas por conhecerem melhor a aptidão dos executantes).

Programar significa colocar os Planos de 52 semanas em operação e administrar a execução dos serviços de Manutenção Corretiva de acordo com as prioridades definidas na Matriz de Criticidade e as necessidades da empresa.

Essa atividade pressupõe:

- a geração da programação de serviços semanais;
- a realização de reuniões diárias com os setores executantes;
- a realização de reunião semanal com a Operação;
- a negociação com os clientes;

A programação deve levar em conta:

1. As prioridades dos serviços.
2. Os recursos disponíveis para a sua execução.
3. A liberação do equipamento pela Operação.

A programação dos serviços segue algumas "regras" já consagradas pelo uso:

- Prioridades – normalmente são definidas as seguintes prioridades para a execução dos serviços:

| | |
|---|---|
| 1 | **Emergência** (já estamos diante de uma situação de fato) |
| 2 | **Urgência** (a situação indesejada está por acontecer) |
| 3 | **Normal Operacional** |
| 4 | **Normal Não-operacional** |

- Serviços de maior prioridade – são programados primeiro, seguidos pelos de prioridade imediatamente inferior, até os recursos disponíveis, naquela data, se esgotarem.
- Data de recebimento da solicitação de serviços – dentro de uma mesma prioridade, o sistema programará primeiro as solicitações mais antigas.
- Serviços com data marcada – é um artifício utilizado para que os serviços se iniciem em uma data determinada. Os serviços com data marcada têm prioridade sobre a antiguidade da solicitação.
- Bloqueios – quando ocorre falta de material, falta de informação, falta de ferramentas, necessidade de serviço externo ou falta de liberação pela Operação, o sistema permite que seja feito um bloqueio até que a causa de interrupção esteja resolvida.

O processo de programação do dia a dia começa a partir de uma reunião semanal para gerar a programação de serviços, que é a principal atividade do programador de serviços. Compete a ele preparar a pauta dessa reunião, da qual deverão constar uma carteira de serviços de Manutenção Corretiva, além dos planos previstos de Inspeção, Manutenção Preventiva e Manutenção Preditiva. Essa pauta deve ser de prévio conhecimento de todos os participantes da reunião, quais sejam: representantes da Operação, da Programação de Produção, da Segurança e do Meio Ambiente. As decisões tomadas nessa reunião devem constar em ata. Adicionalmente, o programador deve realizar reuniões diárias (rápidas) de início de serviços com as Oficinas Especializadas da Manutenção: Mecânica, Elétrica, Instrumentação, Caldeiraria e Tubulação.

A maior habilidade de um programador de serviços deve ser sua capacidade de negociação. Vamos refletir sobre o que seja a atividade NEGOCIAÇÃO. A principal finalidade da negociação é chegar a um acordo, qual seja alcançar a melhor condição de atendimento dos compromissos da empresa. Embora possa parecer óbvio, nem sempre os negociadores têm clareza quanto a isso.

| **Capacidade de negociar: A maior virtude do programador.** |
|---|

## 3.6. Coordenação

Coordenar é uma atividade executada durante a realização dos serviços, podendo ser exercida tanto por um profissional do PCM quanto por um supervisor das Oficinas Especializadas da Manutenção.

Suas atribuições fundamentais são:

- Garantir o início dos serviços conforme previamente combinado ou a continuidade deles, durante sua execução.
- Trabalhar de forma proativa, antecipando-se às necessidades de máquinas de apoio, material, fornecimento de ferramentas especiais, que não foram consideradas no detalhamento da OS.
- Agilizar a emissão das Permissões para o Trabalho e das Liberações de Área.
- Oferecer *feedback* para os planejadores e para a Engenharia de Manutenção no que diz respeito ao detalhamento de OS e manutenibilidade das instalações, respectivamente.

Como mencionado anteriormente, durante as atividades de coordenação é desejável que o profissional pratique a capacidade de observação, de modo a perceber e registrar as oportunidades de melhoria no serviço relacionadas à:

- Liberação.
- Manutenibilidade.
- Capacitação do pessoal de execução.
- Melhoria no planejamento e na programação.

## 3.7. CONTROLE

Controlar é uma atividade exercida em gabinete, apoiando o gerente do PCM.

As principais atividades que compõem a função CONTROLE são:

- Gerar o Mapa de Gestão à Vista do PCM e da Manutenção.
- Fazer o controle dos indicadores de Manutenção de modo a garantir a atualização do Mapa de Gestão à Vista.
- Alertar a gerência sobre os desvios registrados no acompanhamento dos indicadores.
- Gerenciar a correta apropriação dos serviços executados, com ênfase em homens-hora, materiais aplicados e classificação de falhas em caso de Manutenção Corretiva.
- Gerir o Orçamento da Manutenção.
- Gerar o *book* de Manutenção dos Grandes Serviços e Paradas de Manutenção.
- Controlar a atualização dos Padrões e Procedimentos de Trabalho do PCM.
- Controlar os planos de ação, seus itens de Controle e de Verificação dos programas de Estabilização das Rotinas e de Implantação de Melhorias do PCM.

Todas essas atribuições fundamentais e algumas específicas dos núcleos de PCM devem possuir obrigatoriamente Padrões/Procedimentos de Trabalho que são da responsabilidade do gerente do PCM.

A partir da definição de atribuições, devemos criar dois documentos fundamentais para o PCM, de modo a se fazer o giro completo do PDCA do PCM:

- Manual de Gestão ou Manual de Qualidade.
- Lista de Verificação – que permite auditar (avaliar) o núcleo de PCM.

## 3.8. Manual de Gestão e Lista de Verificação

O Manual de Gestão, naquilo que diz respeito às atividades do PCM (Planejamento, Programação, Coordenação e Controle), deve enfatizar:

- As atribuições de cada atividade.
- Os indicadores de medição da eficácia das atividades.

A Lista de Verificação deve definir:

- O questionário utilizado para a avaliação.
- Os critérios de aplicação.

### Elaboração do Manual de Gestão e da Lista de Verificação

#### *Manual de Gestão*

O Manual de Gestão deve tratar dos Padrões e Procedimentos inerentes às atividades. Nesse caso, devem ser Padrões que tratam das funções Planejar, Programar, Coordenar e Controlar exercidas pelo PCM e devem não apenas apresentar a redação do texto, como também o fluxograma de processo da atividade.

A Lista de Verificação deve obrigatoriamente avaliar as Práticas (práticas – atividades que se baseiam em padrões preestabelecidos) e os Resultados referentes a essas atividades, de modo a evitar avaliações subjetivas. Além disso, deve ser de amplo conhecimento da equipe, de modo a se evitar a postura "policial" praticada em algumas auditorias.

Como exemplo, listamos algumas atividades que devem compor o Manual de Gestão da função PCM:

- A classificação dos ativos, segundo a Matriz de Criticidade.
- A elaboração do Mapa de Classificação dos Ativos.

- A identificação da Criticidade do Ativo no CMMS.
- A definição dos planos de Manutenção Preventiva, Preditiva e de Inspeção para cada ativo.
- O mapa de 52 semanas.
- O detalhamento das OS dos planos no CMMS.
- A orçamentação dos serviços.
- A gestão dos sobressalentes aplicáveis aos serviços.
- A apropriação dos serviços executados (Hh e materiais, no mínimo).
- A elaboração dos *books* de manutenção para os Ativos de maior criticidade e para trabalhos de longa duração. Esses *books* devem fazer referências ao detalhamento, ao microplanejamento, às facilidades de manutenibilidade, às empresas especialistas contratadas e ao custo final dos serviços. Devem sempre estar enriquecidos com fotos.

Para exemplificar, comecemos pela atividade de Planejamento.

Função Planejamento – É atribuição da atividade de Planejamento participar, em conjunto com a Engenharia de Manutenção, Programador de Produção, Segurança e Meio Ambiente, da elaboração da Matriz de Criticidade. Essa Matriz deve considerar todos os ativos da empresa, classificando-os em 3 níveis de prioridade.

Todos os ativos de criticidade Máxima (A) devem estar identificados no campo com a letra A e deve haver um sistema de divulgação para toda a empresa. Essa divulgação deve ser registrada através da assinatura de uma lista de presença em programas de treinamento de pessoal.

Desse modo, é elaborado o Manual de Gestão definindo todas as atribuições dos profissionais que exercem as atividades de Planejar, Programar, Coordenar e Controlar.

## ITENS DE CONTROLE DAS ATIVIDADES

É indispensável que o Manual de Gestão faça referências aos indicadores escolhidos para a avaliação das atividades do PCM. Conforme ficou estabelecido, a razão de ser do PCM é contribuir para a confiabilidade e a disponibilidade dos ativos, otimizando a utilização dos recursos da Manutenção (mão de obra e materiais).

Esses indicadores devem ser *vital-few*, isto é, poucos e vitais. Que sejam bastante representativos na avaliação da agregação de valor ao trabalho exercido pelo PCM. A seguir, alguns itens de controle da atividade do PCM:

### ➢ Índice de Eficácia do Planejamento

Mede a relação entre o total de hh aplicados nos serviços e o total de hh programados para um determinado período de tempo (dia, semana ou mês).

$$\text{IEP (\%)} = \frac{\text{Total de hh apropriados em OS executadas}}{\text{Total de hh programados}} \times 100$$

Esse indicador mede a qualidade do Planejamento, isto é, evidencia que a duração planejada dos serviços se confirma, após sua execução.

### ➢ Cumprimento da Programação das Ordens de Serviço

Mede a quantidade de OS executadas em relação às OS programadas para um determinado período de tempo (dia, semana ou mês).

$$\text{CPOS (\%)} = \frac{\text{Quantidade de OS programadas realizadas}}{\text{Quantidade de OS programadas + OS extras realizadas}} \times 100$$

Esse indicador mede a credibilidade da Programação – confirma que as OS programadas, dentro do intervalo de tempo escolhido, estão sendo realmente executadas e também a estabilidade do atendimento – a programação não está sendo perturbada por serviços extras, normalmente de corretivas prioritárias.

### ➢ Taxa de Ocupação da Mão de Obra pela Programação

Mede a capacidade do PCM manter a mão de obra ocupada ao longo do período, com programação planejada.

$$\text{IOMO (\%)} = \frac{\text{Total de hh programados}}{\text{Total de hh disponíveis}} \times 100$$

### ➢ Atendimento no Prazo dos Laudos de Preditiva e de Inspeção

Mede a eficácia da Manutenção Preditiva e da Inspeção, na medida em que seus laudos sejam efetivamente atendidos.

$$\text{IALP (\%)} = \frac{\text{Número de OS de laudos atendidas}}{\text{Número de OS de laudos programadas}}$$

### ➢ Cumprimento do Orçamento da Manutenção

$$\text{ICOM (\%)} = \frac{\text{Custo realizado}}{\text{Orçamento aprovado}}$$

É importante relembrar:

Devemos ter poucos indicadores, mas que eles sejam representativos (*vital-few*), visto que o processo de controle requer intensa aplicação de recursos. Lembrar que: Controlar é muito mais do que medir.

## *Lista de Verificação*

A Lista de Verificação é a ferramenta básica no processo de auditoria das atividades do PCM. Deve ser elaborada sempre fazendo referência aos itens de Manual de Gestão. No caso da atividade de Planejamento, o primeiro item da Lista de Verificação é relativo à elaboração da Matriz de Criticidade. Como exemplo:

- Existe a Matriz de Criticidade, com a participação do Planejamento, da Engenharia de Manutenção, do Programador de Produção, da Operação, da Segurança e do Meio Ambiente?
- Há evidência objetiva dessas participações, através de ata de reunião?

A seguir estão listados mais alguns itens de uma Lista de Verificação para PCM:

1. Existe definição clara da Razão de Ser do PCM.
2. Existem Padrões de Trabalho para as atividades de Planejamento, Programação, Coordenação e Controle dos Serviços, com fluxograma dos processos.

3. Existe programação de treinamento nos padrões.
4. Existe controle de avaliação periódica dos padrões.
5. Existem Metas e Itens de Controle definidos para as atividades do PCM.
6. Existe definição de responsabilidade para elaboração da Matriz de Criticidade dos Ativos da planta industrial.
7. Há evidências da participação de Operação, Manutenção, Segurança Industrial e Meio Ambiente na elaboração da Matriz de Criticidade.
8. Existe um processo de avaliação periódica da definição de criticidades.
9. O conhecimento da Matriz de Criticidade é difundido por toda a empresa.
10. Os ativos possuem marcação de criticidade no CMMS.
11. Estão definidas as técnicas de Inspeção, Manutenção Preventiva e Manutenção Preditiva que serão aplicadas aos ativos.
12. Existe o Mapa de 52 semanas.
13. Existem OS de serviços relativos ao item 11 detalhadas no CMMS.
14. As OS detalhadas contemplam as atividades de microplanejamento, tais como a prescrição das ferramentas especiais, máquinas de apoio, dispositivos facilitadores de iluminação, de disposição de descarte de materiais, e dos materiais a serem aplicados.
15. As OS contemplam as atividades de análise de risco.
16. Existe orçamentação de OS.
17. Existe reunião formalmente registrada de negociação semanal da programação entre Produção, Manutenção, Segurança e Meio Ambiente.
18. As apropriações dos trabalhos realizados consideram os tempos em hh, materiais aplicados e identificação preliminar da causa do defeito, quando se tratar de Manutenção Corretiva.
19. As metas são mensalmente analisadas.
20. Existem planos de contramedidas para o caso de não atingimento ou tendências desfavoráveis paras as metas.
21. Existe controle da aplicação dos custos de Manutenção.

22. Existe painel de bordo (Gestão à Vista) do PCM.
23. Existem *books* para serviços de grande monta (Paradas, Revamps).
24. Existe a prática de análise de falhas, para defeitos repetitivos ou falhas de manutenção para equipamentos de criticidade A.

## *Fluxograma dos Processos do PCM*

O fluxograma da Figura 3.14 indica como se dá a atuação do PCM, considerando-se que a maioria dos serviços é originada dos planos de Inspeção, Manutenção Preditiva e Manutenção Preventiva (Empresas de Classe Mundial) e cuja responsabilidade é da Engenharia de Manutenção.

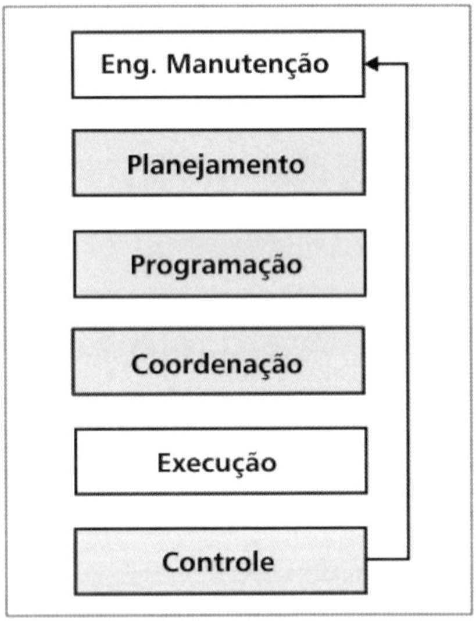


Figura 3.14 – Processos do PCM

As atividades mostradas no fluxograma, com exceção da Engenharia de Manutenção e da Execução, são da exclusiva responsabilidade do PCM.

A Figura 3.15 mostra outro fluxograma mais detalhado do PCM, segmentado pelas atividades básicas – PLANEJAMENTO, PROGRAMAÇÃO, COORDENAÇÃO E CONTROLE – e considerando também a demanda de serviços de Manutenção Corretiva Não-planejada (predominantemente oriunda da Operação).

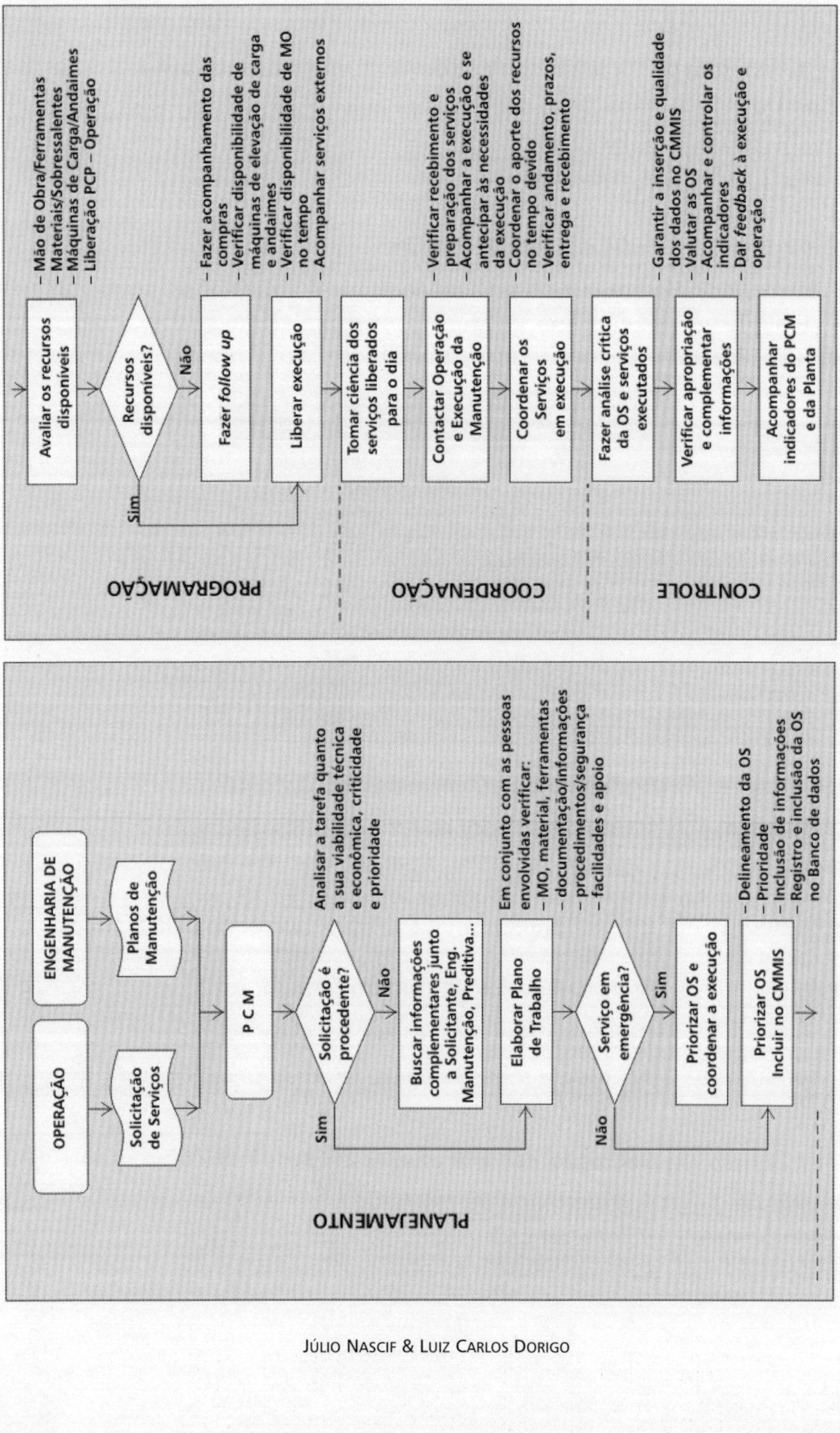


Figura 3.15 – Fluxo do processo de PCM

## AUDITORIA DE PCM

As Auditorias, em quaisquer processos de gestão, são orientadas por dois documentos básicos:

- O Manual de Gestão.
- A Lista de Verificação.

### Aplicação da Lista de Verificação

A aplicação da Lista de Verificação para avaliação das práticas (atividades que se baseiam em padrões preestabelecidos) deve sempre ser balizada pelas dimensões e fatores abaixo:

| Dimensões | Fatores |
|---|---|
| **Enfoque** | • Adequação<br>• Proatividade<br>• Refinamento<br>• Inovação |
| **Aplicação** | • Disseminação<br>• Continuidade |
| **Resultado** | • Relevância<br>• Desempenho<br>• Tendência |

**Definição das Dimensões do Enfoque**

| | |
|---|---|
| **Adequação** | Consonância com os fundamentos básicos |
| **Proatividade** | Capacidade de antecipar-se aos fatos, prevenindo situações potencialmente indesejáveis |
| **Refinamento** | Estágio avançado de evolução alcançado pela aplicação (transpiração) |
| **Inovação** | Prática inédita ou incomum (inspiração) |

**Definição das Dimensões da Aplicação**

| | |
|---|---|
| **Disseminação** | Aplicada a todas as áreas da empresa (espaço) |
| **Continuidade** | Utilizada de maneira periódica e ininterrupta (tempo) |

**Definição das Dimensões do Resultado**

| | |
|---|---|
| **Relevância** | A importância do resultado |
| **Desempenho** | Valor alcançado |
| **Tendência** | Comportamento ao longo do tempo |

### Considerações Finais sobre o PCM

Conforme mostrado, um núcleo de PCM é equivalente a qualquer núcleo de trabalho da Manutenção e deve fazer parte do Modelo de Gestão, trabalhando de modo a levar a empresa ao nível de "**Classe Mundial**", sob a orientação da melhoria contínua, buscando **estabilizar os processos e implementar melhorias**.

Portanto, deve:

- Trabalhar com metas desafiadoras.
- Gerar planos de trabalho bem detalhados.
- Ter indicadores expressivos (medir realmente o parâmetro que agrega valor ao processo).
- Atingir resultados alcançando ou superando as metas estabelecidas.
- Controlar constantemente os resultados, tomando as ações necessárias para corrigir os desvios em relação à evolução.

### Produtividade da Mão de Obra da Manutenção

A produtividade da mão de obra da Manutenção é usualmente considerada como o percentual do tempo produtivo em relação ao tempo disponível. Desse modo, a avaliação da "produtividade" de um executante é usualmente feita através da seguinte relação:

$$\text{Produtividade (\%)} = \frac{\text{Horas trabalhadas (ht)}}{\text{Horas disponíveis para o trabalho (hd)}} \times 100$$

De modo geral, considera-se que o total de horas disponíveis (hd) é de 8 horas/dia e as horas trabalhadas (ht) são as horas apropriadas pelo executante ou pelo seu supervisor. Contudo, essa forma de medir a produtividade não exprime a realidade, por alguns motivos:

- Considerar 8 horas disponíveis por dia para trabalho é um exercício teórico. Algumas atividades praticadas na maioria das organizações reduzem esse total: café no início do expediente, reunião diária de segurança, recebimento de orientações ou distribuição de serviços, almoço, dentre outras. Sugere-se que cada empresa determine de fato qual o total de horas realmente disponíveis para o trabalho, de modo que o indicador se aproxime da realidade.

- A apropriação de horas feita pelos executantes e supervisores não leva em consideração as perdas – deslocamentos, aguardando liberação, buscando ferramentas, requisitando materiais, dentre outras.
- Como todos sabem que o índice de produtividade é medido pela relação entre as horas apropriadas e as horas disponíveis, o corporativismo, senso de autoproteção, receio de más avaliações e outros, compelem o pessoal a apropriar um total de horas que se aproxima do valor de horas disponíveis. Basta verificar que para alcançar 75% de produtividade o executante teria que atuar efetivamente durante 6 horas das 8 disponíveis.

O que interessa tanto para o PCM como para a EXECUÇÃO (oficinas especializadas) é aumentar o tempo produtivo real, ou seja, o tempo em que o executante está realizando trabalho. Esse tempo é denominado TEMPO NA FERRAMENTA (*wrench time*). Podemos, então, definir:

**TEMPO NA FERRAMENTA é a medida do percentual de um dia de trabalho no qual o executante gasta realizando efetivamente o trabalho.**

O *benchmark* mundial é 65%, mas a maioria das empresas (nacionais e estrangeiras) apresenta valores entre 28 e 35%. Desde logo fica claro que o Tempo na Ferramenta é uma medida não só da eficiência da força de trabalho como também da efetividade do planejamento e da programação.

Sendo o Tempo na Ferramenta a porção do tempo disponível para trabalho durante o qual os executantes estão se dedicando às atividades produtivas, a outra porção do tempo disponível é "ocupada" com atrasos ou desvios devidos a:

- Deslocamentos de uma emergência para outra para "apagar incêndios".
- Aguardando:
  - ✓ Material.
  - ✓ Informação.
  - ✓ Instruções da supervisão.
  - ✓ Liberação e/ou parada do equipamento.
  - ✓ Equipamentos de elevação de carga (próprios ou alugados).
  - ✓ Executantes de outras especialidades.

✓ Executantes de outras especialidades terminar a sua parte.
✓ Transporte para se deslocar para o local do serviço.
✓ Ferramentas.
✓ EPI especiais.
✓ Verificação da área ou equipamento pela Segurança.

- Erros ou omissões no planejamento e na programação.
- Reuniões.
- Esgotamento/retirada do produto, limpeza.

O gráfico da Figura 3.16 mostra a distribuição dos tempos médios da mão de obra da Manutenção para os EUA[41].

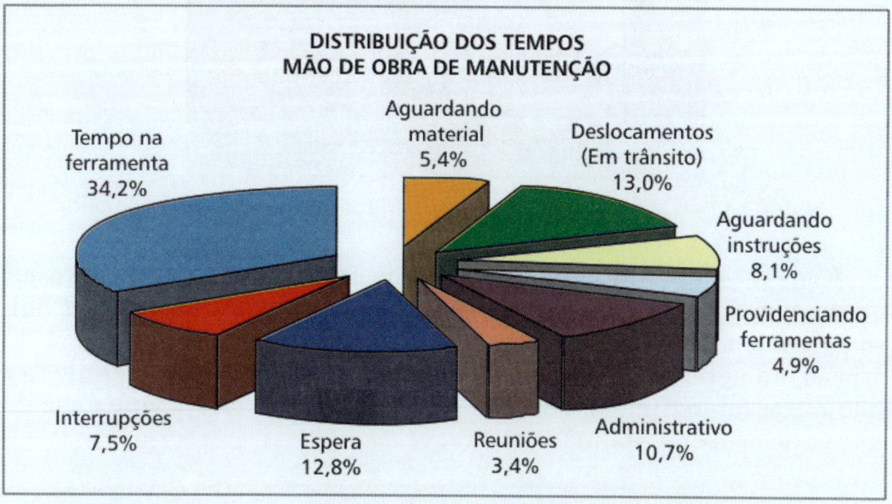


Figura 3.16 – Distribuição dos tempos da mão de obra de manutenção

Aumentar o Tempo na Ferramenta é aumentar a produtividade da Manutenção. O aumento do Tempo na Ferramenta não implica sacrifícios maiores aos executantes. Muito pelo contrário, o planejamento, a programação, a coordenação e a supervisão mal desempenhadas causam irritação e situações de sobrecarga nos executantes. Deslocamentos frequentes para buscar ferramentas que não foram previstas com antecedência, informações sem as quais não se pode continuar o serviço e coisas equivalentes não deveriam ser toleráveis.

O recurso mais valioso da Manutenção é a mão de obra que, segundo a Abraman, representa entre 60 e 90% do custo de manutenção[8].

Melhores práticas no planejamento, programação, adoção de técnicas preventivas e preditivas, gestão de materiais mais eficaz, coordenação e supervisão mais atuantes contribuem de modo relevante para a melhoria do tempo na ferramenta e para o bem-estar do pessoal de execução. Além disso, todas essas perdas resultam em um maior Tempo Médio para Reparo, o que afeta diretamente a Disponibilidade.

Figura 3.17 – Coordenação de Serviços – Produtividade da mão de obra

Enquanto a produtividade da mão de obra é um fator que deve ser observado, faz-se necessário alertar para que esse não seja o fator único ou principal na preocupação da supervisão, da engenharia de manutenção, da gerência e, principalmente, do PCM. A Figura 3.18 ilustra que outros fatores impactam tanto ou mais os resultados do que somente a taxa de ocupação da mão de obra.

Figura 3.18 – Foco em um aspecto apenas

## 3.9. Utilização do CMMS/EAM ou Módulo PM em ERP

### *Sistema Computadorizado de Gerenciamento da Manutenção CMMS/EAM*

Os sistemas informatizados de Gerenciamento de Manutenção começaram a ser utilizados no Brasil na década de 70. A princípio, foram desenvolvidos pelos próprios departamentos de Informática das empresas, como nos casos de Petrobras e Furnas. Atualmente existem no mercado centenas dessas ferramentas. Aqueles que eram desenvolvidos pelas próprias empresas, embora tivessem a vantagem de ser bem adequados às culturas locais na medida em que foram concebidos de acordo com a realidade dos seus departamentos de Manutenção, tinham os seguintes inconvenientes:

- Demoravam muito a entrar em operação ou ser concluídos pelas atividades múltiplas da área de TI.
- Qualquer melhoria percebida pelos usuários tinha muita dificuldade em ser implantada, pois concorria com outros projetos do TI que, na maioria das vezes, não tinha recursos para atender.

Como a prioridade dos Departamentos de Informática (TI) das empresas não é produzir *softwares* de Gestão de Manutenção, atualmente essa alternativa está abandonada pelas grandes empresas, que preferem adquiri-los no mercado. A grande vantagem dessa atual alternativa é a diversidade de produtos a serem escolhidos, sendo a maior de todas a facilidade de se realizar *up-grade*, oferecidos em muitos casos pelo desenvolvedor, antes até de o cliente perceber a nova necessidade.

Adicionalmente, é cada vez maior a implantação dos *softwares* ERP – *Enterprise Resource Planning* (ou SIGE – Sistemas Integrados de Gestão Empresarial, no Brasil) que são sistemas de informações que integram todos os dados e processos de uma organização em um único sistema (possibilitando a automação e o armazenamento de todas as informações de negócios). Desse modo verifica-se a migração de *softwares* do tipo CMMS/EAM para os módulos de manutenção dos ERP de modo compulsório.

Independentemente do tipo de *software* utilizado, é importante que sejam levados em consideração alguns cuidados que são apresentados como "armadilhas" de sua utilização. Isso levou dois especialistas em Administração a criarem conceitos que ficam "ecoando nas cabeças dos gerentes" que já viveram experiências bastante penosas com relação à utilização de *softwares*:

- "Nos últimos 50 anos, a revolução da informação centrou-se nos dados – apreensão, armazenamento, transmissão, análise e apresentação –, dedicou-se no 'T' da abreviatura 'TI' (tecnologias de informação). A próxima revolução da informação centrar-se-á no 'I' e questionará o significado e o propósito da informação. Isto levará rapidamente à redefinição das tarefas a realizar com a ajuda da informação e à redefinação das organizações que as executam."[39]

  De modo mais resumido podemos concluir que "Em mais de 50 anos de existência a Informática produziu muitos dados e pouca informação".

- "As empresas compram *softwares* de Gestão de Manutenção caríssimos e os utilizam como editor de textos com calendários."[5]

  Constata-se em grande escala que muito mais se trabalha para os *softwares* do que se tira proveito deles. Por razões variadas, que vão desde o desconhecimento da potencialidade do *software* até falta de treinamento adequado, má utilização, má customização, escolha inadequada, dentre outras.

Podemos observar que essas "mazelas" não são somente privilégios do Brasil. Em recente pesquisa publicada nos Estados Unidos por uma associação de fabricantes e usuários de *softwares*, os mesmos problemas que aqui ocorrem lá também acontecem. Os especialistas costumam simplificar a abordagem afirmando que essa má utilização se dá em empresas caracterizadas por possuir um Sistema de Gestão que Responde a Sintomas e não um Sistema de Gestão de Abordagem Sistemática.

As principais "mazelas" em relação à utilização dos CMMS/EAM ou Módulo de Manutenção de ERP pelos Departamentos de Manutenção das empresas são as seguintes:

- Não possuem uma Matriz de Criticidade dos seus ativos. Assim, todos os ativos têm o mesmo grau de prioridade. Também não disponibilizam dentre os equipamentos de maior criticidade aqueles que devem compor a relação dos *top ten* (condição básica para o programa de Engenharia de Confiabilidade).
- Não utilizam o CMMS/EAM para todos os equipamentos da planta.

- A customização é deficiente e não criam grupos de equipamentos por função.
- A utilização do *software* é exclusiva para a emissão de Ordens de Serviço. Não é aproveitada para um planejamento adequado, para avaliação de desempenho, para formação de um histórico representativo, para fazer o nivelamento de recursos, para elaborar programação de Manutenção por oportunidade, etc.
- As interfaces com os Departamentos de Recursos Humanos, Compras de Sobressalentes e Materiais, CAD, EXCELL, MS PROJECT, *softwares* de Produção, de Manutenção Preditiva Contratada inexistem, no caso de CMMS/EAM.
- As apropriações de serviços executados, as falhas de equipamentos e a apropriação de materiais aplicados são não-confiáveis.
- Não têm integração com Padrões e Procedimentos de Trabalho, Documentação Técnica e Desenhos, bem como com a Ferramentaria.
- Não são utilizados para Análise de Falhas, Tratamento de Não-Conformidades, Análise de Pareto, Histograma, etc.
- O pessoal do *staff* de Planejamento, Programação e Controle é muito mal treinado na utilização do *software*. O treinamento do pessoal de execução das Oficinas Especializadas costuma ser ainda pior.
- Não possuem um especialista em Informática que possa negociar com os fornecedores novos *up-grades*.
- Não possuem um gestor interno da Manutenção que mantenha o nível de utilização e o treinamento de pessoal sob controle.
- Os relatórios gerenciais não são adequados às Diretrizes, Metas, Planos de Ação do modelo de Gestão da Manutenção. Não raro exige-se a dedicação exclusiva de um empregado do *staff* da gerência para montar os relatórios gerenciais que interessam ao modelo de Gestão, quando tudo isso já deveria ser automaticamente gerado pelo CMMS.

Por tudo aqui citado, e sendo o *software* de Gestão de Manutenção apenas uma ferramenta e não um elixir mágico, fica fácil perceber a razão desse desempenho deficiente.

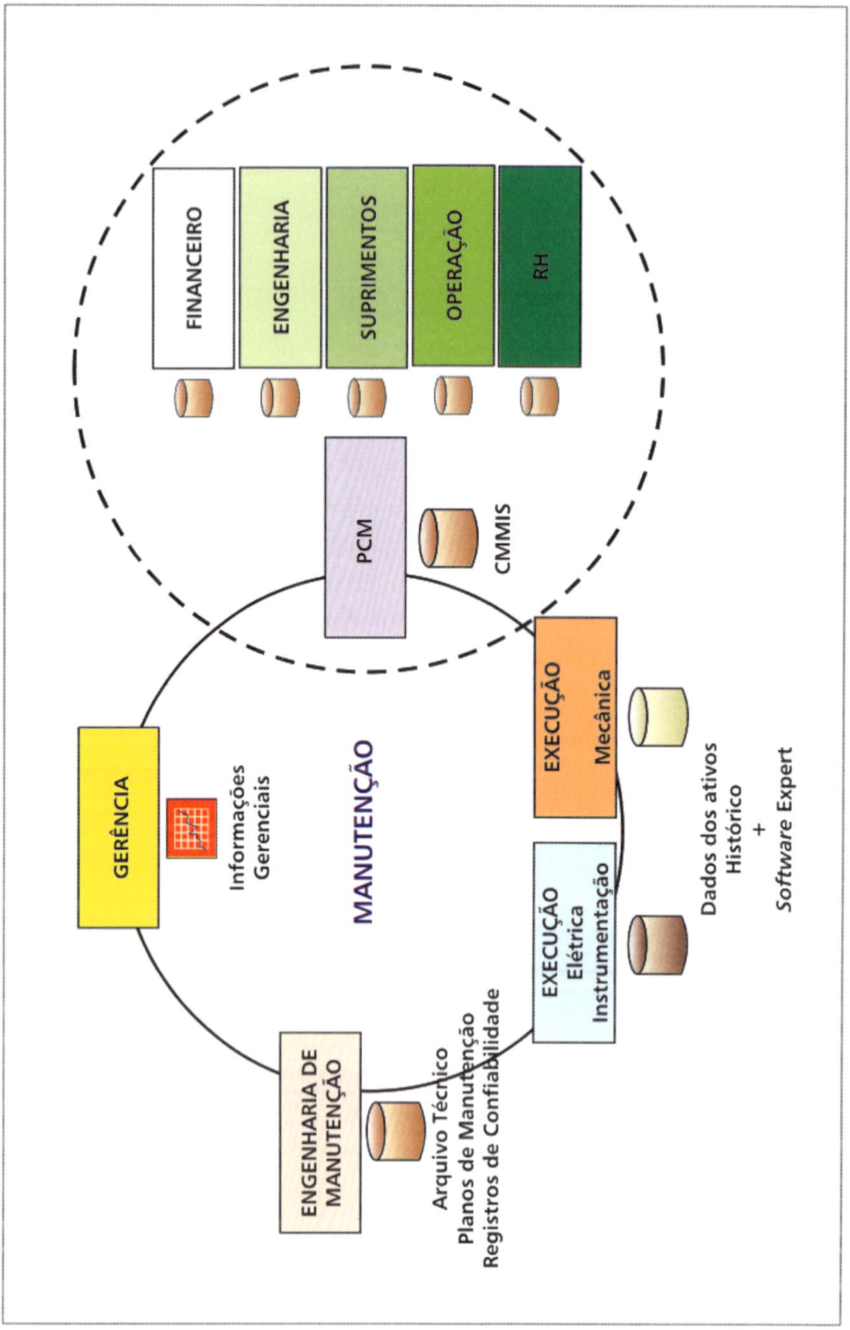


Figura 3.19 – Controle e Documentação na Manutenção

## 3.10. Gestão de Grandes Projetos e PMI

### *Introdução*

Muito se tem dito que o gerenciamento ou a gestão das empresas é a solução para a maioria dos seus problemas. Mesmo naquelas empresas em que existem problemas de tecnologia, se o sistema de gestão for adequado, esses problemas serão mais rapidamente identificados e, em consequência, resolvidos.

Desde que isso foi considerado como verdade, os sistemas de gestão têm evoluído consideravelmente.

A Metodologia do PDCA (*Plan – Do – Check – Acting*) implantada por Walter A. Shewhart na Bell Telephone em 1918, para redução de falhas através de cartas de controle, tem sido uma ferramenta poderosa aplicada nos modelos de gestão. Em 1933, a ASTM adotou o seu modelo e Deming também o utilizou para implantar a Gerência da Qualidade Total no Japão, após a Segunda Guerra Mundial.

O ciclo do PDCA é tão lógico que dificilmente se encontra algum Sistema ou Ferramenta de Gestão ou de Melhoria que não o tenha como base, implícita ou explicitamente. Por exemplo:

- Grupos de CCQ.
- Gerenciamento pelos Objetivos.
- Gerenciamento pela Qualidade Total (TQM).
- Gerenciamento pelas Diretrizes.
- Seis Sigma.

Daí a razão de ser uma metodologia aplicada até hoje.

Senão, vejamos os fundamentos do modelo de gestão Seis Sigma, implantado a partir de 1990.

Seis Sigma é um modelo de gestão que estabelece como limite para Não-Conformidades de seus processos o máximo de 3,4 defeitos para cada 1 milhão de produtos. Ou seja, estabelece como limite de controle mais ou menos 3 desvios-padrão (daí a expressão Seis Sigma). Como exemplo, se a distribuição de cartas do Sistema de Correios tiver 1% de erros em 1.000.000 de cartas, teremos 10.000 cartas extraviadas. Em um sistema de controle Seis Sigma este limite máximo de extravios seria de 3,4 cartas para o mesmo universo de 1.000.000 de unidades enviadas. Avaliando os processos do Seis Sigma encontramos:

- A exigência de se atingir o nível de Classe Mundial – produzir com baixos custos e com um nível extremamente baixo de falhas para ser competitivo.
- A necessidade de se atingir a Estabilização da Rotina (Solução de Problemas – Análise de Falhas) e Implantação de Melhorias (Transformação de Negócios).
- A ênfase no domínio dos processos.
- Fazer sempre medições e análise (exercer o controle).
- Centrar o foco no cliente, excedendo suas expectativas.
- Aplicar o DMAIC (que é análogo ao giro do PDCA).
- Utilizar o Diagrama Espinha de Peixe (relação de causas e efeito – Ishikawa).
- Utilizar o 5W-2H.
- Utilizar Histogramas e Estratificações.

Como se pode ver, muitas dessas práticas já eram recomendadas por Walter A. Shewhart em 1918 e se constituem nos pilares do TQM. Por isso, podemos afirmar que, quando se trata de gestão de processos, os conhecimentos e as práticas atuais são o somatório ou a síntese de várias metodologias aplicadas ao longo do tempo e que foram se consolidando e se aprimorando com a utilização delas.

Essa consolidação criou a expressão "geralmente aceita", que significa que os conhecimentos e as práticas são aplicáveis à maioria das empresas e que há um consenso amplamente difundido sobre seu valor e utilidade. Entretanto, "geralmente aceita" não significa que os conhecimentos e as práticas devem ser usados uniformemente em todas as empresas. A Liderança é sempre responsável pela escolha daquilo que é o mais apropriado para sua empresa.

## *A Metodologia do* Project Management Institute (PMI)

O *Project Management Institute* (PMI) é a mais famosa associação profissional na área de Gestão de Projetos. Foi fundada em 1969, na Pensylvania (EUA) e possui mais de 100.000 membros distribuídos em 125 países. O PMI estabelece padrões, faz pesquisa, realiza seminários e programas educacionais além de certificação profissional. As maiores empresas do mundo utilizam sua metodologia.

Na área de Grandes Projetos, como a construção de refinarias; na instalação de siderúrgicas e na construção de usinas hidrelétricas, tem-se utilizado a metodologia do *Project Management Institute*, conhecida como PMBOK (*Project Management Body of Knowledge*).

Como tradução livre da metodologia PMBOK, podemos adotar "O Universo do Conhecimento em Gerência de Projetos". Isso enfatiza o que ela representa, isto é, o somatório de conhecimento dentro da profissão de projetos. No entanto isso não representa qualquer inovação ou descoberta milagrosa. Quando analisamos sua metodologia, vemos que ela se baseia em algumas práticas já consagradas, cabendo o mérito pela organização e sistematização do processo ao PMI.

Observe-se o seu fluxograma da Gerência de Projetos, em sua mais abrangente formulação:

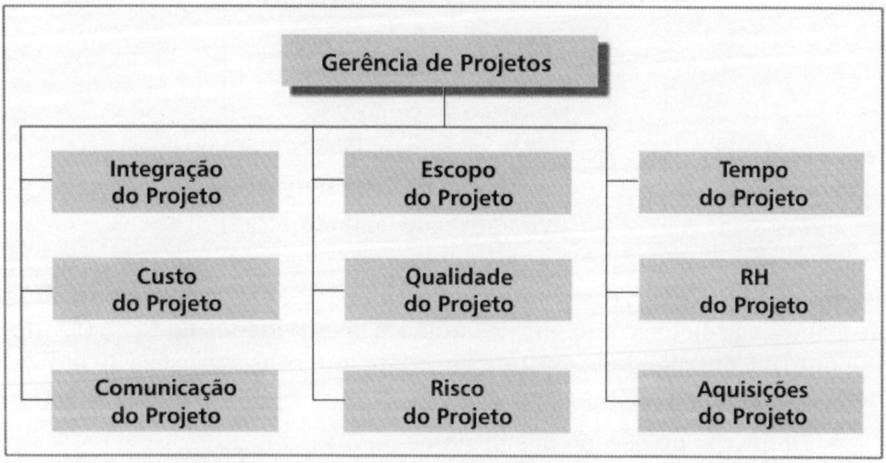


Figura 3.20 – Fluxograma de Projetos do PMBOK

Cada uma das subdivisões do fluxograma está detalhada a seguir:

| Gerência da Integração do Projeto | Gerência do Escopo do Projeto |
|---|---|
| Desenvolvimento do Plano do Projeto | Início |
| Execução do Plano do Projeto | Planejamento do Escopo |
| Controle Integrado de Mudanças | Detalhamento do Escopo |
| | Verificação do Escopo |
| | Controle de Mudanças do Escopo |

| Gerência do Tempo do Projeto | Gerência do Custo do Projeto |
|---|---|
| Definição de Atividades | Planejamento de Recursos |
| Sequenciamento das Atividades | Estimativa de Custos |
| Estimativa da Duração das Atividades | Orçamento dos Custos |
| Desenvolvimento do Cronograma | Controle dos Custos |
| Controle do Cronograma | |

| Gerência da Qualidade do Projeto | Gerência dos Recursos Humanos do Projeto |
|---|---|
| Planejamento da Qualidade | Planejamento Organizacional |
| Garantia da Qualidade | Montagem da Equipe |
| Controle de Qualidade | Desenvolvimento da Equipe |

| Gerência das Aquisições do Projeto |
|---|
| Planejamento das Aquisições |
| Preparação das Aquisições |
| Obtenção de Propostas |
| Seleção de Fornecedores |
| Administração de Contratos |
| Encerramento do Contrato |

Como se pode ver, essa metodologia tanto pode ser aplicada para área de grandes projetos como para os núcleos de atividades do PCM (Planejamento e Controle da Manutenção), visto que seus serviços são balizados por quatro variáveis básicas:

- Definição do escopo dos projetos.
- Definição dos prazos.
- Delimitação dos custos (recursos de mão de obra e materiais).
- Estabelecimento do nível de qualidade desejado.

Também ambos, Gerenciamento de Grandes Projetos e Gestão de Planejamento e Controle da Manutenção, precisam, para serem executados, de:

- Pessoas para sua execução.
- Recursos (sempre limitados).
- Planejamento, execução e controle.

Daí se conclui que existe em quase todas as atividades, técnicas e práticas que são afins tanto à Gerência de Projetos quanto ao PCM, sendo que a diferença está no porte dos empreendimentos.

### *Panorama Atual*

Apesar de toda metodologia atualmente disponível, ainda há muito que avançar. Quando se trata de projetos, as estatísticas ainda apontam alguns desafios a serem superados. Senão, vejamos:

- Apenas 16% dos projetos terminam dentro do prazo e do orçamento previsto.
- 94% dos projetos têm, pelo menos, uma retomada.
- O aumento médio em relação ao custo inicial é de 188%.
- O aumento médio em relação ao cronograma inicial é de 222%.
- Apenas 61% são concluídos com o escopo original.

No Brasil temos alguns exemplos sensibilizadores:

- As obras realizadas no Rio de Janeiro para os Jogos Pan-Americanos custaram mais de 100% do orçamento previsto. Além disso, as instalações para os jogos de beisebol não ficaram adequadas.
- A preparação das escolas de samba para o desfile de Carnaval do Rio de Janeiro cumpre rigorosamente o prazo, embora não se saiba a que custo.

Nunca é demais relembrar que é considerado um projeto bem-sucedido aquele que:

- Termina no prazo.
- Atende ao orçamento.
- Consome os recursos de mão de obra e de materiais previstos.
- Atende às exigências de qualidade.

São consideradas como principais causas do fracasso:

- Metas e objetivos mal definidos.
- Projetos com dados e formação de histórico deficiente.
- Estimativa financeira pobre e incompleta.
- Planejamento sem responsável.

- Pouco conhecimento técnico dos envolvidos.
- Falta de definição do padrão a ser adotado por todos.
- Falta de domínio das características do empreendimento.
- Falta de liderança.
- Falta de avaliação dos riscos.

Analogamente, esses problemas também ocorrem no gerenciamento do PCM.

### *Semelhança na Aplicação da Técnica*

A metodologia PMI é usualmente adotada em grandes projetos. De modo a exercer um controle mais apurado é feita a segmentação do projeto nas várias especialidades para objetivar um acompanhamento localizado e analisar o seu impacto no resultado global.

Como pode ser visto na figura a seguir, a metodologia pode ser aplicada analogamente para:

– construção de uma refinaria;

– construção de uma casa;

– realização de paradas de manutenção de unidade industrial.

Figura 3.21 – Construção de uma casa

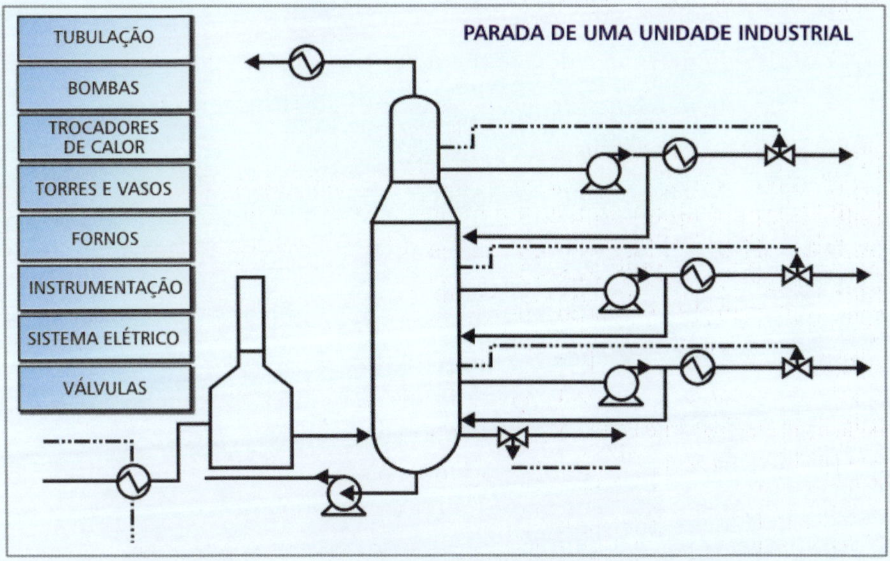


Figura 3.22 – Parada de uma unidade de processamento

Todos os grandes serviços podem utilizar a tecnologia PMI. No caso de grandes serviços envolvendo a Manutenção, como revamps, melhorias e paradas de manutenção, é desejável que o núcleo de coordenação de Paradas de Manutenção trabalhe apoiado nessa tecnologia.

As fotos abaixo mostram serviços de vulto em unidades de processamento de refinarias de petróleo. Serviços desse porte são exemplos típicos para a aplicação da metodologia PMI.

Figura 3.23 – Grandes serviços

# 4. Tipos de Manutenção e Custos

**Os resultados da Manutenção são, em grande parte, dependentes das práticas adotadas**

Até 1940 a Manutenção era essencialmente Corretiva, isto é, o reparo se dava após a falha ou o baixo desempenho. A partir da Segunda Guerra Mundial as empresas tomaram consciência de que, além de reparar as falhas, deveriam evitá-las de modo a manter a produção mais previsível e estável. Começaram a aparecer, então, técnicas de Planejamento, Controle e a ideia de fazer intervenções antes que as falhas ocorressem.

Surgiram, então, as práticas de Inspeção (sensitiva) e Manutenção Preventiva. A Inspeção nasceu no processo produtivo buscando garantir a conformidade do produto mas, de modo incipiente se inseriu na manutenção a partir da necessidade de diagnóstico dos equipamentos. A Manutenção Preventiva era executada com a substituição regular de componentes, a partir de uma duração de vida calculada ou estabelecida empiricamente. É necessário fazer uma observação no que diz respeito à confiabilidade da "duração calculada ou estabelecida empiricamente". Há casos conhecidos na indústria e na área de transportes nos quais a intervenção de Manutenção Preventiva trouxe mais problemas do que solução:

- A atuação em painéis elétricos, disjuntores e sistema de proteção para "prevenir" introduz algum tipo de defeito notado imediatamente após a intervenção.
- Serviços de correção geométrica da superestrutura da via permanente ferroviária provocaram a degradação prematura do lastro.

No final dos anos 60, com o desenvolvimento de instrumentos e de técnicas de medição, foi possível estabelecer um acompanhamento dos principais parâmetros dos equipamentos. Esse tipo de acompanhamento recebeu a denominação de Manutenção Preditiva ou Manutenção com Base no Estado do Equipamento (*Condition Based Maintenance*), cujo grande mérito é manter os equipamentos operando enquanto são acompanhadas as variáveis de interesse e definir a hora exata de parar o equipamento para substituir ou reparar uma condição diagnosticada com base em dados concretos.

A maneira pela qual é feita a intervenção nos equipamentos, sistemas ou instalações caracteriza os vários tipos de manutenção.

Existem diversas denominações para um mesmo tipo de manutenção e não raramente essa variedade provoca certa confusão na caracterização dos tipos (ou técnicas) de manutenção:

| Nomes Usuais para os Tipos de Manutenção | | | Categoria |
|---|---|---|---|
| Corretiva Não-planejada | Emergencial | Não-programada | **Reativa** |
| Corretiva Planejada | Programada | Condicional de Execução | **Proativa** |
| Preventiva | Sistemática | | |
| Preditiva | Preventiva-Preditiva | Condicional de Inspeção | |
| Detectiva | | | |

Figura 4.1 – Nomes usuais para os tipos de manutenção

Mais importante do que o nome é o conceito que caracteriza o tipo de manutenção.

Os diversos tipos de manutenção podem ser também considerados como políticas de manutenção desde que a sua aplicação seja o resultado de uma definição gerencial ou política global da instalação, baseada em dados técnico-econômicos. A definição da Matriz de Criticidade e o estabelecimento de prioridades em função de um programa de produção são elementos que podem definir a aplicação desse ou daquele tipo de manutenção.

Várias ferramentas disponíveis e adotadas hoje em dia têm no nome a palavra Manutenção. É importante observar que essas não são novos tipos de manutenção, mas ferramentas que permitem a aplicação dos tipos principais de manutenção citados anteriormente.

Dentre elas destacam-se:

- Manutenção Produtiva Total (TPM) ou *Total Productive Maintenance*.
- Manutenção Centrada na Confiabilidade (RCM) ou *Reliability Centered Maintenance*.
- Manutenção Baseada na Confiabilidade (RBM) ou *Reliability Based Maintenance*.

A caracterização dos tipos de manutenção, adotando a nomenclatura da 1ª coluna da tabela da Figura 4.1, está detalhada a seguir:

**MANUTENÇÃO CORRETIVA é a atuação para a correção da falha ou do desempenho menor do que o esperado.**

Quando a atuação se dá após a falha ou rendimento menor do que o esperado, estamos diante de uma situação NÃO-PLANEJADA, ou seja, a Manutenção atua em função de uma situação já ocorrida.

Exemplos:

- A correia transportadora arrebentou.
- A haste da válvula quebrou.
- A bomba travou.

**O serviço NÃO-PLANEJADO é sempre MAIS CARO, MAIS DEMORADO E MAIS INSEGURO.**

Figura 4.2 – Corretiva não-planejada

Quando a intervenção se dá para corrigir uma situação detectada por uma das técnicas proativas (inspeção, preditiva, detectiva), estamos realizando uma CORRETIVA PLANEJADA. Nesse caso a atuação não é emergencial pois foi fruto de uma análise ou diagnóstico e teve tempo para ser PLANEJADA.

**MANUTENÇÃO PREVENTIVA é a atuação realizada de forma a reduzir ou evitar a falha ou a queda no desempenho, obedecendo a um plano previamente elaborado, baseado em INTERVALOS definidos DE TEMPO, QUILOMETRAGEM, CICLO DE PRODUÇÃO, NÚMERO DE BATIDAS, etc. ou conhecimento da vida esperada do equipamento ou instalação.**

Em determinados setores, como na aviação, a adoção de manutenção preventiva é imperativa, pois o fator segurança se sobrepõe aos demais. De modo idêntico estão as exigências definidas nas NR (Normas Regulamentadoras) do Ministério do Trabalho, das quais as NR-10 e NR-13 definem procedimentos de manutenção preventiva e inspeção que são obrigatórios nas instalações industriais.

Apesar de se constituir numa evolução no modo de fazer manutenção, a manutenção preventiva pode implicar a parada do equipamento, impactando negativamente a disponibilidade.

Adicionalmente, os intervalos entre manutenção são, via de regra, bastante conservadores tanto pela falta de informações quanto pelo receio natural de correr riscos. Isso implica intervenções desnecessárias, ou seja, em maior número do que seria necessário.

Outro ponto negativo com relação à preventiva é a introdução de defeitos não existentes no equipamento devido a:

- falha humana;
- falha de sobressalentes;
- contaminações introduzidas no sistema de óleo;
- danos durante partidas e paradas;
- falhas dos Procedimentos de Manutenção.

Transcrevemos a seguir uma abordagem bastante adequada encontrada na Tese de Doutorado de Carlos Alceu Rodrigues[(42)]:

*"A base científica da manutenção preventiva é o conhecimento estatístico da taxa de defeitos das peças, equipamentos e sistemas ao longo do tempo. Essa abordagem tradicional para o planejamento da manutenção preventiva, baseada no conceito de que todo componente de equipamento complexo possui um tempo de vida útil e que a partir de seu conhecimento é possível programar intervenções sistemáticas, realizadas a intervalos fixos de tempo, independente do fato da condição do equipamento já ter ou não certo valor crítico de desgaste, já se encontra ultrapassada. De fato, estudos revelaram que revisões periódicas sistemáticas têm pouco efeito na confiabilidade global de um equipamento complexo, a menos que este apresente um modo de falha predominante. Como consequência, planos de manutenção preventiva clássica, baseados na crença de que há uma relação entre a probabilidade de falha (confiabilidade) e o tempo em operação, trazem resultados inferiores aos esperados e tornam onerosa a manutenção. Não se deve aqui confundir revisões periódicas, onde são executados volumes significativos de serviços de manutenção, com inspeções de rotina, onde são executados os serviços de limpeza, lubrificação, regulagem, ajustagem e outros que trazem grande benefício ao desempenho do componente, equipamento ou sistema.*

*Gallegos (1993) afirma que pesquisas realizadas na época provam que uma manutenção desnecessária pode gerar mais problemas do que uma submanutenção. Tal afirmação está de acordo com Riessberger (1995), que constatou que a realização em excesso de serviços de correção geométrica da superestrutura da via permanente ferroviária provoca a degradação prematura do lastro. Por este motivo torna-se importante determinar o adequado momento de intervir em um equipamento ou sistema, de modo que a manutenção programada seja executada no fim da vida útil do componente ou equipamento, porém antes deste entrar em falha.*

*A utilização de técnicas preditivas e de inspeção, além de possuírem ferramentas avançadas de* hardware *e de* software*, permitem que sejam determinadas as condições reais de funcionamento de um componente, equipamento, ou sistema, minimizando trabalhos desnecessários e reduzindo despesas".*[43]

A Manutenção Preditiva, também conhecida por Manutenção Sob Condição ou Manutenção com Base no Estado do Equipamento, pode ser definida da seguinte forma:

> **MANUTENÇÃO PREDITIVA é a atuação realizada com base em modificação de parâmetro de CONDIÇÃO OU DESEMPENHO, cujo acompanhamento obedece a uma sistemática.**

A Manutenção Preditiva permite:

- a avaliação confiável dos ativos em operação;
- a operação segura e contínua dos ativos pelo maior tempo possível;
- o planejamento antecipado da atuação, minimizando os custos e o tempo de reparo;
- a melhoria dos resultados empresariais, na medida em que garante maior disponibilidade para os ativos e maior segurança pessoal e operacional.

Em função do desenvolvimento tecnológico na área de eletrônica, os instrumentos e sensores para acompanhamento preditivo estão cada vez mais disponíveis a preços mais baixos. Os *softwares experts* conduzem a análise, auxiliando o diagnóstico preciso.

A Inspeção vem sendo cada vez mais praticada na Manutenção como forma de "predizer" falhas, mau funcionamento, condições inseguras ou necessidade de intervenção para troca de componentes ou lubrificação, dentre outras. Podemos conceituá-la como:

> **INSPEÇÃO é a análise crítica de um ativo (equipamento ou sistema) verificando seu estado real em comparação com um padrão definido.**

Isso é feito através de medição, exame através dos sentidos, uso de instrumentos eletrônicos ou por outros meios.

Verifica-se que as atividades de inspeção e de manutenção preditiva *se complementam ou se fundem*. Em algumas instalações, a inspeção tem grande importância, sendo uma das atividades mais necessárias para garantia da integridade dos equipamentos, evitando as falhas catastróficas e os prejuízos delas decorrentes.

O esquema mostrado a seguir indica como a Inspeção deve ser praticada dentro da Manutenção em qualquer tipo de organização ou instalação.

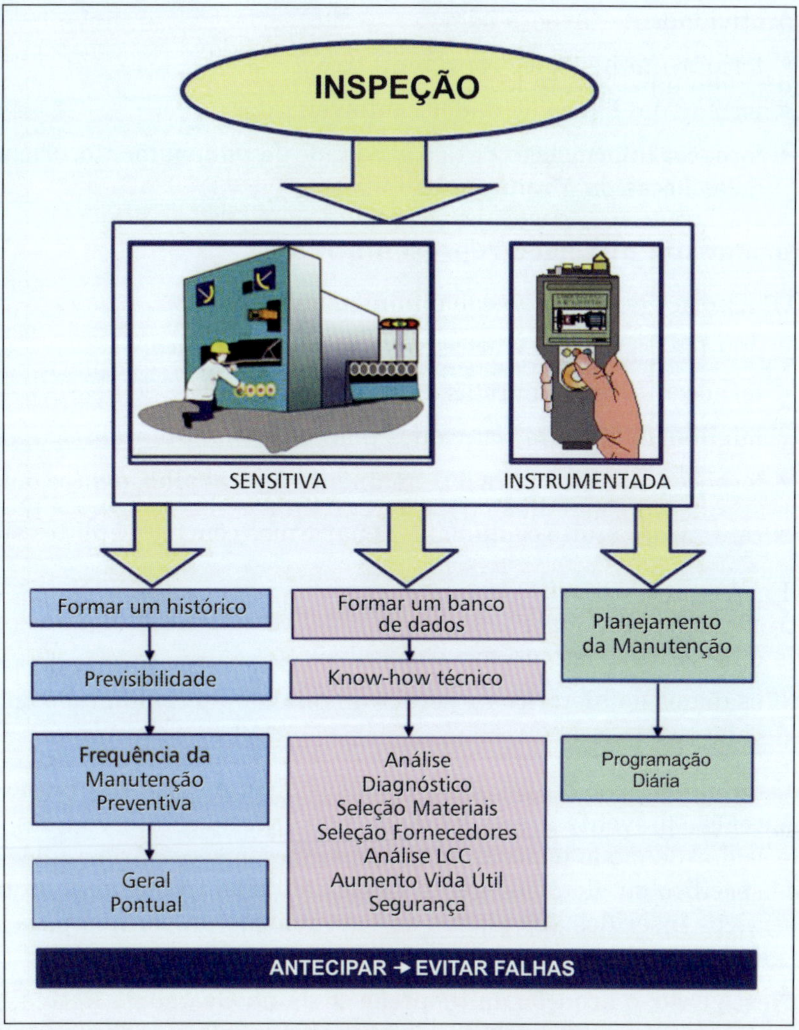


Figura 4.3 – Inspeção na Manutenção

A inspeção sensitiva, mesmo que considerada subjetiva por variar de pessoa para pessoa, é fundamental. A inspeção por instrumentos se baseia em medições ou verificações que:

- geram parâmetros que podem ser comparados a padrões;
- produzem imagens que facilitam o diagnóstico e a tomada de decisão.

A atividade de Inspeção deve:

- formar um histórico representativo;
- formar um banco de dados confiável;
- fornecer informações para a atividade de Planejamento, orientando as ações da Manutenção.

- **Formar um histórico representativo**

O histórico de manutenção é fundamental para:

✓ manter registrada e acessível a memória técnica;

✓ fornecer subsídio para as análises de falhas;

✓ auxiliar na análise crítica dos planos de manutenção;

✓ fornecer material para o treinamento no trabalho, dentre outras.

No entanto, é muito comum nos depararmos com as seguintes situações:

✓ inexistência do histórico de manutenção;

✓ o histórico existente não é confiável;

✓ os dados do histórico se perderam quando foi implantado ou trocado o CMMS.

Os diagnósticos da inspeção incidem diretamente nos planos de manutenção preventiva, seja para adiar ou antecipar intervenções. Isso pode se dar de modo pontual, indicando não ser necessário aquele serviço específico ou, de modo geral, modificando as frequências ou tipos de serviços inseridos nos planos de manutenção preventiva para grupos de equipamentos.

Nesse caso, a atuação da Inspeção se dá na Gestão da Rotina, procurando garantir a Previsibilidade que trará resultados diretos na Disponibilidade e Segurança.

- **Formar um banco de dados**

A inspeção deve gerar, alimentar e manter um banco de dados que também será utilizado para apoiar a definição dos aspectos técnicos de especificação de materiais e componentes, auxiliar na especificação para novos projeto e modificar ou melhorar as instalações existentes. Esse banco de dados é uma coletânea de informações técnicas que vai formar e consolidar o *know-how* da empresa. Está diretamente relacionado com a implantação de melhorias. Quanto mais completo melhor será a sua utilidade para:

- ✓ Auxiliar na Análise e Diagnóstico.
- ✓ Definir a aquisição de materiais e sobressalentes.
- ✓ Selecionar fornecedores.
- ✓ Influir nos novos projetos através de dados concretos, análise do Ciclo do Custo de Vida (LCC).
- ✓ Proporcionar aumento de vida útil das instalações.
- ✓ Garantir a segurança dos serviços prestados pela empresa.

- **Interação com o Planejamento da Manutenção**

As atividades da inspeção devem guardar estreita relação com a atividade de Planejamento da Manutenção. As observações da inspeção podem determinar:

- ✓ A intervenção imediata da manutenção para sanar problema que afeta a segurança e a continuidade operacional através da manutenção corretiva não-planejada.
- ✓ O adiamento ou antecipação de intervenções programadas nos planos de manutenção preventiva.
- ✓ O planejamento e a programação de serviços cuja necessidade não seja imediata – manutenção corretiva planejada.

Em função das atribuições que lhe são pertinentes, o perfil do profissional que exercerá as funções de inspetor deve privilegiar:

- ✓ Formação técnica ou engenharia.
- ✓ Treinamento específico anterior ao início das atividades (curso de formação).
- ✓ Treinamento em técnicas preditivas (atualização constante).
- ✓ Trabalho em conjunto com profissionais de maior experiência para assimilar conhecimentos técnicos e entender a história da empresa.

A Manutenção Detectiva começou a ser mencionada na literatura a partir da década de 90. Sua denominação Detectiva está ligada à palavra Detectar – em inglês *Detective Maintenance*. Pode ser definida da seguinte forma:

**MANUTENÇÃO DETECTIVA é a atuação efetuada em sistemas de proteção buscando detectar FALHAS OCULTAS ou não perceptíveis ao pessoal de operação e manutenção.**

Desse modo, tarefas executadas para verificar se um sistema de proteção ainda está funcionando representam a Manutenção Detectiva. Um exemplo simples e objetivo é o botão de teste de lâmpadas de sinalização e alarme em painéis.

A identificação de falhas ocultas é primordial para garantir a confiabilidade. Em sistemas complexos essas ações só devem ser levadas a efeito por pessoal da área de manutenção com treinamento e habilitação para tal, assessorado pelo pessoal de operação.

É cada vez maior a utilização de computadores digitais em instrumentação e controle de processo nos mais diversos tipos de plantas industriais.

"São sistemas de aquisição de dados, controladores lógicos programáveis, Sistemas Digitais de Controle Distribuído – SDCD, *multiloops* com computador supervisório e outra infinidade de arquiteturas de controle somente possíveis com o advento de computadores de processo. Sistemas de *shut-down* ou sistemas de *trip*, garantem a segurança de um processo quando esse sai de sua faixa de operação segura. Esses sistemas de segurança são independentes dos sistemas de controle utilizados para otimização da produção. Equipamentos eletrônicos programáveis estão sendo utilizados para essas aplicações."[16]

Enquanto a escolha deste ou daquele sistema ou de determinados tipos de componentes é discutida pelos especialistas com um enfoque centrado basicamente na confiabilidade, é importante que estejam bastante claras as seguintes particularidades:

- "Os sistemas de *trip* ou *shut-down* são a última barreira entre a integridade e a falha. Graças a eles as máquinas, equipamentos, instalações e até mesmo plantas inteiras estão protegidas contra falhas e suas consequências menores, maiores ou catastróficas".
- Esses sistemas são projetados para atuar automaticamente na iminência de desvios que possam comprometer as máquinas, a produção, a segurança no seu aspecto global ou o meio ambiente.
- Os componentes dos sistemas de *trip* ou *shut-down*, como qualquer componente, também apresentam falhas.

- As falhas desses componentes e, em última análise, do sistema de proteção podem acarretar dois problemas:
  - ✓ Não-atuação.
  - ✓ Atuação indevida.

A não-atuação de um sistema de *trip* ou *shut-down* é algo que jamais passa despercebido. É evidente que existem situações onde é possível contornar ou fazer um acompanhamento, mas em outras isso é definitivamente impossível.

O *trip* por alta vibração em máquinas rotativas pode deixar de atuar, desde que haja um acompanhamento paralelo e contínuo do equipamento pela equipe de manutenção. Na maior parte dos casos ocorre uma progressão no nível de vibração que permite um acompanhamento. Entretanto, o aumento na temperatura de mancal pode ser muito rápido, ou seja, se o sistema não atuar comandando a parada da máquina, as consequências podem ser desastrosas.

A atuação indevida de um sistema de *trip* ocasiona, obviamente, a parada do equipamento e consequentemente a cessação da produção, na maioria dos casos. O que se segue, imediatamente à ocorrência (indevida) do *trip*, é um estado de ansiedade generalizada para entender a ocorrência. Isso normalmente leva algum tempo, pois vários *checks* devem ser feitos. O ideal seria não colocar uma máquina, um sistema ou uma unidade para operar sem que as razões que levaram à ocorrência do *trip* sejam descobertas e/ou confirmadas.

Em resumo, se a confiabilidade do sistema não é alta, teremos um problema de disponibilidade a ele associado, traduzido por excessivo número de paradas, não cumprimento da campanha programada e outros.

Finalmente, no caso de plantas de processo contínuo como indústrias químicas, petroquímicas, fábricas de cimento e outras, a intervenção na planta ou unidade específica é feita em períodos previamente programados, que são as Paradas de Manutenção. "A grande parte dos elementos que compõem uma malha de intertravamento tem alto índice de confiabilidade, mas essa característica sofre distorção com o tempo devido ao desgaste natural, vibrações etc., provocando um aumento de probabilidade de falha ao longo do tempo. Como a verificação de funcionamento é realizada somente na Parada de Manutenção podemos garantir que a probabilidade de falha é alta no final da campanha e baixa no início da campanha."[16]

Fica evidente que a mudança do *status quo* é ter o domínio da situação. Essa modificação é obtida com a Manutenção Detectiva. Na Manutenção Detectiva, especialistas fazem verificações no sistema, sem tirá-lo de operação, são capazes de *detectar* falhas ocultas, e preferencialmente podem *corrigir* a situação mantendo o sistema operando.

## 4.1. TECNOLOGIAS DISPONÍVEIS PARA INSPEÇÃO/MANUTENÇÃO PREDITIVA

A seguir estão mostrados apenas dois dos muitos instrumentos e/ou técnicas que permitem uma melhor qualidade de inspeção, análise e diagnóstico: coletor analisador de vibração e termômetro infravermelho .

Figura 4.4 – Alinhamento a *laser*

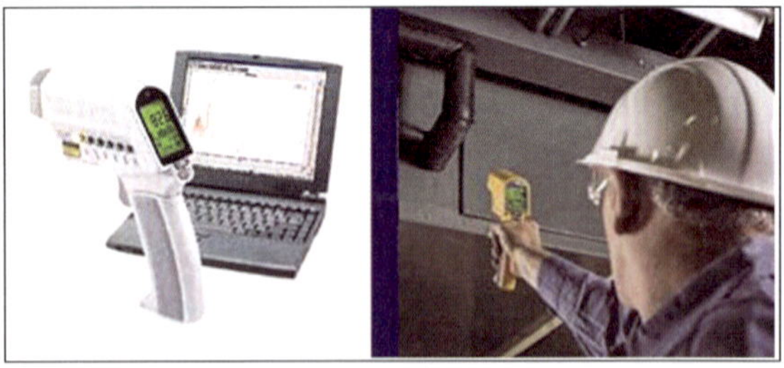

Figura 4.5 – Termômetro infravermelho/Termografia

O alinhamento a *laser* permite um ganho considerável no tempo de execução do serviço e na qualidade do alinhamento, o que reflete diretamente no aumento de vida útil dos mancais e acoplamentos.

O termômetro digital infravermelho é um instrumento de baixo custo (US$ 100 a 400) que além de fornecer medição direta permite que os dados coletados sejam transferidos para microcomputadores para acompanhamento de tendência.

A evolução dos aparelhos de medição de vibração permite que nos coletores, além da medição de vibração, coleta de dados conforme rota preestabelecida e transferência posterior para microcomputadores, estejam disponíveis:

- Espectro de vibração × frequências (assinatura).
- Espectro de corrente (para análise de motores elétricos).
- Medição de temperatura e pressão (aceita diversos sensores).

- Verificação de equipamentos monitorados continuamente (*check*).
- Balanceamento no campo.

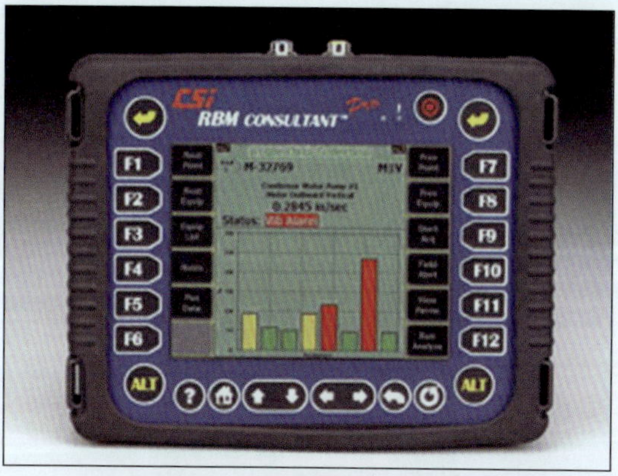


Figura 4.6 – Coletor/Analisador de vibração (Cortesia CSI - Vitek)

## 4.2. Reanálise e Melhoria das Atividades de Inspeção

Apesar de a inspeção ser uma atividade eminentemente técnica diretamente ligada à confiabilidade e à segurança da instalação é comum nos depararmos com inspetores cujo grau de instrução é baixo, não tiveram uma carga de treinamento específico compatível com a função que desempenham, valendo-se do aprendizado no dia a dia para cumprir suas funções.

As tecnologias disponíveis atualmente e a necessidade de se fazer o básico bem feito para que o nível de competitividade necessário seja alcançado pela empresa nos levam à reflexão no sentido de promover uma melhoria ou atualização dessa função, que deve incluir:

- Adequação do perfil do inspetor através de treinamentos específicos e reciclagens permanentes.
- Utilização do histórico de ocorrências, quase-ocorrências, acidentes e constatações de inspeção para gerar material de treinamento.
- Melhoria das condições de trabalho do inspetor, mecanizando determinadas atividades para que ele se dedique mais às verificações e análises.

- Utilização de tecnologia *Wire-less* para maximizar os benefícios de comunicação, envio de imagens, CMMS, prevenção de acidentes. Um conjunto de equipamentos de preços módicos está disponível:
  - ✓ Máquina fotográfica digital para registro e arquivamento dos defeitos detectados.
  - ✓ Telefone celular para comunicação direta com a Operação, Manutenção ou PCM.
  - ✓ *Palm-top* (*hand held*) para cumprimento do plano de inspeção e registro das observações.

Figura 4.7 – Uso de tecnologia móbile na inspeção

Atualmente já estão disponíveis *palm-tops* que incorporam um celular e uma máquina fotográfica em um único aparelho, o que permite:

- ✓ Utilização da infraestrutura sem fio.
- ✓ Comunicação direta com o CMMS/EAM.
- ✓ Melhor utilização dos recursos de pessoal.
- ✓ Garantia de rapidez na informação.
- ✓ Preservação do histórico.
- ✓ Redução de custos operacionais.

Melhorias em sistemas sem fio incluem a possibilidade de:

- ✓ Transferência, pelos técnicos, dos dados diretamente do local de inspeção ou reparo.
- ✓ Minimização do tempo gasto no preenchimento de formulários (rascunho no campo, passar a limpo no escritório, digitar).
- ✓ Acesso direto do campo, o histórico ou informações técnicas necessárias ao serviço (eliminação de perda de tempo em trânsito e busca).

✓ Comunicação direta entre postos de trabalho, supervisores e outros *sites*.
✓ Aquisição de imagem através de fotos ou vídeos.

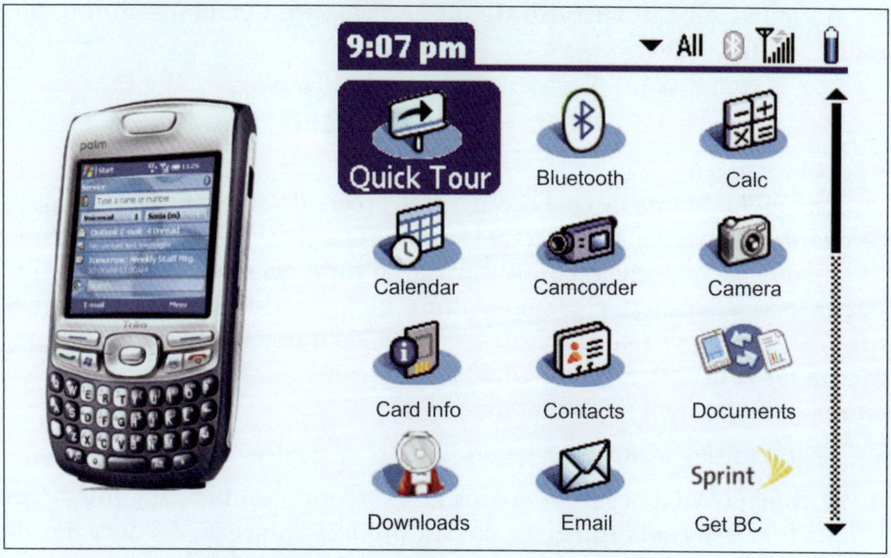


Figura 4.8 – Tecnologia agrupando funções

## 4.3. Custos e Resultados

A tabela abaixo mostra qual é o custo para os tipos de manutenção, considerando os tipos mais usuais: Corretiva Não-planejada, Preventiva e Preditiva/Corretiva Planejada.

Esses valores, obtidos em 1998 na National Manufacturing Week Conference, resultam de dados da Exxon, Betlehem Steel e revistas especializadas dos Estados Unidos. Esses dados são confirmados em outras fontes, como Moore e a SKF.

| Tipo de Manutenção | Custo US$/HP/Ano | Relação |
|---|---|---|
| Corretiva Não-planejada | 17 a 18 | **2 a 6** |
| Preventiva | 11 a 13 | **1,5** |
| Preditiva e Monitoramento de Condição/Corretiva Planejada | 7 a 9 | **1** |

Obs.: HP (*Horse Power*) é a potência instalada.

Observa-se que o custo da manutenção corretiva não-planejada é, no mínimo, o dobro da manutenção preditiva/corretiva planejada. Convém frisar que nesses custos não estão considerados lucros cessantes.

A análise da **Lucratividade** do negócio está ligada à seguinte fórmula:

| PREÇO = CUSTO + LUCRO |
|---|

Em um ambiente de concorrência, os preços devem ser atrativos para os clientes. Para ser competitiva, a empresa deve oferecer preços melhores do que os concorrentes. Entrando na equação, verificamos que para o preço ser menor podemos diminuir os custos ou o lucro. No entanto, o lucro deve ser maximizado de modo que a empresa tenha condições de reinvestir, fazer novas aquisições, renovar instalações e equipamentos além de fazer caixa.

Resta, então, a alternativa de reduzir os custos.

A alternativa de reduzir custos deve ser entendida como uma oportunidade e não como um risco para a própria empresa. As decisões de cortar por cortar custos não se revelam eficazes no médio e longo prazos e muitas empresas têm sido vítimas dessas decisões.

A redução de custos pode ser obtida através de:

- Fazer o básico bem feito, seja na operação, na manutenção, em suprimentos, na administração etc.
- Trabalhar segundo as melhores práticas em todos os segmentos.

No caso da manutenção, cuja missão é oferecer DISPONIBILIDADE e CONFIABILIDADE dos ativos, a redução nos custos de manutenção está diretamente ligada a sua forma de atuar.

A definição da criticidade dos equipamentos e a escolha do tipo de manutenção em função da criticidade e/ou das necessidades operacionais com a concomitante aplicação das melhores práticas produzirão resultados em curto, médio e longo prazos. E além de serem permanentes, esses resultados irão impactar o volume de produção com custos menores, pelo aumento da disponibilidade e da confiabilidade dos ativos.

Ganhos em segurança e meio ambiente virão naturalmente como consequência desse trabalho.

Na Manutenção, como em outras áreas:

**ESTABILIZAÇÃO DA ROTINA → PREVISIBILIDADE**

**IMPLANTAÇÃO DE MELHORIAS → COMPETITIVIDADE**

**PRODUTIVIDADE = f (PREVISIBILIDADE, COMPETITIVIDADE).**

Finalmente, o conceito de PRODUTIVIDADE pode ser definido através da fórmula:

$$\text{PRODUTIVIDADE} = \frac{\text{FATURAMENTO}}{\text{CUSTOS}}$$

Tanto mais produtiva será a empresa quanto menores forem os seus custos para um mesmo faturamento.

Vamos repetir um conceito que indica muito bem qual o caminho que devemos seguir na Manutenção:

**A contribuição da Manutenção para a Disponibilidade (ou *UpTime*) é, na pior das hipóteses, 10 vezes o potencial da redução de custos que ela tenta (ou pode) fazer internamente!**(7)

**"A chave do negócio não são os custos e sim o que é valor para o cliente. Entenda os fundamentos de seu negócio e pratique análises de valor de processos integrados e não análise de custos de tarefas específicas."**

**Peter Drucker (Sobre estratégia de empresas)**

## 4.4. Custos – A Necessidade de Mudança de Cultura

A partir de constatações levadas a efeito junto a um número significativo de profissionais de manutenção e dos dados disponibilizados pelo Documento Nacional da Abraman[8], o indicador de CUSTOS, ou Custo da Manutenção, é considerado como o mais importante entre todos. A tabela da Figura 4.9, extraída do Documento Nacional 2009, mostra que o indicador CUSTOS vem sendo considerado como o mais importante desde 1995.

Em segundo lugar aparece o indicador DISPONIBILIDADE OPERACIONAL.

Os demais indicadores têm percentuais aproximadamente idênticos e dentre eles Satisfação do Cliente é geralmente citado como importante pela comunidade de manutenção.

| Indicadores | 1995 | 1997 | 1999 | 2001 | 2003 | 2005 | 2007 | 2009 |
|---|---|---|---|---|---|---|---|---|
| Custos | 26,21 | 26,49 | 26,32 | 25,91 | 21,45 | 21,96 | 20,33 | 18,98 |
| Disponibilidade Operacional | 25,20 | 24,70 | 22,60 | 23,24 | 19,58 | 19,81 | 18,51 | 20,68 |
| TMEF (MTBF) | | | | | 11,89 | 11,69 | 14,21 | 12,79 |
| TMPR (MTTR) | | | | | 9,56 | 11,46 | 11,74 | 11,94 |
| *Backlog* | 8,07 | 6,55 | 8,98 | 10,41 | 9,32 | 6,92 | 11,57 | 10,02 |
| Frequência de Falhas | 17,54 | 12,20 | 14,24 | 16,22 | 11,66 | 12,17 | 9,75 | 9,81 |
| Satisfação do Cliente | 13,91 | 11,01 | 11,76 | 11,86 | 8,62 | 8,11 | 8,93 | 9,38 |
| Retrabalho | 9,07 | 5,65 | 8,36 | 8,96 | 6,06 | 6,68 | 3,97 | 5,33 |
| Não Utilizam | | 2,09 | 2,79 | 1,22 | 1,63 | 0,72 | 0,33 | 1,07 |
| Outros Indicadores | | 11,31 | 4,95 | 2,18 | 0,23 | 0,48 | 0,66 | 0,00 |

Figura 4.9 – Grau de Importância dos principais indicadores de desempenho (Abraman – Documento Nacional 2007[8])

Esses fatos são o reflexo de uma cultura que se sedimentou no país, a partir das constantes solicitações de redução nos custos exercidas pelas gerências. Sob certos aspectos, essa cultura que privilegia a contínua redução de custos na maioria das vezes não analisa as consequências ou os resultados para a manutenção e para a empresa de modo mais amplo.

Tudo indica que, não existindo uma visão mais abrangente dos impactos das ações sobre os resultados globais nas organizações, as suas diversas áreas buscam na redução de custos os seguintes objetivos:

- Apresentar "resultados" para a gerência que sistematicamente compara e exulta "quem conseguiu fazer a maior redução de custos".
- Promoção pessoal e profissional dos gerentes normalmente alcançada em função da redução de custos obtida.
- Cumprimento das metas de custos estabelecidas pelas gerências tem reflexos diretos na promoção e/ou nos ganhos salariais dos empregados.

Constatamos que algumas situações colaboram para essa situação:

- Raramente se encontra um engenheiro ou gerente de nível médio que saiba exatamente qual o custo da manutenção em relação ao faturamento bruto, ao imobilizado ou à unidade produzida.
- A grande maioria dos profissionais de manutenção não conhece os efeitos da perda de produção no faturamento da empresa. Assim, não se conhece "quanto custam 2 horas desta ou daquela máquina parada".
- Normalmente, os valores visíveis para o pessoal de manutenção são os custos envolvidos no reparo (assim mesmo em algumas organizações). Não se conhecem os lucros cessantes que são muitas vezes maiores do que os custos do reparo.
- O sistema de apuração de custos das empresas não oferece facilidades para a obtenção desses custos.

Isso gera a existência de uma obsessão que tem orientado uma grande parte das empresas, qual seja "a redução de custos é um objetivo a ser perseguido a qualquer custo".

Todos esses fatos justificam, mesmo que erradamente, a eleição pelo pessoal de manutenção do indicador "custo" como o mais importante.

Como dito anteriormente, o principal produto da Manutenção é DISPONIBILIDADE.

O cliente da Manutenção, seja interno ou externo, quer DISPONIBILIDADE. Assim, um gerente da operação em uma planta de alimentos quer os ativos disponíveis para produzir, do mesmo modo que um usuário de uma empresa telefônica ou de TV a cabo quer os aparelhos funcionando continuamente, isto é, DISPONÍVEIS.

O nível de satisfação dos clientes será tanto maior quanto maior for a disponibilidade. Deduz-se, de certo modo, que a satisfação dos clientes é altamente influenciada pela maior ou menor disponibilidade dos ativos.

Quando a Manutenção consegue oferecer maior disponibilidade para um ativo ou para uma planta industrial, o nível de intervenção (demanda de serviços) cai. Desse modo, quanto menor o nível de intervenção, menores serão os custos com a manutenção dos ativos. Isso é lógico desde que há menor aplicação de mão de obra, menor consumo de materiais e sobressalentes.

Estando os equipamentos disponíveis para operar, a menos de falta de demanda no mercado, o nível de produção é maior, o que permite maior faturamento pela empresa.

A Figura 4.10 sintetiza a relação existente entre diversos resultados empresariais, todos eles acompanhados através de indicadores na Manutenção ou em outras áreas como Suprimentos e Operação.

Figura 4.10 – Relação entre os resultados

Na Manutenção, há uma enorme diferença entre custo mínimo e custo adequado. De modo geral busca-se o custo mínimo, mas esse custo não é aquele que permitirá que os melhores resultados sejam alcançados.

Como mencionado no item 4.4, a contribuição da Manutenção para a Disponibilidade (ou *UpTime*) é, na pior das hipóteses, 10 vezes o potencial da redução de custos que ela tenta (ou pode) fazer internamente![7]

Podemos supor algumas situações para exemplificar:

1) **Por determinação da gerência da planta industrial, a Manutenção deve reduzir o seu custo em 15%, tomando-se por base o orçamento do ano anterior.**
   **A Manutenção acatou integralmente a orientação e passou às providências.**

Esse tipo de premissa, tomado "ao pé da letra" induz nos profissionais de manutenção a identificação de possíveis CORTES.

Como o orçamento da Manutenção é composto por pessoal (próprio e contratado), material (de consumo e sobressalentes) e serviços externos, será nessas rubricas que os cortes serão praticados.

Assim, o percentual definido pela gerência da planta poderá implicar ações* como:

- Redução do quadro de pessoal, pela dispensa de pessoal próprio ou de pessoal contratado.
- Redução no consumo de materiais, seja buscando materiais alternativos (mais baratos) seja postergando a substituição de componentes ou conjuntos.
- Eliminação de atividades como manutenção preventiva em função da redução do quadro de pessoal e/ou substituição de manutenções programadas por manutenções corretivas não-planejadas (emergenciais).
- Dilatação dos períodos de lubrificação como forma de reduzir o consumo de lubrificantes e/ou utilização de óleos recuperados para baratear o custo final.

A simples leitura das possíveis ações listadas acima leva à conclusão de que:

- A redução de custos na manutenção praticada em cima das rubricas de custo é difícil desde que implica reduções que podem afetar a qualidade dos serviços, confiabilidade dos ativos e disponibilidade da planta.
- A adoção de soluções alternativas para redução de custo além de não redundar em economia significativa pode provocar gastos muito maiores pelo desgaste ou falhas abruptas dos ativos.
- Reduções nos quadros de pessoal executadas com o objetivo único de reduzir custos promovem a desestruturação organizacional da manutenção com consequente incapacidade de realização das atividades a seu cargo.

2) **Por determinação da gerência da planta industrial, a Manutenção deve reduzir o seu custo em 15%, tomando-se por base o orçamento do ano anterior. No entanto, a Manutenção, após análise detalhada, fez uma contraproposta à gerência da planta, sugerindo aumentar o custo de manutenção em 10% comparado com o orçamento do ano anterior, oferecendo em contrapartida um aumento de 2% na disponibilidade da planta.**

---

* N.A.: As ações listadas não são recomendáveis e aparecem no texto apenas para caracterizar um exemplo hipotético que, por incrível que pareça é, às vezes, encontrado na vida real.

Quando a Manutenção de qualquer empresa tem a capacidade de fazer uma proposta desse tipo, podemos afirmar que:

- Tem conhecimento da situação em que se encontra e sabe o que deve fazer para atingir um nível melhor do que o atual.
- Tem noção exata dos custos envolvidos.
- Conhece as necessidades da planta, as práticas que a levarão a melhores resultados e pratica uma gestão voltada para resultados ao invés de gestão para corte nos custos.

Aumentar os custos da Manutenção em 10% pode significar ações do tipo:

- Ampliar o programa de manutenção preditiva por acompanhamento de vibração de máquinas rotativas pela contratação de firma especializada ou através da aquisição de mais um coletor de dados e admissão de um mecânico.
- Consolidação do programa de termografia em todas as subestações elétricas e quadros elétricos da planta através da contratação de firma especializada.
- Redução do programa de manutenção preventiva através de substituição da mesma por manutenção preditiva.
- Adoção de alinhamento a *laser* para toda a planta, associada a programa de treinamento para 50% dos mecânicos no primeiro ano.
- Substituição de componentes em determinado grupo de máquinas, fruto das indicações das análises de falhas realizadas pela engenharia de manutenção como forma de aumentar a confiabilidade e passar o tempo médio entre falhas de 850 dias para 1.900 dias.

**Comparando-se as duas situações (1 e 2), qual delas implicará melhores resultados para a empresa?**

**Obter 15% de redução no custo anual de manutenção?**

Ou

**Gastar mais 10% no ano com a manutenção e obter um aumento de 2% de disponibilidade da planta industrial?**

Adicionalmente, devemos ter em mente que a redução de custos pela redução de custos promove a degradação dos ativos.

Pode-se usar a seguinte metáfora: o dono de um cavalo queria reduzir o custo da alimentação do animal e por isso tirava um pouco de comida a cada dia. Ao cabo de um determinado tempo o dono provocou a morte do cavalo.

Figura 4.11 – Redução exagerada de custo promove a degradação dos ativos

# 5. Introdução às Ferramentas de Planejamento

**Ferramentas de Planejamento:
Condição fundamental para otimização do PCM**

Considerando que atualmente as ferramentas de planejamento são aplicadas através de *softwares*, apresentaremos neste capítulo apenas os princípios fundamentais.

É condição necessária para um planejamento adequado que o planejador seja especialista nessa atividade tendo o conhecimento indispensável:

- Da sequência de atividades.
- Dos recursos necessários para cada atividade.

As ferramentas, a partir daí, facilitarão/otimizarão o serviço do planejador.

Em 1910, Gantt*[10] criou um diagrama de tarefas, para auxiliar no planejamento das operações.

Em princípio, buscava-se apenas identificar as tarefas mais representativas do projeto e o sequenciamento entre elas. No entanto, o Gráfico de Gantt tem aplicação rotineira até os dias atuais.

Tomemos como exemplo as tarefas básicas da construção de uma casa. Se apenas somarmos a duração das atividades, tem-se a impressão de que se trata de um projeto com duração total de 33 semanas.

*[10] Henry Laurence Gantt, Maryland, EUA, (1861-1919) foi um engenheiro mecânico e consultor a quem se atribui o desenvolvimento, em 1910, do gráfico que tomou o seu nome. Em 1887 trabalhou com Frederick W. Taylor na aplicação dos princípios científicos de gestão na Midvale Steel e Bethlem Steel.

| Atividade | Descrição | Duração (semanas) |
|---|---|---|
| A | Preparar Local | 2 |
| B | Fundação | 4 |
| C | Alvenaria | 4 |
| D | Esgoto | 1 |
| E | Telhado | 4 |
| F | Piso | 1 |
| G | Inst. Elétricas | 3 |
| H | Inst. Hidráulicas | 4 |
| I | Portas e Janelas | 3 |
| J | Pintura Interna | 3 |
| K | Pintura Externa | 2 |
| L | Limpeza | 2 |

Figura 5.1 – Listagem de tarefas básicas na construção de uma casa

No entanto, a partir de avaliação dos especialistas, pode-se constatar que essas tarefas têm, além de um sequenciamento ótimo, a possibilidade de algumas delas serem executadas simultaneamente.

| Atividade | Descrição | 1 | 2 | 3 | 4 | 5 | 6 | 7 | 8 | 9 | 10 | 11 | 12 | 13 | 14 | 15 | 16 | 17 | 18 | 19 | 20 | 21 | 22 |
|---|---|---|---|---|---|---|---|---|---|---|---|---|---|---|---|---|---|---|---|---|---|---|---|
| A | Preparar o local | ■ | ■ | | | | | | | | | | | | | | | | | | | | |
| B | Fundação | | | ■ | ■ | ■ | ■ | | | | | | | | | | | | | | | | |
| C | Alvenaria | | | | | | | ■ | ■ | ■ | ■ | | | | | | | | | | | | |
| D | Esgoto | | | | | | | ■ | | | | | | | | | | | | | | | |
| E | Telhado | | | | | | | | | | | ■ | ■ | ■ | ■ | | | | | | | | |
| F | Piso | | | | | | | | ■ | | | | | | | | | | | | | | |
| G | Instalação Elétrica | | | | | | | | | | | | | | | ■ | ■ | ■ | | | | | |
| H | Instalação Hidráulica | | | | | | | | | | | | | | | ■ | ■ | ■ | ■ | | | | |
| I | Janelas e Portas | | | | | | | | | | | | | | | ■ | ■ | ■ | | | | | |
| J | Pintura Interna | | | | | | | | | | | | | | | | | | | ■ | ■ | ■ | |
| K | Pintura Externa | | | | | | | | | | | | | | | | | | | ■ | ■ | | |
| L | Limpeza | | | | | | | | | | | | | | | | | | | | | | ■ |

Figura 5.2 – Planejamento da construção de uma casa

Aqui podemos constatar algumas das habilidades indispensáveis dos planejadores: conhecer a sequência das atividades, sua duração mais provável e a interdependência entre elas.

Do diagrama da Figura 5.2 se constata que o projeto pode ser executado em 22 semanas.

Posteriormente, através do Diagrama de Setas (Figura 5.3) procurou-se identificar graficamente a possibilidade de se observar possíveis folgas entre atividades e tirar proveito delas, sem comprometer os prazos do projeto.

A utilização das folgas das atividades é a condição fundamental para a prática do nivelamento de recursos.

A partir da década de 50 foram criadas as técnicas de PERT (Técnica de Avaliação e Revisão de Programa) e de CPM (Método de Caminho Crítico).

O PERT foi criado em 1958 por uma equipe da Marinha Americana para o prosseguimento dos trabalhos do "Projeto Polaris".

O CPM foi lançado pela Rand Corporation, organização que se dedicava a pesquisas, na mesma época.

A técnica PERT/CPM é baseada na premissa de que qualquer empreendimento tem um encadeamento ótimo de suas atividades.

Suas características são: simplicidade e flexibilidade.

Possui três fases distintas:

- Na fase inicial divide-se o projeto em tarefas e se constrói o diagrama, estabelecendo as sequências, interdependências e restrições entre as tarefas. No diagrama estão representadas as durações das tarefas ou atividades, que são as execuções efetivas de um trabalho, e os eventos, que são marcos do projeto.
- Na fase seguinte são "estimadas" as durações das tarefas, determinadas as tarefas críticas (as quais, geralmente, determinam a duração do projeto) e calculadas as datas "mais cedo", as datas "mais tarde", as folgas das demais e definidas as tarefas críticas.
- Numa terceira fase, as folgas encontradas sobre os caminhos não-críticos permitirão a realocação das tarefas que constituem estes caminhos, a fim de otimizar o emprego de recursos de toda natureza. É o nivelamento dos recursos do projeto.

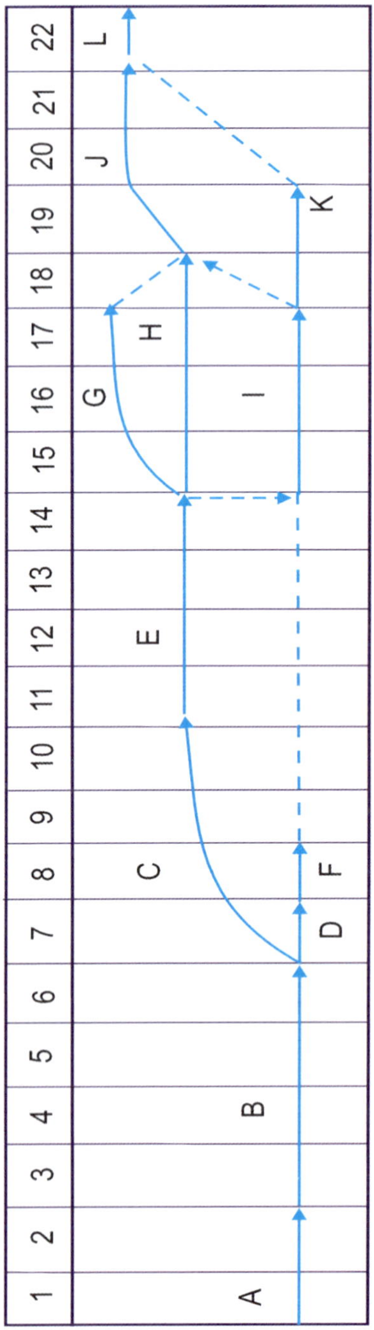


Figura 5.3 – Diagrama de Setas

Representação do sistema:

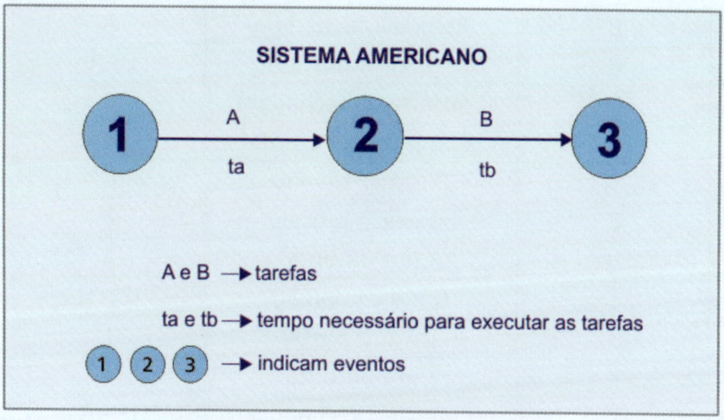


Figura 5.4 – Sistema americano

Por sua flexibilidade e por não exigir conhecimentos especializados, a não ser relativos às atividades em que se pretende aplicá-lo, o PERT/CPM pode ser utilizado em qualquer campo, dos projetos mais simples aos mais complexos.

Eis alguns projetos que utilizam ou utilizaram esta técnica:

- Viagem à lua.
- Linhas de produção da indústria automobilística.
- Construção de edifícios, pontes, túneis, usinas elétricas.
- Festivais etc.

## 5.1. PERT/CPM

Para que se possa programar um empreendimento, temos que começar fixando nosso objetivo, ou o que se deseja fazer.

OBJETIVO = Pintar uma porta e consertar sua fechadura.

### 5.1.1. Lista de Atividades

Tendo o objetivo definido, deveremos listar as tarefas indispensáveis à sua realização e a dependência entre elas.

| IDENTIFICAÇÃO | ATIVIDADE | DEPENDE DE |
|---|---|---|
| A | Remover a porta | – |
| B | Retirar a fechadura | A |
| C | Lixar a porta | E – B |
| D | Consertar a fechadura | B |
| E | Comprar lixa e tinta | – |
| F | Dar a 1ª demão | C |
| G | Lavar o pincel | F |
| H | Cura da tinta | F |
| I | Dar a 2ª demão | G – H |
| J | Lavar o pincel | I |
| K | Cura da tinta | I |
| L | Colocar a fechadura | D – K |
| M | Recolocar a porta | L |

*Observação:* A preparação da lista de atividades pressupõe um conhecimento detalhado de todas as tarefas que deverão ser realizadas e a dependência entre elas. Esta fase é crítica e se as dependências não representam a realidade, todo o resultado será prejudicado.

## 5.1.2. Diagramação

A diagramação é a representação em forma gráfica do quadro de dependências. Para a sua montagem devemos obedecer as seguintes regras básicas:

a) Entre dois eventos quaisquer, não pode haver mais do que uma tarefa, tendo como extremidade os dois eventos (não podem existir duas tarefas diferentes unindo os mesmos nós).

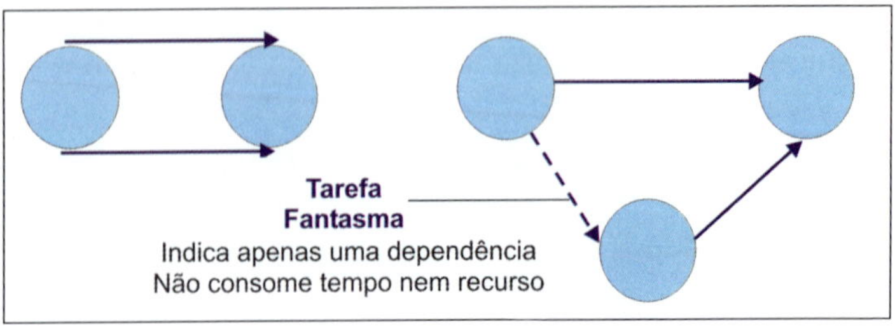


Figura 5.5 – PERT – Diagramação

b) Em nenhum diagrama pode haver um circuito fechado.

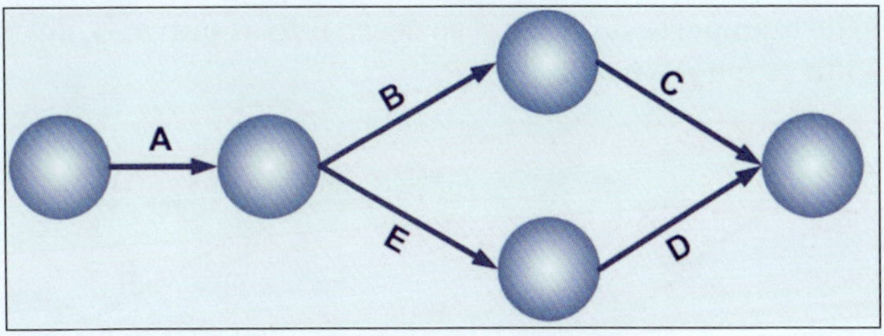


Figura 5.6 – PERT – Regras básicas – Errado

Além das regras básicas, usamos dois artifícios na montagem de diagramas:

c) Sejam quatro tarefas A, B, C, D. A tarefa D depende de A e B e a tarefa C depende de B. Se representarmos por:

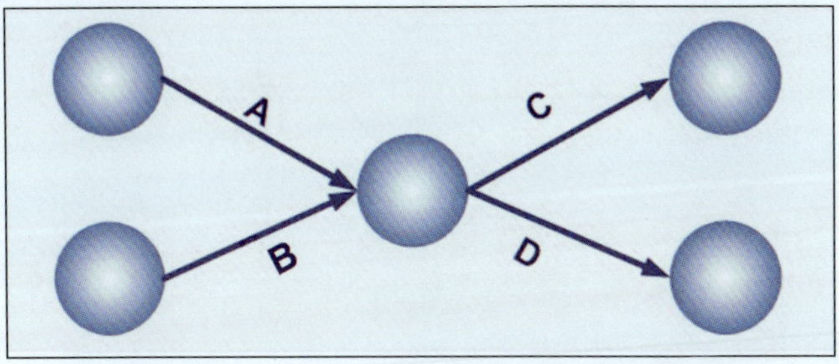


Figura 5.7 – PERT – Regras básicas – Errado

incorreremos em erro, pois neste esquema a tarefa C está dependendo de A e B.

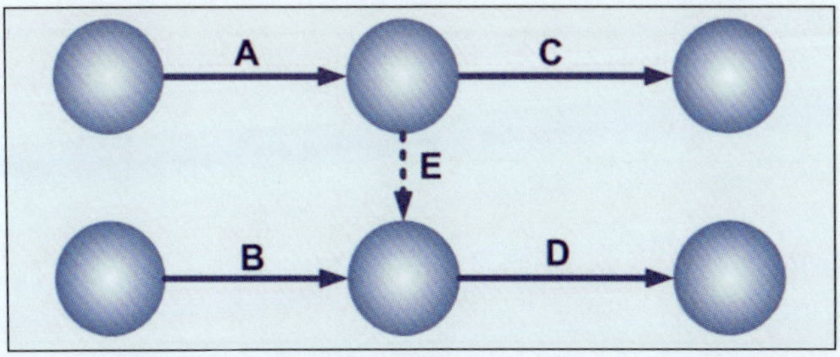


Figura 5.8 – PERT – Regras básicas – Artifício de montagem

d) Toda tarefa deve obrigatoriamente iniciar e terminar em nós. No caso em que se tem uma tarefa A de modo que a partir da execução de uma parte da mesma se possa iniciar outra, B, deve-se subdividir A em A1 e A2.

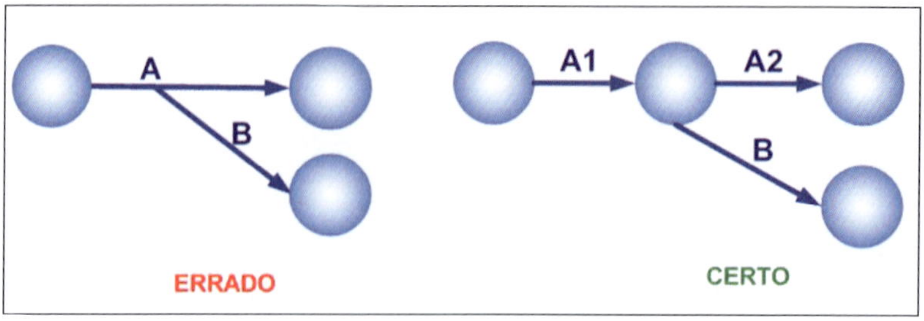


Figura 5.9 – PERT – Regras básicas

Quando só se pode iniciar uma tarefa C a partir de uma certa data, estabelece-se esta sujeição por tarefas fantasmas.

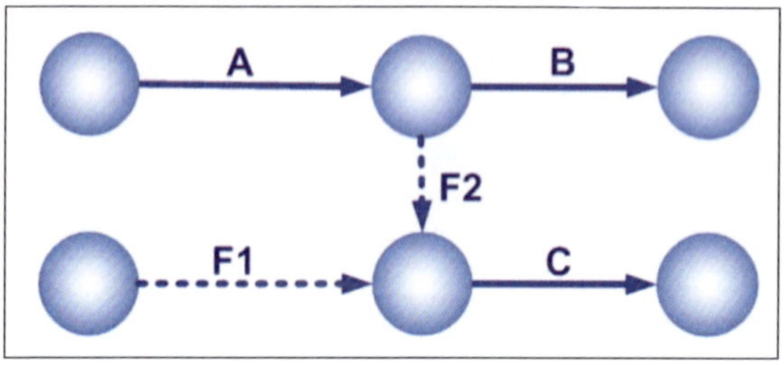


Figura 5.10 – PERT – Tarefa fantasma

Voltando ao exemplo e montando o seu diagrama, temos:

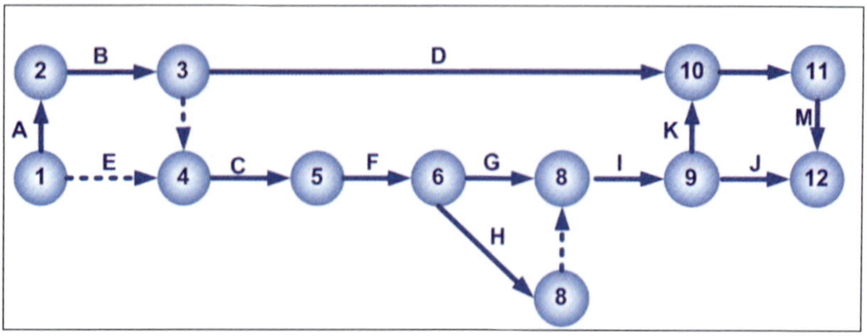


Figura 5.11 – PERT – Diagrama

Montado o diagrama, torna-se necessário calcular o tempo em que o projeto pode ser realizado. Esta duração será a soma dos tempos de execução, tomados sobre o caminho entre o primeiro e o último nó (evento), que tenha maior valor (caminho crítico).

É necessário primeiramente determinar a duração de cada tarefa, a qual pode ser expressa em qualquer unidade de tempo. O importante é que a unidade escolhida seja a mesma em todo o projeto.

Na lista de atividades do projeto de pintura da porta vamos incluir mais uma coluna representando em horas a duração de cada atividade, como mostra a tabela da Figura 5.12.

| TAREFA | ATIVIDADE | DEPENDE DE | DURAÇÃO |
|---|---|---|---|
| A | Remover a porta | – | 1 |
| B | Retirar a fechadura | A | 1 |
| C | Lixar a porta | E – B | 4 |
| D | Consertar a fechadura | B | 8 |
| E | Comprar lixa e tinta | – | 8 |
| F | Dar a 1ª demão | C | 3 |
| G | Lavar o pincel | F | 1 |
| H | Cura da tinta | F | 8 |
| I | Dar a 2ª demão | G – H | 3 |
| J | Lavar o pincel | I | 1 |
| K | Cura da tinta | I | 8 |
| L | Colocar a fechadura | D – K | 2 |
| M | Recolocar a porta | L | 2 |

Figura 5.12 – Duração de cada atividade

Colocando-se as durações no diagrama, temos:

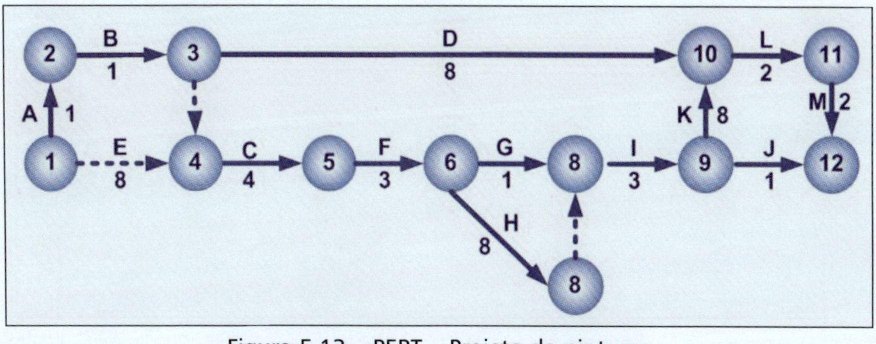


Figura 5.13 – PERT – Projeto de pinturas

- **Data mais Cedo**

É o menor tempo no qual é possível a ocorrência do evento, ou seja, o menor tempo em que se podem concluir todas as atividades que concorrem para um evento. Quando várias tarefas chegam a um nó, a data mais cedo é aquela de maior valor. A data mais cedo do último evento de um projeto representa o menor tempo no qual ele poderá se verificar:

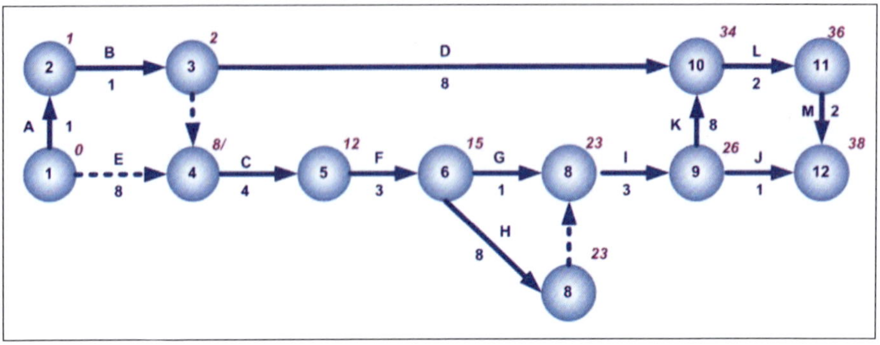


Figura 5.14 – PERT – Data mais cedo

- **Data mais Tarde**

É o último momento em que pode ocorrer um evento sem que haja atraso no projeto. O cálculo data mais tarde é feito do evento fim para o evento início. Se o projeto tem uma data de conclusão prefixada, a data mais tarde do evento fim é a data prefixada. Caso não haja data prefixada a data mais tarde do evento fim é coincidente com a sua data mais cedo. Quando mais de uma atividade sai de um evento, a data mais tarde é a de menor valor.

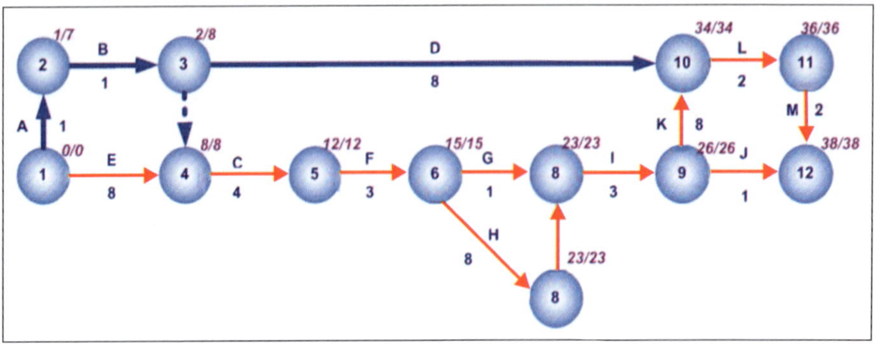


Figura 5.15 – PERT – Data mais tarde

- **Folga dos Eventos**

A diferença entre os valores da data mais tarde e os da data mais cedo de um evento é a sua folga. Dentro da folga é que um evento pode ocorrer sem que a duração do projeto seja modificada. No nosso exemplo temos folga nos eventos 2 e 3.

- **Folga das Atividades**

A folga da atividade é que permite a aplicação do nivelamento de recursos. Chamamos de folga total de uma atividade a diferença entre a data mais tarde para o fim dessa atividade e a data mais cedo de início dela, somada com sua duração.

Para facilitar, usaremos as seguintes abreviaturas:

Ttf = Data mais tarde de fim de uma atividade.

Tci = Data mais cedo de início de uma atividade.

D = Duração de uma atividade.

**Folga Total = Ttf - Tci - D**

- **Caminho Crítico**

Caminho crítico é aquele no qual as atividades não têm folga, ou seja, qualquer atraso em uma das suas atividades provocará atraso do projeto. É o caminho formado por eventos com folga nula e a diferença de suas datas coincide com a duração da tarefa que os une.

No nosso exemplo, o caminho crítico será formado pelas atividades: E, C, F, H, I, K, L, M.

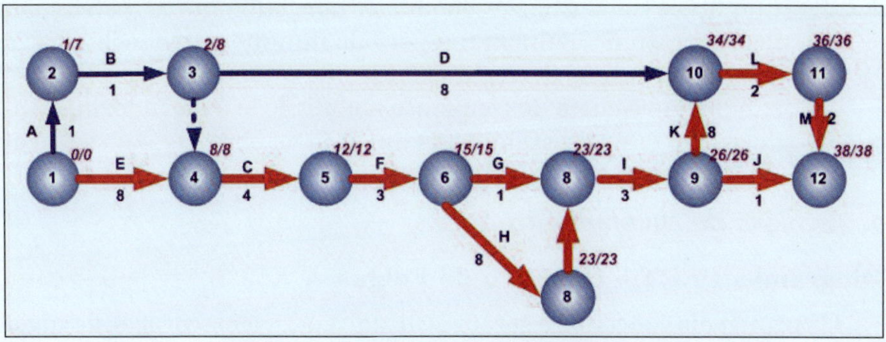


Figura 5.16 – PERT – Caminho crítico

### 5.1.3. Nivelamento

A maneira mais usual de verificarmos as condições de execução de um trabalho ou obra, no que se refere aos recursos necessários e ao prazo requerido, é através dos diagramas de flechas.

A partir do conhecimento da sequência lógica de realização de cada tarefa envolvida no trabalho, da avaliação individual de prazo e recursos necessários, podemos chegar a soluções possíveis para o problema, através de aplicação dos recursos de PERT-CPM.

Inicialmente, a solução de execução das tarefas em suas datas mais cedo de início pode levar a uma flutuação indesejada de recursos ao longo do tempo ou mesmo a picos de recursos não adequados.

Assim, a limitação de recursos e níveis adequados nos leva à necessidade da elaboração de uma distribuição das tarefas, aproveitando-se as folgas existentes dentro das cadeias do diagrama de flecha. A essa distribuição de recursos chamamos "NIVELAMENTO DE RECURSOS".

- Razões para o uso do Nivelamento de Recursos:
  - ✓ Efetiva indisponibilidade de recursos em alguns casos especiais de equipamentos, ferramentas e mesmo de recursos humanos extremamente qualificados, não disponíveis em quantidade para atender aos picos apresentados mais cedo.
  - ✓ Limitação física de espaço/ambiente.
  - ✓ Locais confinados de trabalho, onde as condições de arejamento, segurança, ou outra similar, impedem a presença simultânea de mais que uma determinada quantidade de recursos.
  - ✓ Condições contratuais/econômicas: normalmente os instrumentos contratuais definem um período mínimo entre mobilização e desmobilização de recursos. Mesmo quando não explícito, é sabido que o custo de frequente mobilização é elevado, buscando-se um efetivo estabilizado durante as obras.

### *1. Técnicas de Nivelamento*

**Diagramas PERT – Conceito de Folgas**

Os principais conceitos a serem utilizados para a elaboração de nivelamento de recursos são:

- Folga total = data mais tarde de fim – data mais cedo de início – duração da tarefa

  FT = 0 → tarefa crítica.

Portanto, o máximo de cuidado deve ser levado em conta, quando dos deslocamentos das tarefas, como o observado na nota anterior, pois as perdas de folga total de uma tarefa aumentam não só o seu grau de criticidade, mas de todas as outras que a sucedem na cadeia do diagrama de flechas. Portanto, o atraso de tarefas, de uma rede PERT, com a finalidade de se conseguir uma melhor distribuição de recursos, quando não bem analisado, poderá exigir um volume de recursos, mão de obra e equipamentos, para o final da obra, bem maior do que o disponível.

O fato de uma tarefa poder ser deslocada dentro da sua faixa disponível de programação permite que o planejador dos trabalhos faça uma distribuição de recursos ao longo do tempo disponível para execução da obra, de tal ordem eliminando, consequentemente, os "picos" e "vales" de uma distribuição não nivelada.

Exemplo de Nivelamento:

Vejamos o projeto abaixo já detalhado, o qual envolve (a princípio) a participação de até 4 mecânicos na sequência de serviços A-B-C; de até 4 mecânicos na sequência D-H-K ; e de até 3 mecânicos na sequência E-F-G, além de 2 eletricistas. Com relação aos eletricistas não há dúvida: esse projeto precisa de 2. Quanto aos mecânicos, vamos calcular o número ótimo, aplicando os conceitos de nivelamento de recursos.

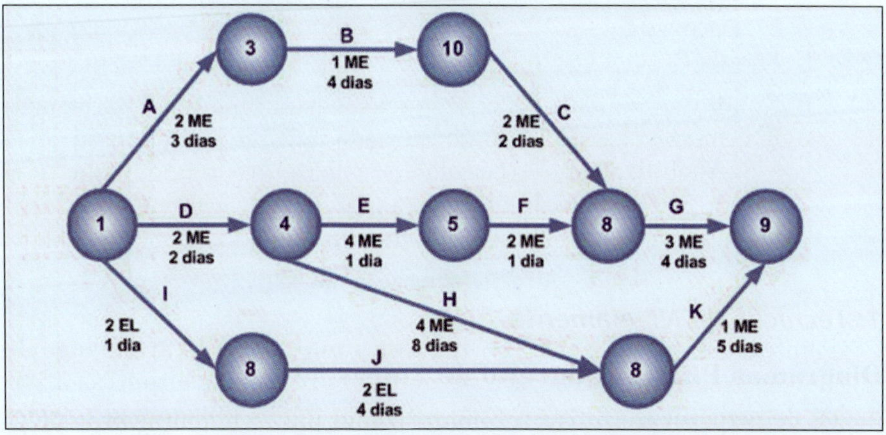


Figura 5.17 – PERT – Diagrama

1º PASSO: Calcula-se a data mais cedo de início e a data mais tarde de fim para cada evento.

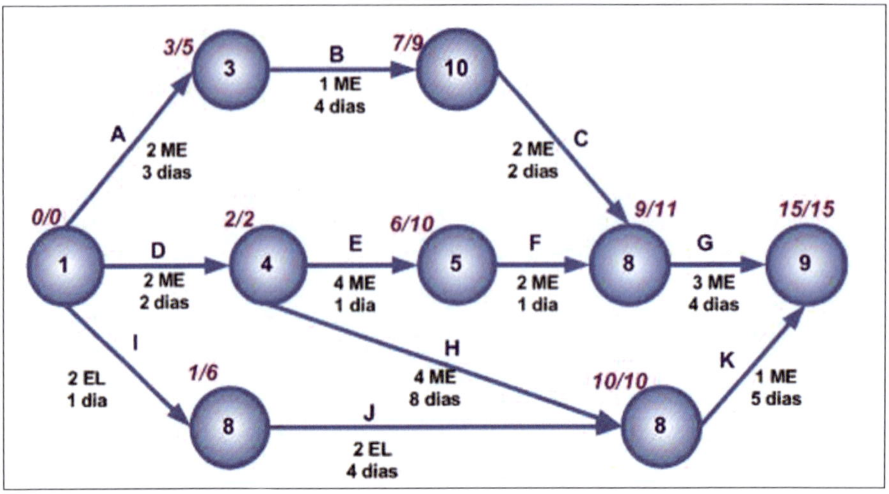


Figura 5.18 – PERT – Data mais cedo – Data mais tarde

| | Data mais Tarde | Data mais Cedo | Duração | Folga Total |
|---|---|---|---|---|
| A | 5 | 0 | 3 | 2 |
| B | 9 | 3 | 4 | 2 |
| C | 11 | 7 | 2 | 2 |
| **D** | **2** | **0** | **2** | **0** |
| E | 10 | 2 | 4 | 4 |
| F | 11 | 6 | 1 | 4 |
| G | 15 | 9 | 4 | 2 |
| **H** | **10** | **2** | **8** | **0** |
| I | 6 | 0 | 1 | 5 |
| J | 10 | 1 | 4 | 5 |
| **K** | **15** | **10** | **5** | **0** |

Figura 5.19 – Determinação das folgas

Pelo cálculo da folga total concluímos que, para as atividades de mecânicos, o caminho crítico é a sequência D-H-K e que as outras atividades de mecânicos (A-B-C-E-F-G) possuem folgas e podem ser deslocadas na execução do projeto.

2º PASSO: Faz-se o Gráfico de Gantt da utilização dos recursos, considerando que cada atividade se inicie o mais cedo possível.

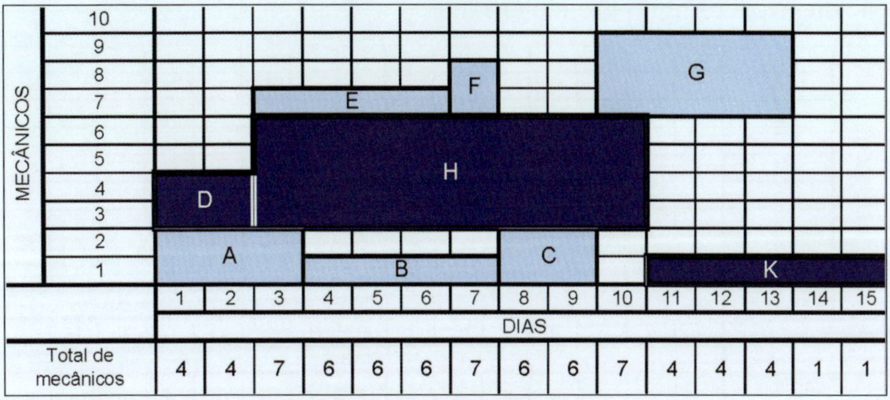


Figura 5.20 – Gráfico de Gantt

OBSERVAÇÃO: As atividades no diagrama em tom mais escuro fazem parte do caminho crítico.

O cronograma de barras (Gantt), considerando a execução das atividades pela data mais cedo de início, fica assim:

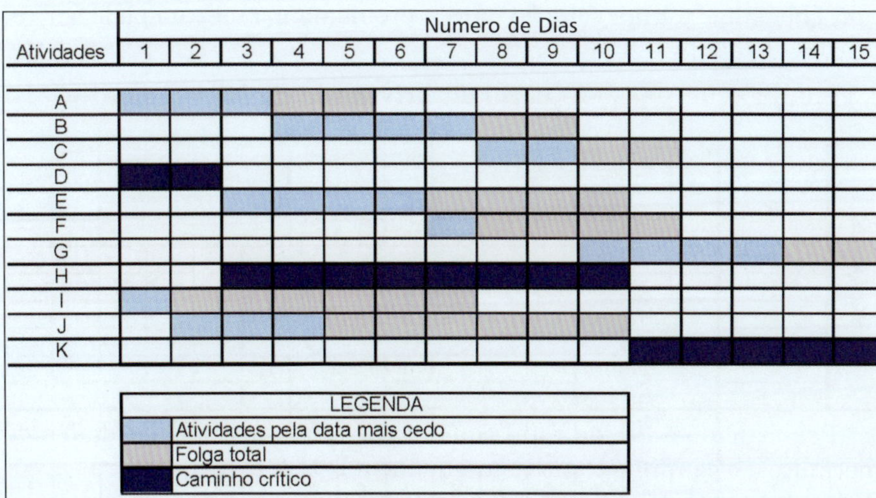


Figura 5.21 – Gráfico de Gantt – Data mais cedo

3º PASSO: Altera-se o diagrama de utilização de mecânicos até que a quantidade de recursos necessários seja o mais uniforme possível (otimização), do início ao fim do projeto. Isto pressupõe a não ampliação do prazo total do projeto (15 dias).

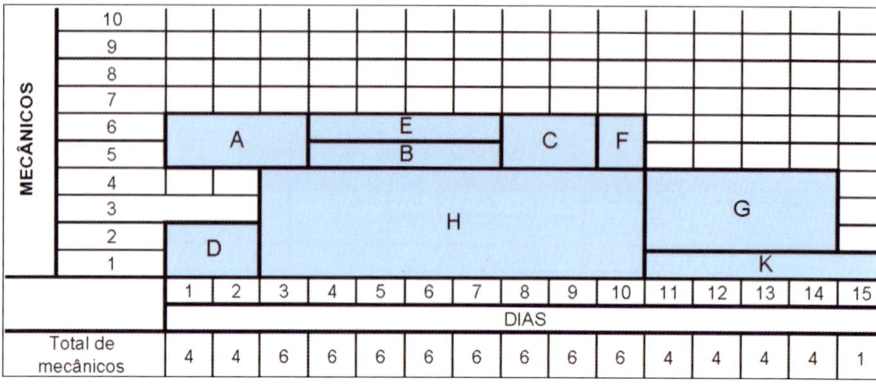


Figura 5.22 – Uniformização da quantidade de mão de obra

4º PASSO: Monta-se o cronograma de barras (Gantt), já levando em consideração a otimização de recursos feita para este projeto.

Em uma obra, dificilmente teremos recursos suficientes para executá-la no tempo mais cedo, pois os recursos, via de regra, são restritos. Portanto, é muito importante saber-se como distribuir tais recursos, a fim de se concluir a obra de modo mais eficiente. No exemplo do item anterior, chegamos a uma solução para o problema e o mesmo pode ser resolvido facilmente "à mão".

- **Visualização passo-a-passo da atividade de Nivelamento**

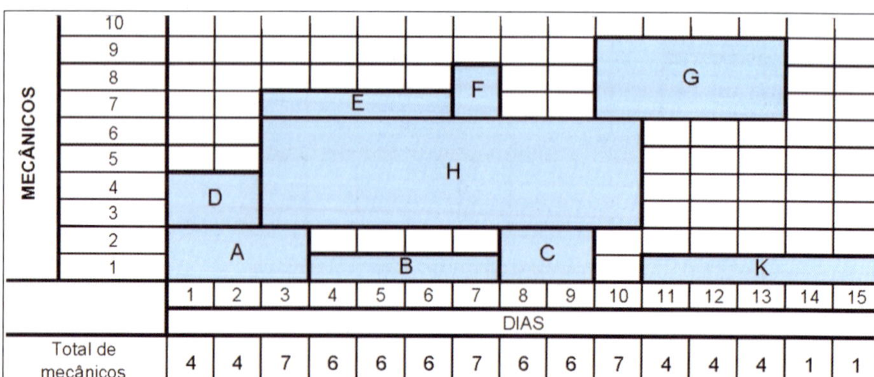


Figura 5.23 – Gráfico de Gantt – 1º passo para o nivelamento

Na Figura 5.23 temos o Diagrama de Gantt conforme sua configuração. É condição básica, ao se fazer o nivelamento, que não podemos desrespeitar as dependências entre as atividades.

Vamos colocar na base do Diagrama de Gantt as atividades do caminho crítico, deslocando-se todas as outras, mantendo a duração, a quantidade de recursos e suas datas de início.

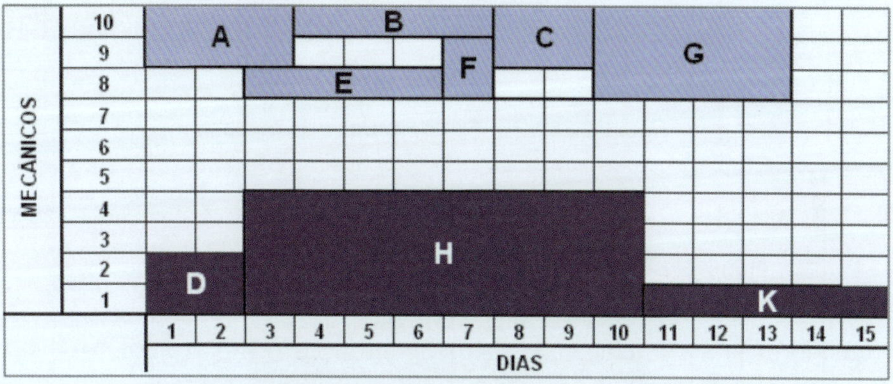


Figura 5.24 – Gráfico de Gantt – 2º passo – Caminho crítico

A partir da figura abaixo, vamos deslocando as atividades, mantendo suas condições de dependência.

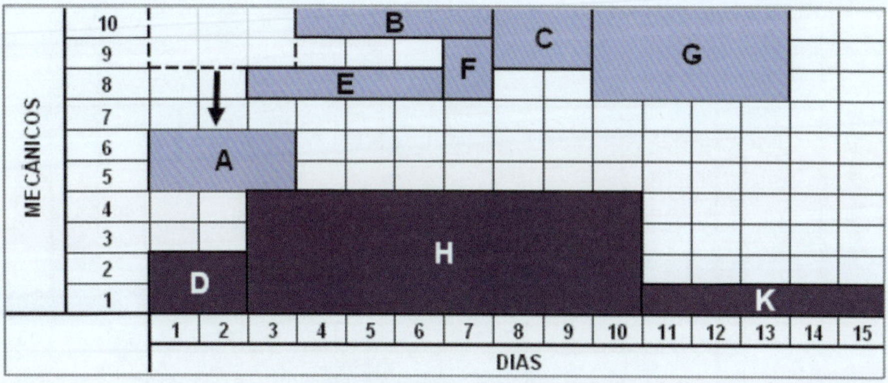


Figura 5.25 – Gráfico de Gantt – 3º passo

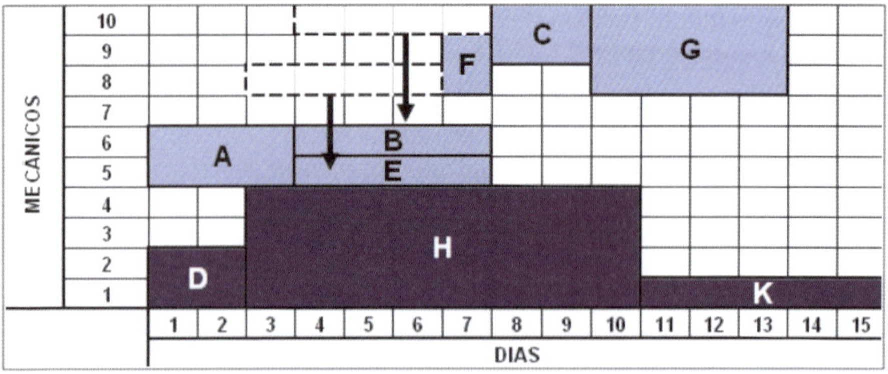


Figura 5.26 – Gráfico de Gantt – 4º passo

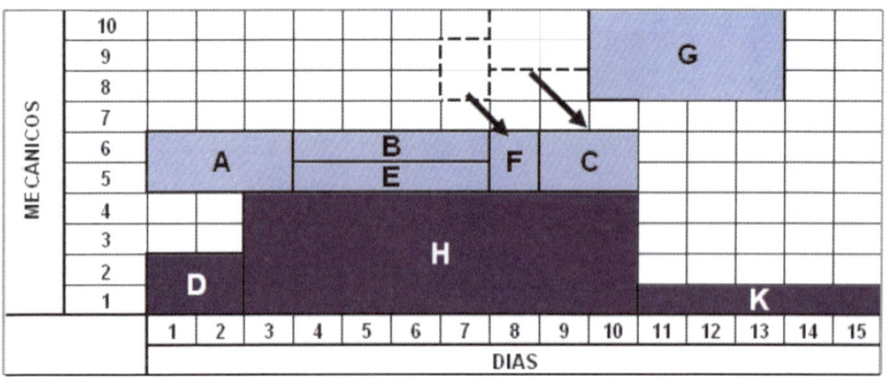


Figura 5.27 – Gráfico de Gantt – 5º passo

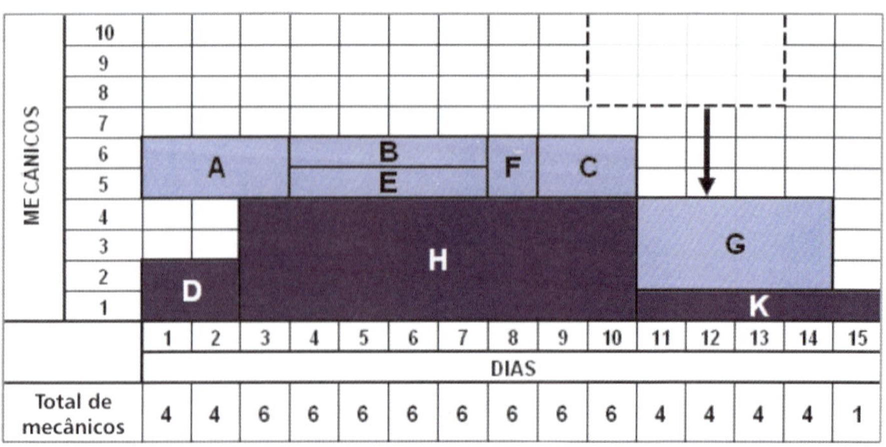


Figura 5.28 – Gráfico de Gantt – 6º passo

## 2. Recomendações Fundamentais sobre o Nivelamento de Recursos

Ao se idealizar uma operação de nivelamento de recursos, alguns cuidados devem ser observados e auxiliarão na obtenção do resultado esperado:

1. Calcule sempre, preliminarmente, a solução na data mais cedo de início das tarefas de seu diagrama.
2. Observe a distribuição de recursos da cadeia crítica do diagrama. Ela indica o nível mínimo de recursos que será necessário, bem como a menor duração possível para o projeto.
3. Observe a distribuição geral de recursos. Ela indica, em função do perfil mais ou menos nivelado e da maior concentração de recursos no início, meio ou fim do projeto, a flexibilidade existente para o nivelamento.
4. Elabore uma primeira tentativa de nivelamento para valores de recursos na média entre o necessário para atender os recursos da cadeia crítica e o geral. Esta primeira avaliação, bem ou malsucedida, indicará os recursos limitantes (críticos) para o projeto de nivelamento.
5. Verifique se a solução encontrada é satisfatória. Ao otimizarmos a utilização de recursos, podemos ser levados a um frequente deslocamento de frente de trabalho dentro da obra, o que pode ser difícil de coordenar.

Igualmente, a forma de contratação (por serviço e de diferentes empresas) pode exigir que se faça nivelamento por grupo de equipamentos. Evidentemente, à medida que se restringe o alcance dos serviços e os recursos a serem nivelados, pior é o resultado do nivelamento em termos do total de recursos a serem aplicados. De qualquer modo, estes aspectos devem ser observados.

# 6. ESTRUTURAS ORGANIZACIONAIS DA MANUTENÇÃO

**Estrutura organizacional adequada e atribuições bem definidas: dois dos pilares para bons resultados na Manutenção**

Embora possa parecer que devêssemos tratar primeiramente de estrutura do que das atividades do PCM, preferimos mudar essa ordem, por ter-se mostrado, ao longo do tempo, menos polêmica. Raramente há alguma discussão quando falamos das atividades inerentes ao PCM. No entanto, quando se trata de estrutura, talvez pelo conflito de influências, vaidades de mando, etc. existe a geração de muita discussão. É bom que fique bem claro: NÃO EXISTE ESTRUTURA QUE NÃO TENHA PONTOS FORTES E PONTOS DE RISCO. A grande virtude dos gerentes reside em conhecer as vantagens e as desvantagens desse ou daquele tipo de estrutura e saber lidar com elas.

Independentemente do tipo de estrutura organizacional da Manutenção (em linha, matricial, times), as seguintes funções devem fazer parte da Manutenção:

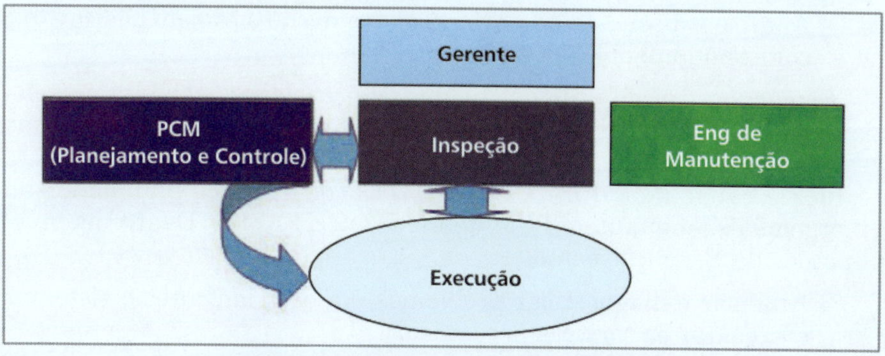


Figura 6.1 – Funções básicas da Manutenção

*Gerente* – como o nome indica, é o responsável pela Gestão da Manutenção. Elo entre a direção da empresa ou da planta e os colaboradores na Manutenção. Traduz as diretrizes e necessidades da empresa para que os planos de ação da Manutenção estejam alinhados e produzam os resultados esperados no tempo previsto. Busca constantemente a melhoria dos resultados e a satisfação dos clientes internos (e externos) através da aplicação das melhores práticas.

*Planejamento e Controle da Manutenção (PCM)* – grupamento responsável pela otimização dos recursos da Manutenção aplicados aos serviços executados. As principais funções do PCM são: PLANEJAR, PROGRAMAR, CONTROLAR e COORDENAR.

*Engenharia de Manutenção* – atua na estabilização da rotina e na implantação de melhoria.

Na estabilização da rotina através de apoio às atividades:

- Do PCM, via Planos de Inspeção e Manutenção – elaboração e análise crítica anual.
- Da Execução (oficinas especializadas) através de apoio aos serviços quando necessário, coordenação do treinamento/qualificação de pessoal, coordenação da elaboração e atualização dos padrões e procedimentos de trabalho.

Na implantação de melhorias através de ações de:

- Melhoria na manutenibilidade tanto para serviços rotineiros como para grandes serviços como paradas de manutenção.
- Aumento da confiabilidade dos equipamentos através de análise de falhas e estudos dirigidos.
- Coordenação de pequenos serviços de melhoria (*sustaining*) por empresas terceirizadas.
- Análise e discussão de novos projetos desde o projeto básico até o comissionamento e partida.

*Execução* – é o conjunto de oficinas ou áreas especializadas que efetivamente executam os serviços de manutenção. A responsabilidade da realização dos serviços está a cargo das especializadas cuja estrutura técnica é capaz de definir COMO FAZER os serviços planejados ou emergenciais. enquanto o PCM define O QUE FAZER. Dentre as preocupações da Execução estão:

- Analisar e diagnosticar problemas em equipamentos e sistemas e executar os serviços necessários.
- Garantir a qualidade do serviço executado.

– Minimizar os tempos de reparo.
– Aumentar o tempo médio entre falhas.
– Registrar os serviços executados para formar histórico representativo de manutenção.
– Recomendar os sobressalentes e materiais de consumo em conjunto com a Engenharia de Manutenção.
– Trabalhar segundo as técnicas mais atuais que garantam menor nível de intervenção e em consequência maior disponibilidade.

*Inspeção* – tem como função primordial a análise crítica dos equipamentos ou sistemas, verificando seu estado real em comparação com um padrão definido. Pode ser feita através de medições, exame visual e/ou utilizando instrumentos diversos.

Os tipos usuais de estrutura organizacional da Manutenção estão mostrados a seguir:

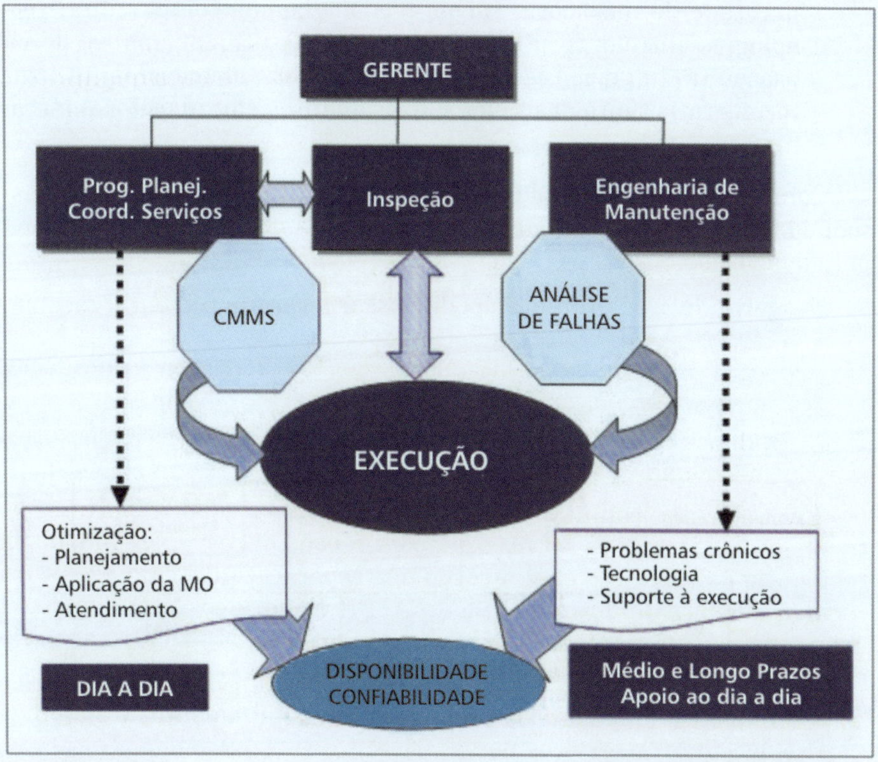


Figura 6.2 – Atribuições e relacionamento na estrutura da Manutenção

### *Estrutura Centralizada*

É muito aplicada em plantas industriais compactas, que envolvem muitos especialistas, como as refinarias de petróleo com projeto integrado. Nesses casos existe uma única gerência de Manutenção, que controla todas as atividades, quais sejam:

- Engenharia de Manutenção.
- Documentação técnica: desenhos, catálogos, normas, procedimentos.
- Contratação de serviços de terceiros.
- Materiais e Ferramentaria.

As vantagens dessa estrutura são:

- Trabalhar com um efetivo menor.
- Manter o domínio tecnológico da atividade de Manutenção, a capacidade de incorporar novas tecnologias, de compartilhar tecnologias entre especialistas. Por exemplo: utilizar análise de vibração tanto pelos mecânicos quanto pelos eletricistas; utilizar termografia tanto pelos eletricistas quanto pelos inspetores metalúrgicos.

Como desvantagem está o risco de afastar os mantenedores do pessoal da Operação, com a criação de um feudo desfocado da razão principal do negócio.

Exagerando, a Manutenção pode passar a ser um fim em si mesma.

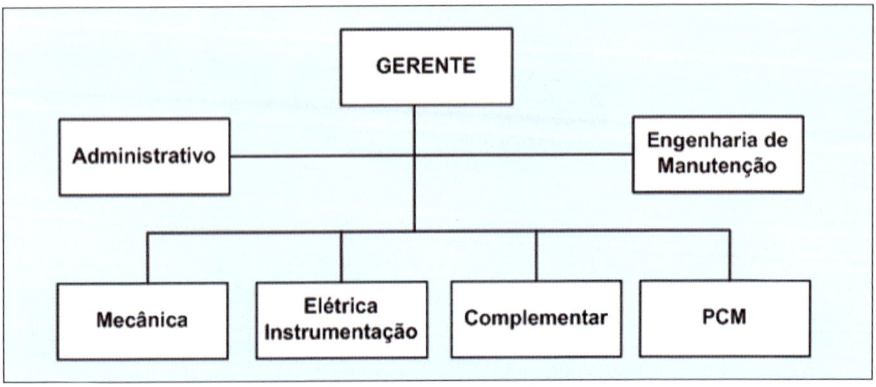


Figura 6.3 – Estrutura Centralizada

## Estrutura Descentralizada

Nessa formatação, os oficiais especializados executantes, supervisores e núcleo do PCM ficam ligados diretamente à Produção, mantendo-se a Engenharia de Manutenção Centralizada.

O pessoal é subordinado hierarquicamente à Produção e tem subordinação técnica ao grupamento de Engenharia de Manutenção, que detém o *know-how* de Manutenção.

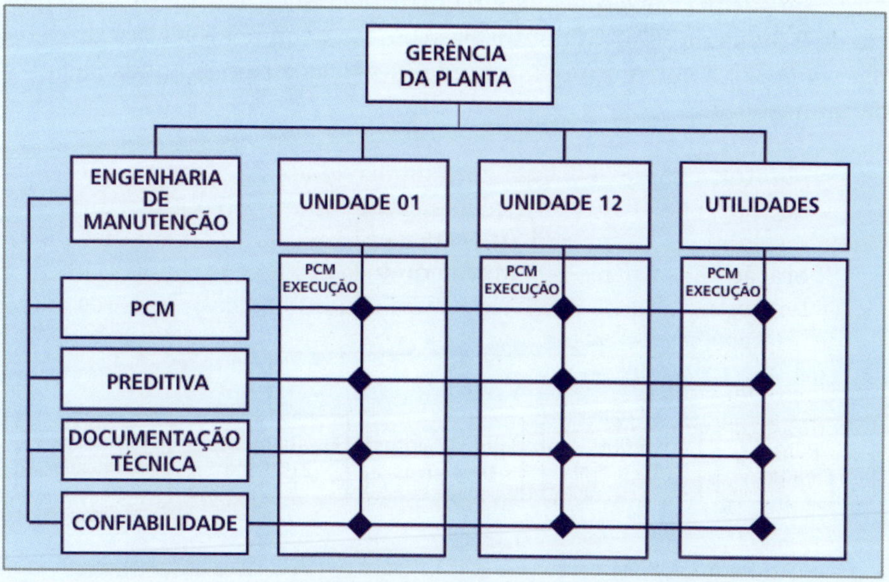


Figura 6.4 – Estrutura Descentralizada de Manutenção

Como vantagem, aproxima os executantes da Produção, levando-os a um domínio do processo industrial.

Como risco, existe a tendência de se concentrar muito no dia a dia das Unidades, perdendo a possibilidade de incorporar novas tecnologias, deixando em segundo plano as atividades de Inspeção, Preditiva, assim como os programas de treinamento e desenvolvimento de pessoal.

Nesse caso o pessoal de Manutenção tende a se sentir menos valorizado diante do pessoal da Operação.

Em usinas siderúrgicas é comum a existência de um grupamento denominado Manutenção Central, que além de congregar oficinas de usinagem e outras facilidades, possui um *pool* de mão de obra que permite a realização de serviços de vulto nas diversas unidades.

## Planejamento de Paradas de Manutenção

Em determinados tipos de indústria, como refinarias ou plantas petroquímicas e fábricas de papel e celulose, nas quais a operação é contínua por períodos que variam entre 1 e 3 anos, é comum a existência de 2 áreas de Planejamento (PCM). Uma atua nos serviços do dia a dia enquanto a outra atua em grandes serviços ou em grandes paradas de manutenção.

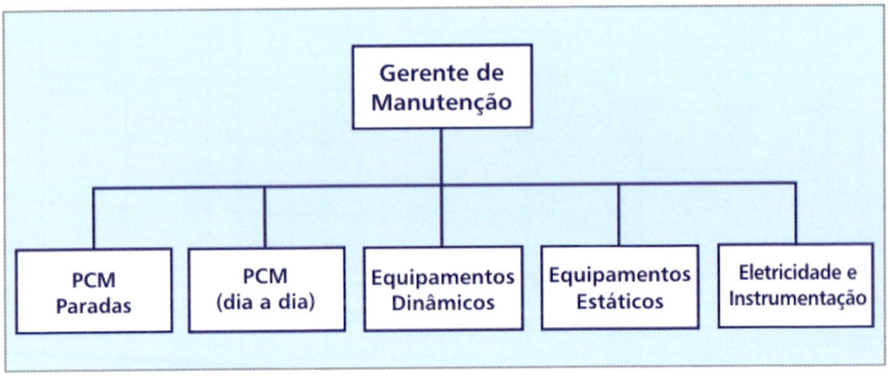


Figura 6.5 – PCM para o dia a dia e para paradas de manutenção

## Equipes Autogerenciáveis ou Times

Em diversas organizações tem sido adotada a prática de equipes autogerenciáveis, que é um aperfeiçoamento de equipes alocadas a determinadas áreas ou plantas.

O tipo de estrutura adotado na organização não é o fator determinante de sucesso ou fracasso no resultado da Manutenção. Independentemente da estrutura organizacional adotada, trabalhando de modo sistêmico, orientado pelas diretrizes, com disciplina e perseverança os resultados serão alcançados.

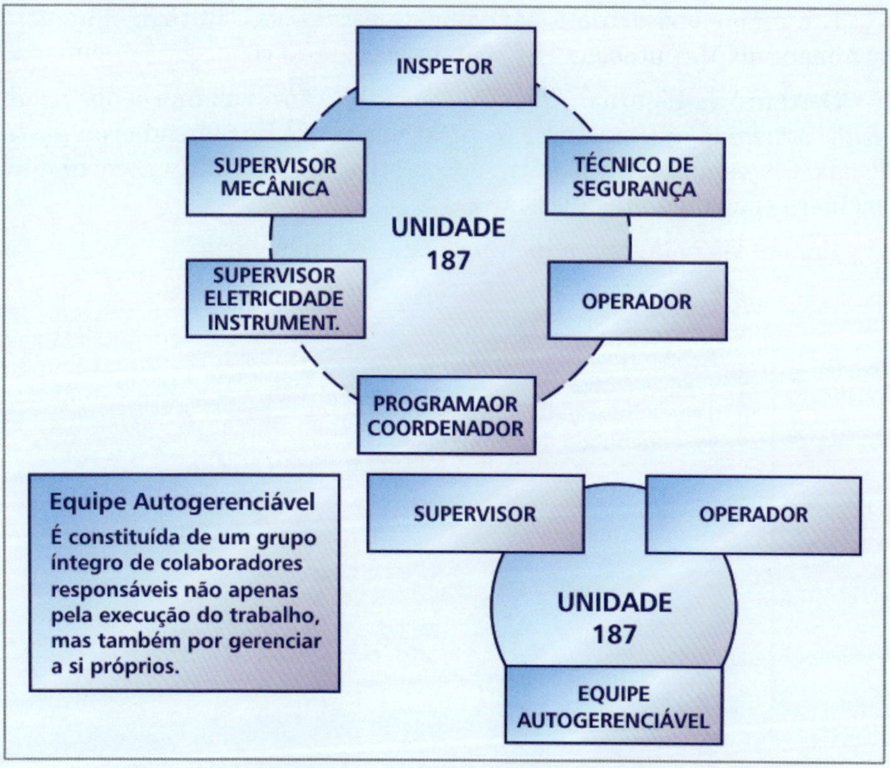


Figura 6.6 – Equipes Autogerenciáveis

## *Engenharia de Manutenção*

"É a segunda quebra de paradigma na Manutenção. Praticar a Engenharia de Manutenção significa uma mudança cultural."[1]

É deixar de ficar consertando continuadamente para procurar as causas básicas, modificar situações permanentes de mau desempenho, deixar de conviver com problemas crônicos, melhorar padrões e sistemáticas, desenvolver a manutenibilidade, dar *feedback* ao Projeto, interferir tecnicamente nas compras.

Engenharia de Manutenção significa perseguir *benchmarks*, aplicar técnicas modernas, estar nivelado com a manutenção do Primeiro Mundo.[1] Alguém que esteja praticando Manutenção Corretiva Não-planejada terá um longo caminho a percorrer para chegar a praticar Engenharia de Manutenção.

E o maior obstáculo a ser vencido estará na "cultura" que está sedimentada nas pessoas.

O gráfico da Figura 6.7 mostra uma evolução ou melhoria nos resultados à medida que melhores técnicas vão sendo introduzidas ou praticadas. Convém notar que entre a Corretiva e a Preventiva ocorre uma melhora contínua, mas discreta.

Em outras palavras, a inclinação da reta não varia.

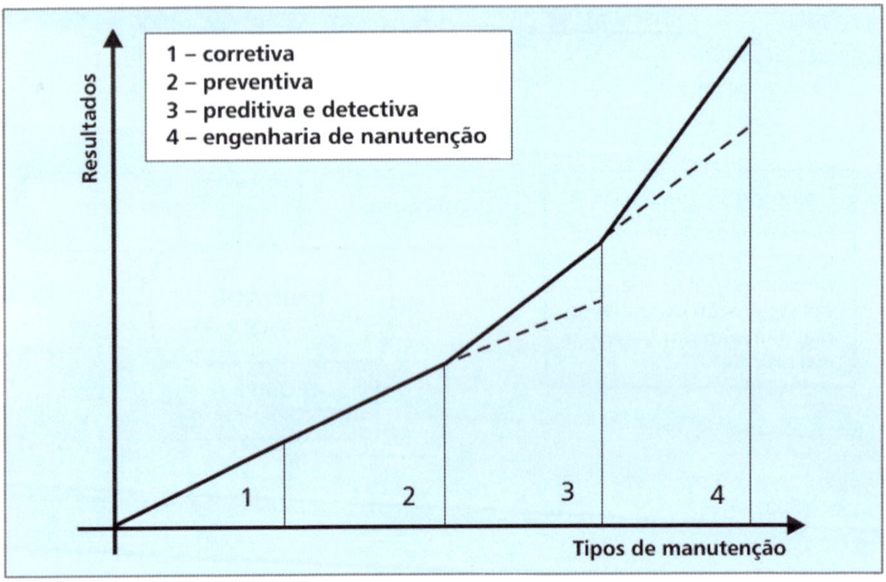


Figura 6.7 – Resultados × Tipos de Manutenção[1]

Entretanto, quando se muda de Preventiva para Preditiva, ocorre um salto positivo nos resultados, função da 1ª quebra de paradigma. Salto mais significativo ocorre quando se adota a Engenharia de Manutenção. A Engenharia de Manutenção utiliza dados adquiridos pela Manutenção, para melhorar sempre.

Se a Manutenção estiver vivendo o estágio de intervir corretivamente nas plantas, comandada pela quebra aleatória dos equipamentos, certamente não estará fazendo Manutenção Preditiva. E, infelizmente, com muito mais razão não terá alguém nem tempo para pensar em Engenharia de Manutenção.

# 7. Interfaces

**As Interfaces mal resolvidas dentro de uma organização atuam como obstáculos para obtenção dos resultados.**

## 7.1. Conceituação

Como descrito em 1.2, as organizações são constituídas por diversas áreas distintas. Essas áreas ou segmentos se constituem no suporte para o funcionamento da organização, cumprimento da sua Missão e busca da melhoria estabelecida na Visão.

Os processos de Gestão das Organizações, sejam quais forem, dependem:

- Do comprometimento da alta direção e das gerências.
- De um processo estruturado e sistematizado com planos de ação, indicadores, prazos e responsáveis.
- Da participação de todos os segmentos da organização com esforços alinhados para que sejam alcançadas as metas estabelecidas.

Os resultados das organizações são fruto do trabalho conjunto, ou seja, do trabalho que cada área desenvolve com foco nas metas definidas pela alta gerência.

Dessa forma, a meta de reduzir em 5% o custo do barril de petróleo processado em uma refinaria somente será obtida através do somatório dos esforços das diversas áreas nessa direção.

As diversas atividades que compõem a estrutura organizacional da empresa apresentam relacionamentos diretos ou indiretos.

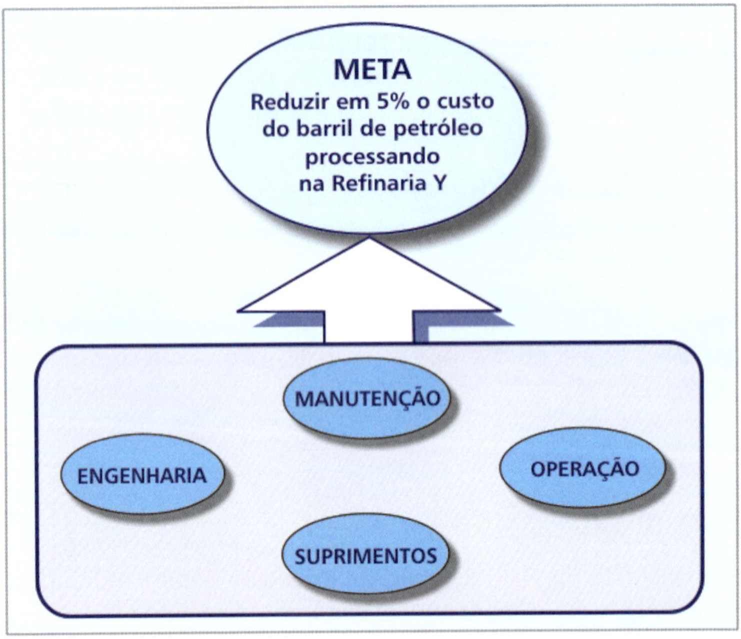


Figura 7.1 – Somatório de esforços para atingir a meta estabelecida

Os relacionamentos diretos são aqueles em que há uma relação fornecedor-cliente. Nesse caso, o desempenho do fornecedor afeta diretamente os resultados do cliente.

O relacionamento indireto é aquele no qual o desempenho de uma área pode afetar outra, mas isso não representa um fornecimento ou gera uma cobrança direta. A cobrança, por exemplo, chegará através de uma terceira área. Exemplo típico é a relação entre a Manutenção e a Área Comercial. Se os resultados de disponibilidade da Planta forem ruins por causa da Manutenção, a Operação será afetada diretamente. Contudo, a Área Comercial será afetada indiretamente por esse problema.

Exemplos:

| Área 1 | | Área 2 | | Relacionamento |
|---|---|---|---|---|
| **Manutenção** | Fornecedor | **Operação** | Cliente | Direto |
| **Suprimentos** | Fornecedor | **Manutenção** | Cliente | Direto |
| **Comercial** | | **Manutenção** | | Indireto |
| **Engenharia** | Fornecedor | **Manutenção** | Cliente | Direto |

Pelo fato de serem áreas distintas, com formação e especialidades diferentes, o modo de ver e interpretar os desafios também não é igual. Esses aspectos associados à inexistência ou às falhas na definição das atribuições das diversas áreas provocam o que se denomina "problemas de interface".

A interface pode ser definida como a zona de fronteira entre dois segmentos da organização.

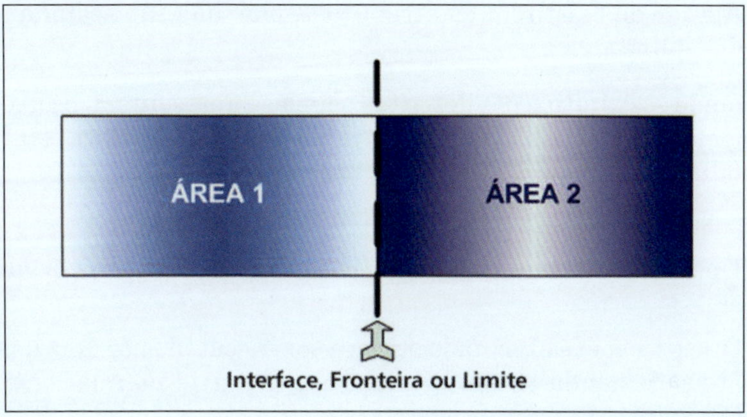


Figura 7.2 – Interface, fronteira ou limite

O que estipula o limite ou a fronteira entre duas ou mais áreas de uma organização são as atribuições. Obviamente que essas atribuições devem estar escritas e ligadas ao organograma que define a estrutura organizacional.

O documento que define as atribuições e faz o tratamento das interfaces é o Padrão de Sistema que está em nível estratégico na organização. Por ser um documento desse nível hierárquico, o seu cumprimento não é opcional, mas obrigatório.

Tanto mais clara será essa definição de limites, quanto mais bem elaboradas forem as atribuições de cada área. Evidentemente que o funcionamento das empresas que têm essas atribuições definidas e frequentemente revisadas se desenvolve sem atritos e com eficácia. Isso é fundamental para alcançar os resultados.

No entanto, algumas distorções no modelo que seria o ideal são comumente observadas:

- A estrutura organizacional não é claramente definida ou divulgada.
- Muitas vezes as atribuições não são bem definidas.
- Mesmo em empresas organizadas, as modificações na estrutura nem sempre são devidamente divulgadas.
- Nem sempre as modificações estruturais têm a correspondente modificação na definição de atribuições.
- Apesar de existirem as atribuições, elas não são seguidas (falta disciplina).

Quando essas situações descritas acima se apresentam, ocorre o que se denomina de "zonas cinzentas", "problemas de interface" ou "interface maltratada".

Isso gera as seguintes situações:

- Uma área julga que aquela atribuição é da outra área (e vice-versa).
- O serviço não é executado ou para ser executado por uma das duas áreas demanda longas discussões e desgaste no relacionamento interpessoal.
- Os resultados esperados não são alcançados por falhas no desenvolvimento dos serviços.
- Os prejuízos decorrentes dessas situações podem se manifestar nos curto, médio e longo prazos.

As interfaces sempre existirão e mesmo que as empresas sejam organizadas, novas situações sempre exigirão que os profissionais se empenhem para que elas sejam bem tratadas ou resolvidas.

Em relação à Manutenção, adotando uma generalização para a maioria das organizações, as principais interfaces se dão com a Operação, Suprimentos e Engenharia de Projetos.

Além das interfaces internas à organização, existem outras interfaces oriundas de relações entre as áreas da organização e os prestadores de serviço que trabalham continuamente no *site* ou nas instalações. Do mesmo modo que nos relacionamentos entre áreas próprias, estabelece-se uma convivência diária e os resultados dos trabalhos são influenciados por esse relacionamento ou por essas interfaces.

Figura 7.3 – Interface bem definida e mal definida.

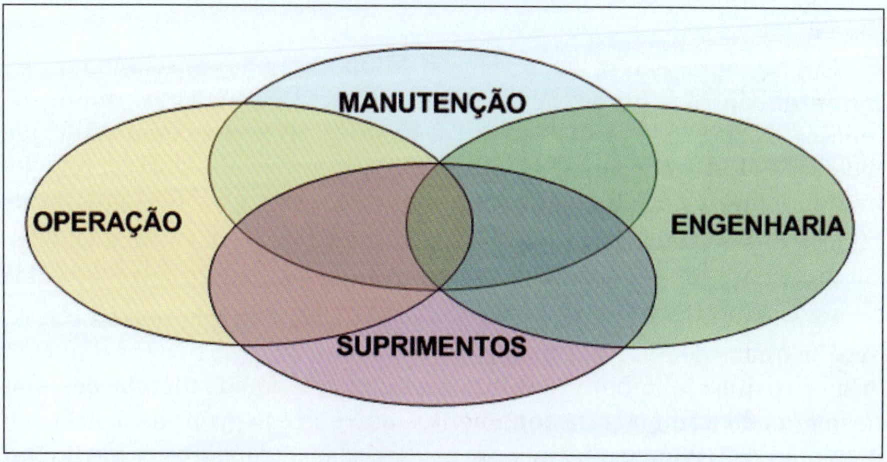


Figura 7.4 – Principais interfaces da Manutenção

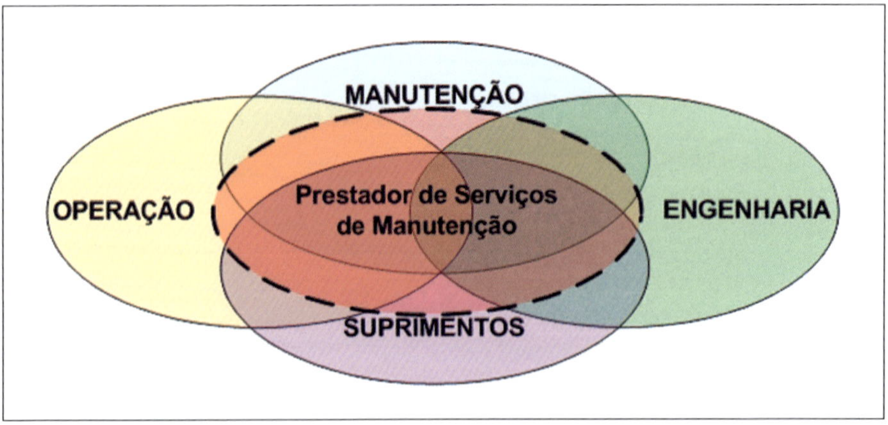


Figura 7.5 – Interfaces de um prestador de serviço da Manutenção

Em empresas em que as interfaces estão bem definidas e praticadas, a Engenharia de Manutenção tem entre as suas atribuições, a responsabilidade de representar a Manutenção na solução e na permanência da estabilidade dessas interfaces.

## 7.2. INTERFACE MANUTENÇÃO-SUPRIMENTOS

A área de Material é a maior fornecedora da Manutenção, que depende de materiais de consumo, sobressalentes e materiais específicos para substituição em paradas, *revamps* (revisão e ampliação das instalações) ou *renews*.

Em algumas empresas, a relação se faz entre as especialidades de manutenção com um setor ou departamento de material ou suprimentos. Nesse caso, a relação entre as duas áreas funciona conforme mostrado no fluxograma da Figura 7.6, que, apesar de conter o relacionamento diário básico entre essas duas áreas, foi simplificado para servir de exemplo.

Vamos analisar quatro pontos dessa interface, representados pelos hexágonos pretos com letras brancas:

**A**

RECOMENDAÇÃO DE ESTOQUE – é atribuição da Manutenção que detém o conhecimento técnico. A recomendação de estoque, enviada a Suprimentos, deve conter:

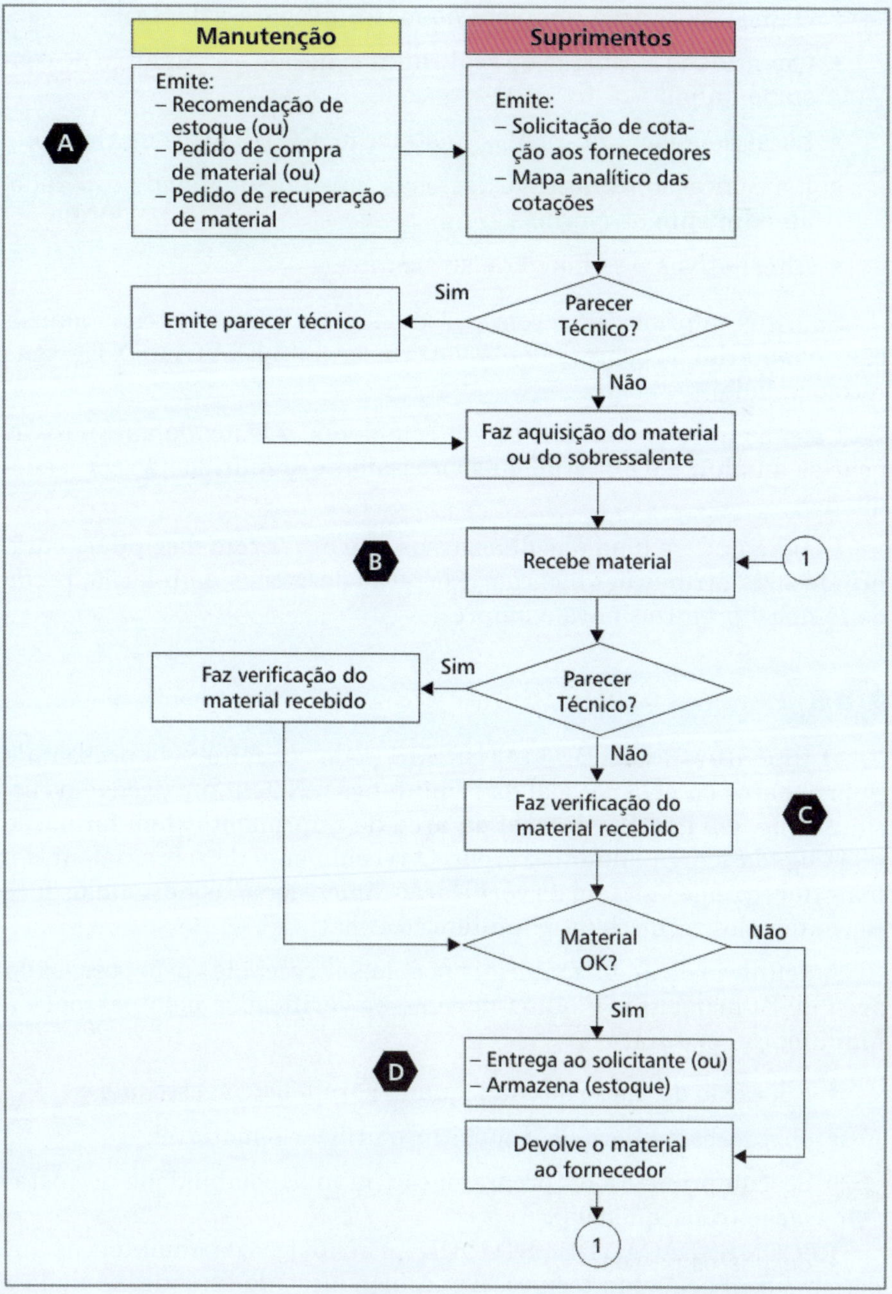


Figura 7.6 – Fluxograma da interface Manutenção-Suprimentos

- O quê – descrição completa do material/sobressalente.
- Quantidade – estoque de segurança sugerido e estimativa de consumo anual.
- Local de aplicação – TAGs, instalação, CC (Centros de Custo).
- Especificação técnica – exigências, nível de qualidade esperado, atendimento às Normas.
- Alternativas – se houver e se aceitáveis.

Se essas informações forem passadas para Suprimentos, a aquisição do material ou sobressalente deverá ser feita EXATAMENTE como recomendada.

Caso as informações não sejam completas, o leque de alternativas pode se ampliar e o material ou sobressalente adquirido não ser o adequado.

Repare que, se uma das duas áreas não atuar com disciplina, cumprindo suas atribuições básicas, ocorrerão desgastes na relação, perda de tempo e prejuízos para a empresa.

O RECEBIMENTO DE MATERIAIS pode ser feito pelo pessoal de Suprimentos ou pelo pessoal da Manutenção. No entanto, convém ressaltar que, em geral, o pessoal da área de Suprimentos tem formação mais ligada à área administrativa. O recebimento de sobressalentes e materiais que necessitam de verificação dimensional, por exemplo, deve ser feito pelos técnicos da Manutenção.

A definição de quais materiais podem ser recebidos pelo pessoal da área de Suprimentos e quais devem ser verificados pelo pessoal da Manutenção evitará:

- colocação de material inadequado para o uso no estoque;
- surpresas na hora de requisitar e utilizar o material;
- descumprimento da programação ou indisponibilidade da instalação (consequência);
- desgastes pessoais;
- prejuízos para a empresa.

D

O ARMAZENAMENTO é uma atribuição de Suprimentos em muitas empresas. Em outras, o material pode ser entregue ao usuário tão logo seja recebido e as providências a partir daí são suas.

No primeiro caso é "consenso" que, sendo essa uma atribuição da área de Suprimentos, a Manutenção pode e deve contribuir. Isso é necessário, seja pela formação do pessoal de Suprimentos que nem sempre é técnica, seja pela impossibilidade de conhecer todos os tipos de materiais e sobressalentes das diversas especialidades.

A atuação conjunta evita as ocorrências de danos aos materiais e sobressalentes em virtude do mau armazenamento.

As consequências são as mesmas já descritas anteriormente.

Cabe à Manutenção orientar, onde se fizer necessário, como devem ser armazenados os materiais e sobressalentes.

Alguns exemplos simples:

- anéis O ("O rings") devem ser armazenados protegidos da exposição à luz;
- eixos compridos e esbeltos devem ser armazenados na posição vertical para que não sofram empeno;
- é exigida climatização para certos tipos de produtos ou sobressalentes (eletrônica).

Em algumas organizações o relacionamento entre as áreas de Manutenção e Materiais tem a formatação demonstrada na Figura 7.7 a seguir.

Obviamente, tudo o que foi dito para a situação mostrada anteriormente é válido neste caso. Contudo, devem-se ter alguns cuidados adicionais:

- a existência da atividade de Aprovisionamento/Diligenciamento significa mais uma interface entre o usuário e o suprimento;
- o Aprovisionamento, como órgão do Planejamento, deve estar atento aos aspectos de otimização dos recursos (materiais) e à uniformização das especificações técnicas.

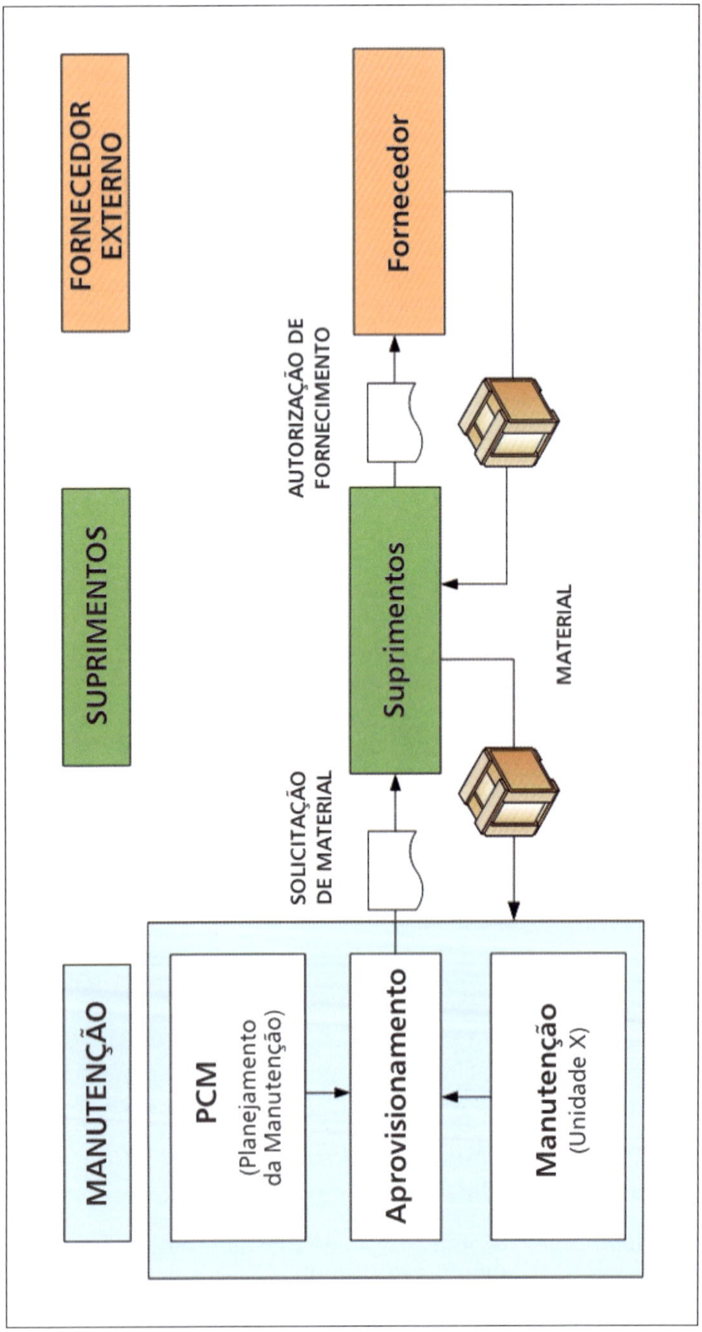


Figura 7.7 – Interface Manutenção e Suprimentos

## 7.3. Interface Manutenção-Engenharia

Nas instalações industriais, a interface Manutenção-Engenharia ocorre na maioria das fases de um empreendimento ou obra. Essa interface ocorre nas seguintes situações:

- Projeto, Construção, Montagem e Colocação em Operação de uma nova planta industrial (uma fábrica de cimento ou uma usina de álcool, por exemplo).
- Projeto, Aquisição, Montagem e Colocação em Operação de uma nova Unidade Operacional (Unidade de Craqueamento Catalítico em uma refinaria, novo forno de cimento, por exemplo).
- Projeto, Aquisição, Montagem e Colocação em Operação de um novo equipamento para substituir um equipamento existente ou aumentar a capacidade produtiva (instalação de nova prensa em uma indústria cerâmica, instalação de duas novas células em uma torre de refrigeração industrial, por exemplo).
- Projeto, Aquisição de Materiais, Contratação de Serviços e Execução durante paradas – de modificações nos equipamentos existentes (modificação dos intermos de torres em unidades petroquímicas, modificação de fornos, por exemplo).

As principais atividades de Engenharia nos novos projetos de complexos industriais ou instalações são:

- Projeto de processo ou plano diretor.
- Orçamentação.
- Aprovação.
- Detalhamento.
- Seleção de equipamentos e aquisição de sobressalentes.
- Contratação da montagem.
- Fiscalização da montagem.
- Treinamento da Produção e da Manutenção.
- Documentação técnica e *as-built*.
- Comissionamento de partida.
- Partida (*Start-up*).
- Controle do Relatório de Pendências.
- Entrega da planta ou instalação para operação.

Todas as fases (do projeto) são atribuições da Engenharia, ou seja, desde a concepção até a entrada em operação. Isso pode ser feito com equipe própria ou contratando parte desses serviços, notadamente a montagem.

Atualmente as contratadoras adotam o modelo de EPC (*engineering – procurement – construction*) no qual passam a uma empresa ou a um consórcio de empresas contratadas a responsabilidde total pelo projeto, aquisição, construção e montagem e colocação em operação.

Além disso, as interfaces da Engenharia não se limitam à Manutenção. Em qualquer projeto, nova obra ou *renew* (*revamp* ou restauração) estarão presentes interfaces com as seguintes áreas:

- Operação.
- Suprimentos.
- Segurança.
- Meio ambiente.
- Recursos humanos.
- Financeiro.

Desse modo, mesmo que as atribuições sejam da Engenharia, os projetos/obras serão tanto melhores ou mais adequados, quanto maior e mais efetiva for a participação das áreas que fazem interface com a Engenharia.

No caso específico da Manutenção, a participação nas diversas fases do projeto/obra está indicada na tabela a seguir:

| Atividades* | Participação da Manutenção |
|---|---|
| **Projeto de processo ou Plano diretor** | Nenhuma. |
| **Orçamentação** | Praticamente nenhuma. |
| **Detalhamento** | Analisar os desenhos e especificações de modo a:<br>• conhecer o projeto;<br>• observar o cumprimento de Normas Técnicas;<br>• verificar aspectos ligados à manutenibilidade. |
| **Seleção de equipamentos e definição de sobressalentes do dia a dia** | • Fornecer a experiência acumulada nas atuações.<br>• Definir sobressalentes (justificando os necessários e eliminando itens desnecessários que por vezes são recomendados pelos fabricantes aos projetistas). |

*continua*

| Atividades* | Participação da Manutenção |
|---|---|
| **Contratação da montagem** | Praticamente nenhuma. |
| **Fiscalização da montagem** | A fiscalização da montagem é atribuição da Engenharia.<br>A Manutenção deve montar um esquema de acompanhamento da evolução da montagem de modo a:<br>• conhecer a nova instalação;<br>• verificar, baseada na sua experiência, possíveis desvios de montagem;<br>• comunicar suas observações à Engenharia de modo formal;<br>• aproveitar para treinar seus funcionários.<br>A Manutenção não deve interferir diretamente na Fiscalização e Montadora. Todos os contatos devem ser feitos com a Engenharia. |
| **Treinamento da Operação e Manutenção** | Quando couber, deve ser feito o treinamento dos operadores e mantenedores nos equipamentos, instalações e sistemas. |
| **Documentação Técnica e *as built*** | Responsabilidade exclusiva da Engenharia.<br>A Manutenção deve cobrar dentro do cronograma estabelecido. |
| **Comissionamento** | Comissionamento é a preparação da instalação para início de operação.<br>A coordenação é atribuição da Engenharia mas a Manutenção deve participar. |
| **Partida, *Start-up* ou Início de Operação** | Significa o início da capacidade produtiva da instalação. A Manutenção, que já estava participando efetivamente desde o Comissionamento, assume suas funções rotineiras. |
| **Relatório de Pendências** | Em qualquer projeto/obra sempre teremos pendências que ficarão para ser resolvidas após a entrada em operação (ou não). O Relatório de Pendências, coordenado pela Engenharia, deve ter a participação da Manutenção através das observações que foram levadas e efeito em todas as fases anteriores e ainda se constituem pendências em relação à expectativa inicial. |

* Em ordem cronológica.

A Figura 7.8, a seguir, apresenta um fluxograma simplificado das atividades que compõem a interface Engenharia, Manutenção, Operação, Segurança.

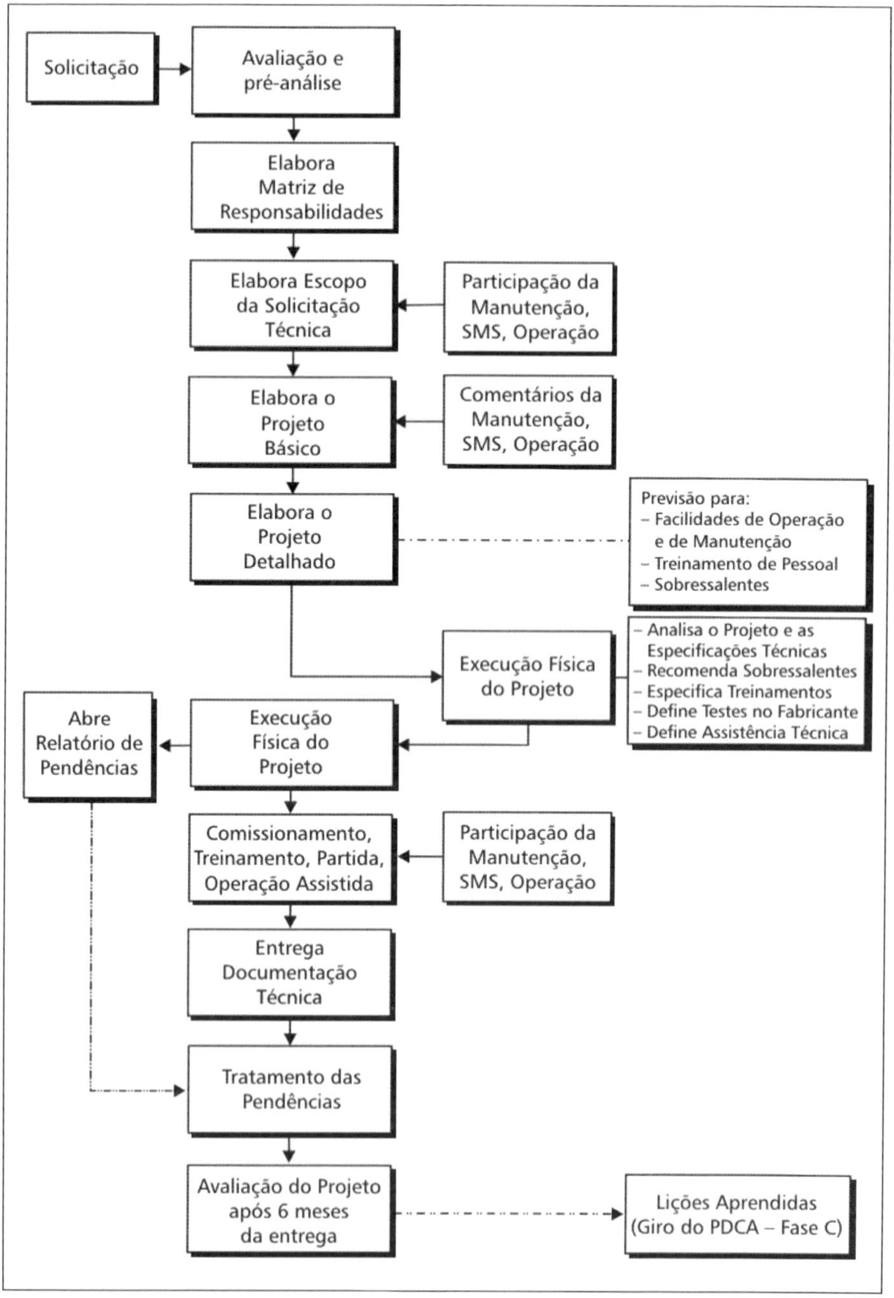


Figura 7.8 – Fluxograma simplificado da interface Manutenção e Engenharia

Apesar de esse envolvimento parecer extremamente óbvio, constata-se que em um grande número de empresas as diversas áreas trabalham de modo estanque. No caso de novos projetos de engenharia esse distanciamento ou falta de participação ocorrem numa frequência elevada e indesejável.

Como consequência:

- os resultados de desempenho ficam abaixo daqueles esperados pela Operação;
- a disponibilidade e a confiabilidade são negativamente afetadas pela seleção inadequada de equipamentos e sobressalentes, que é tanto mais possível quanto menor for a participação da Operação e da Manutenção;
- a manutenibilidade é negligenciada por causa de custos ou não levada em consideração pela falta de experiência de campo dos projetistas lotados na Engenharia. Logicamente o aumento no Tempo Médio para Reparo associado à indisponibilidade do equipamento ou instalação mostra que a economia inicial em prejuízo da manutenibilidade em grande parte não compensa;
- aspectos relacionados com a segurança pessoal e da instalação dependem cada vez mais de uma análise geral e multifuncional em virtude dos diversos aspectos envolvidos.

Algumas considerações baseadas em experiências consagradas são:

- Sempre que possível deve ser levada em conta a padronização com outros equipamentos do mesmo projeto ou já instalados na planta, objetivando a redução de estoque de sobressalentes e facilidades de operação e manutenção.
- O acompanhamento da fabricação e testes para os equipamentos e sistemas mais importantes ou críticos é um fator importante que deve ser considerado na previsão de custos do projeto.
- As fases de instalação e montagem devem prever a utilização de melhores práticas e entregues para empresas capacitadas, de modo que não sejam inseridos pontos potenciais de falhas que se revelarão quando da partida e do início de produção das unidades.
- O relatório de pendências, alimentado pelas observações de todas as áreas que participaram do projeto, deve ter tratamento, para que as principais pendências sejam imediatamente eliminadas e as demais tratadas de acordo com sua importância associada à disponibilidade de recursos.

Finalmente convém ressaltar que correções feitas nas primeiras fases do projeto, além de serem quase sempre viáveis no aspecto de engenharia, representam um custo muito baixo.

O gráfico da Figura 7.9 (Barringer, 1997 e Moore, 2004) mostra a relação entre a tendência de comprometimento e a de gastos nas diversas fases de um projeto.

As curvas do gráfico indicam que:

- O dinheiro comprometido nas primeiras fases é extremamente alto. Assim, caso algo deva ser feito em relação à Confiabilidade e à Manutenibilidade que seja nessa etapa.
- Apenas 5% do total podem ser comprometidos nas fases de Manutenção e Operação.
- A curva em verde indica que as oportunidades para melhoria estão obviamente nas primeiras etapas.
- Usualmente os custos de operação, manutenção e disposição excedem todos os outros custos muitas vezes – 2 a 22 vezes. Isso pode ser visto na curva vermelha. Blanchard relata que 60 a 75% do Custo do LCC – Custo do Ciclo de Vida (aplicado) estão relacionados com manutenção e operação, ficando 25 a 40% para custos de aquisição.

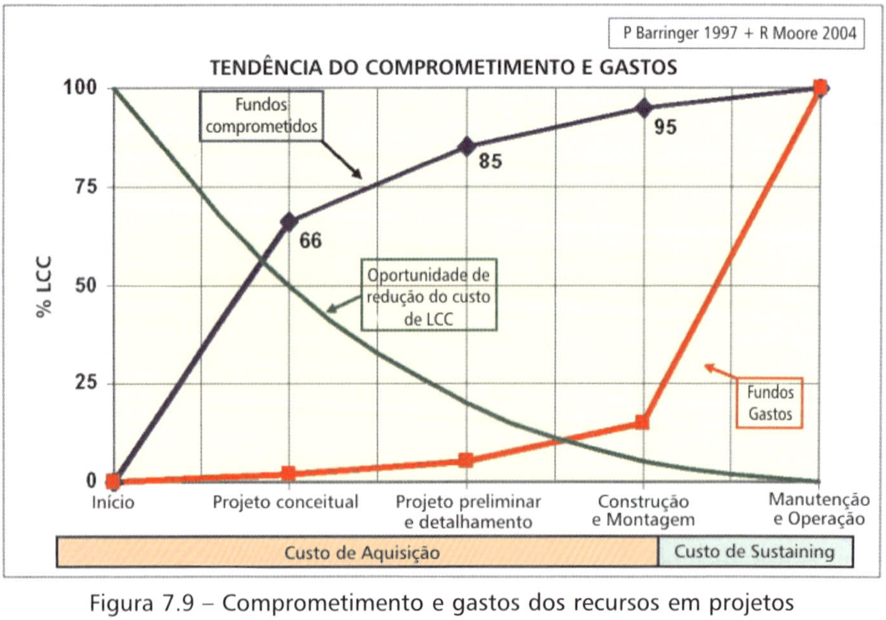


Figura 7.9 – Comprometimento e gastos dos recursos em projetos

A SAE – *Society for Automotive Engineers* recomenda esforços de engenharia que incluam melhoria nos cálculos de confiabilidade e manutenibilidade, permitindo que sejam alcançados menores custos de LCC. A SAE entende que a melhoria da CONFIABILIDADE visa aumentar a produtividade e a produção através de projetos que evitem falhas. Isso redunda em menores custos de produção.

Em relação à manutenibilidade, a SAE entende que equipamentos mais confiáveis, livres de falhas, podem ser reparados mais rapidamente e de modo mais seguro para reduzir paradas (*downtime*).

Nas indústrias petroquímicas e refinarias tanto a confiabilidade como a manutenibilidade estão crescendo. Infelizmente grande parte dos esforços nessas duas áreas vem após o projeto de engenharia. ***Quando as ações de confiabilidade e manutenibilidade (R&M) chegam atrasadas ou se deixa de ganhar ou se gasta mais.***

Outra concepção geralmente subestimada durante o processo de compra dos equipamentos é que a mortalidade infantil ou falhas precoces estão embutidas no *life cycle cost* do equipamento.

Alguns estudos indicam que falhas precoces podem representar 68% das falhas dos equipamentos. Por causa disso, as especificações devem conter recomendações para que seja feita uma verificação mínima após a instalação. Para equipamentos maiores, ou críticos, o fornecedor deve proceder a um teste antes do embarque, bem como fornecer toda a documentação relativa e necessária. O equipamento deve ser retestado após sua instalação no campo, de modo a verificar se houve algum dano durante o transporte e o armazenamento.

Após a entrada em operação, todas as ocorrências de falhas, baixo rendimento e até capacidade de produção aquém das especificações, costumam ser atribuídas à Manutenção. No entanto, uma análise mais apurada da planta pode indicar que a instalação foi projetada e construída segundo uma filosofia de menor custo. Como consequência, foram utilizados materiais menos resistentes à corrosão ou erosão, bases de equipamentos estruturalmente frágeis e não isoladas de outras, o que facilita a transmissão de vibração, tubulações malsuportadas ou ancoradas em outros equipamentos, dentre outros (por exemplo).

Nessa situação, o passivo que a Manutenção "herda" é tremendamente alto, pois lhe é passado o ônus de corrigir ou minimizar esses problemas, que redundam em paradas não programadas com alta frequência de ocorrências.

## 7.4. INTERFACE MANUTENÇÃO-OPERAÇÃO

Como mencionado anteriormente, conceitua-se Produção como sendo o somatório de MANUTENÇÃO + OPERAÇÃO.

Dessas duas áreas distintas obtém-se a geração de produtos e/ou serviços no dia a dia. Por isso, podemos afirmar que essa interface é A INTERFACE, que pode gerar muitos lucros ou muitos prejuízos.

Inexplicavelmente, ainda se pode observar em algumas organizações uma postura reativa de uma área em relação à outra. São na realidade dois aliados que permanecem em guerra contínua. Isso pode parecer paradoxal mas, infelizmente, não é.

| **A primeira providência é trabalhar em conjunto.** |
|---|

Para que isso aconteça é fundamental que as gerências demonstrem para todo o pessoal:

- a importância para a empresa;
- a disciplina.

Afirmações do tipo "A MANUTENÇÃO ATRAPALHA A PRODUÇÃO" só fazem sentido em um ambiente em que os esforços das duas áreas não são compartilhados. Sob essa ótica egoísta pode-se afirmar que a Operação também atrapalha a Produção desde que *nem todas as indisponibilidades* da instalação ocorrem por culpa da Manutenção. Operações desastradas podem provocar grandes indisponibilidades com custos elevados.

Por isso, a atuação gerencial no sentido de criar uma cultura de trabalho em conjunto é tão importante.

Algumas iniciativas são fundamentais para essa mudança de cultura em busca da melhoria dos resultados:

- Incentivar o conhecimento (mais aprofundado) do dia a dia da Operação pelos mantenedores e da Manutenção pelos operadores. Esse programa deve privilegiar alguns funcionários, principalmente os planejadores e programadores, os formadores ou influenciadores de opinião, alguns supervisores e gerentes.
- Formar times de análise de falhas com a participação de pessoal da Operação e da Manutenção. As experiências levadas a efeito em diversas empresas apresentaram resultados excelentes. Além

de ocorrer um desenvolvimento de todo o grupo pela divulgação e incorporação de novos conhecimentos (de ambos os lados), cria-se um ambiente favorável para novas discussões e resolução de problemas. Além disso, o relacionamento pessoal é afetado favoravelmente.

- Todo Planejamento de Manutenção (Planos de 52 semanas) deve ser discutido com a Operação, de modo que ela seja cúmplice de sua execução.
- Em algumas empresas há a figura do Operador de Manutenção que faz a ligação entre a Planta ou Unidade de uma Planta com o Planejamento da Manutenção. Em outras empresas, como ferrovias, existe a figura do *Help Desk*, que é um elemento da Manutenção atuando junto ao CCO (Centro de Controle Operacional). A existência dos dois se justifica pela necessidade de que essa interação seja constante de modo a permitir que se obtenha o melhor resultado da instalação (ou dos ativos).

A interface Manutenção-Operação representa a relação entre um fornecedor (Manutenção) e seu cliente principal (Operação). A área da Manutenção que se relaciona mais diretamente com a Operação é o Planejamento (PCM – Planejamento e Controle da Manutenção). Por ser de relacionamento muito frequente e impactar os resultados da produção de modo direto e imediato, os problemas nessa interface não podem aguardar. A solução requerida é sempre imediata mesmo que tenha que envolver níveis gerenciais mais altos.

## 7.5. Interfaces com Prestadores de Serviço

Como mencionado anteriormente, as interfaces entre as empresas prestadoras de serviço, que atuam continuamente no *site* das empresas tomadoras, deve ter um tratamento adequado.

O principal instrumento para definição do *modus operandi* é o CONTRATO. Além de definir a relação comercial entre as duas partes, o CONTRATO pode conter tantos anexos quantos necessários à completa definição do relacionamento, direitos e deveres das duas partes.

Assim, o contrato pode conter os seguintes anexos (dentre outros):

- Anexo de SMS (Segurança, Meio Ambiente e Saúde).

- Anexo Técnico: relacionado à execução dos serviços, certificação de pessoal, estruturação organizacional, ferramentas e instrumentos de medição/inspeção...
- Anexo de Qualidade: relacionado ao sistema de qualidade da empresa e atendimento a Normas Regulamentadoras específicas.
- Anexo Interfaces-Relacionamento: define as atribuições, nível de relacionamento, exigências e definições como:
  - ✓ credenciamento para pedido de liberação à Operação;
  - ✓ credenciamento para Requisição de Ferramentas;
  - ✓ credenciamento para Materiais e Sobressalentes;
  - ✓ responsáveis pelas áreas de contato na organização e na contratada;
  - ✓ atuação em situações fora do horário administrativo.

Figura 7.10 – Interfaces de um Prestador de Serviços com as diversas áreas da Contratante

A figura acima ilustra as diversas interfaces que existem entre uma empresa contratada e as diversas áreas da organização.

Em maior ou menor grau, intermediadas pela Manutenção (no caso a gestora do contrato), essas interfaces existirão e devem:

- ser previstas antes da contratação;
- ser tratadas no início do contrato caso não tenham sido previstas com antecedência;
- ter os desvios e impactos nos resultados relatados e discutidos para correção e evitar reincidência.

## 7.6. Interfaces Diversas

Além das interfaces descritas anteriormente, é possível nos depararmos com alguns problemas que geram interfaces ou fazem com que as existentes não funcionem bem (e que de modo algum deveriam existir):

- Vaidades pessoais agindo como filtros nas atribuições. "Para tal área vamos fazer esse serviço, mas para aquela não".
- Discussão sobre quem deveria fazer esse ou aquele serviço. "Se motor elétrico é da elétrica, então rolamento do motor elétrico também deve ser".
- Fantasma da perda do poder gera insegurança e descumprimento das normas. "Aqueles caras do planejamento central estão por fora; vamos fazer como sempre nós fizemos, e pronto."

Uma análise instantânea desses três casos revela que, mais do que problemas de interfaces, estamos na presença de descumprimento das atribuições (supondo que elas existam e estejam contidas em um Procedimento de Sistemas). Infelizmente coisas desse tipo acontecem e são verdadeiras "perdas de carga" no fluxo do trabalho.

Existe uma definição que é extremamente simples e objetiva que, se seguida, reduziria sensivelmente os problemas:

| DISCIPLINA É FAZER AQUILO QUE FOI COMBINADO |
|---|

A disciplina é um valor fundamental nas organizações. Qualquer que seja ela, time de futebol, associação cristã de jovens, exército, polícia, empresas, orquestras, etc., todas têm na disciplina a razão do seu sucesso ou bom resultado.

*Uma empresa multinacional da área de petróleo, extremamente organizada, com sede fora do Brasil, tem como ponto de honra o SMS (Segurança, Meio Ambiente e Saúde). A utilização dos EPIs está definida nos procedimentos; é amplamente divulgada através de palestras, reuniões e filmes; é cobrada pelos supervisores, gerentes e colegas de serviço. A utilização dos EPIs pelo funcionário É CONDIÇÃO DE EMPREGO.*

Que reflexão você faz quando relaciona tudo o que foi mencionado olhando a sua empresa?

**OS PADRÕES DE SISTEMA SÃO A CONDIÇÃO NECESSÁRIA PARA O TRATAMENTO DAS INTERFACES.**

# 8. MANUTENÇÃO ORIENTADA PARA RESULTADOS

**Obter resultados:**
**necessidade primordial da ORGANIZAÇÃO.**

## 8.1. INTRODUÇÃO

A Manutenção é uma função estratégica nas organizações, tendo em vista que:

- a PRODUÇÃO só é possível pela coexistência da Operação e da Manutenção;
- o desempenho da Manutenção afeta diretamente a PRODUÇÃO, traduzida pela disponibilidade e confiabilidade dos ativos;
- a capacidade técnica da Manutenção é um suporte fundamental para a performance da área de suprimentos;
- a experiência acumulada na Manutenção é um fator primordial na melhoria dos projetos para novos empreendimentos, melhorias ou modificações através da interface com a Engenharia.

Por essas constatações, depreende-se que o objetivo principal da Manutenção é PRODUZIR RESULTADOS.

No entanto, para que a Manutenção possa ser gerida de modo que isso se torne realidade, algumas condições são fundamentais.

A primeira é garantir que a GESTÃO da Organização entenda e, mais do que isso, esteja convencida da importância da Manutenção no contexto da competitividade e da produtividade. Isso é básico para que as três condições mostradas na Figura 22 do Capítulo 2, estejam satisfeitas, isto é: ESTRUTURA ORGANIZACIONAL ADEQUADA, PESSOAL TREINADO E QUALIFICADO e PLANOS DE AÇÃO ALINHADOS COM A ESTRATÉGIA DA ORGANIZAÇÃO.

Satisfeita essa condição *sine qua non*, é possível projetar o caminho que é a busca da excelência ou da Manutenção Classe Mundial.

Para se atingir a Manutenção Classe Mundial faz-se obrigatório, ao longo de um determinado tempo, evoluir do estágio REATIVO para o estágio CONTROLADOR e, deste último, para o INOVADOR antes de atingir a EXCELÊNCIA (Figura 8.1).

A Figura 8.2 mostra que, na medida em que se desenvolve ou se evolui na manutenção, são obtidos melhores resultados ao longo do tempo.

Para não deixar dúvidas:

| | |
|---|---|
| **REATIVA** | Manutenção que responde às ocorrências. Corre atrás dos fatos consumados. |
| **CONTROLADORA** | Manutenção que não fica "a reboque" dos acontecimentos. Tem o controle da situação obtido através da utilização de práticas como preditiva e detectiva. |
| **INOVADORA** | Condição que só se obtém quando se atingiu a condição de CONTROLADORA e que permite implantação de melhorias, análises, estudos e melhores resultados. O estágio de REATIVA não permite ou não favorece a busca da melhoria ou inovações. |
| **CLASSE MUNDIAL** | Aquela que apresenta resultados comparáveis às melhores do mundo. |

Figura 8.1 – Classificação do *Status* da Manutenção

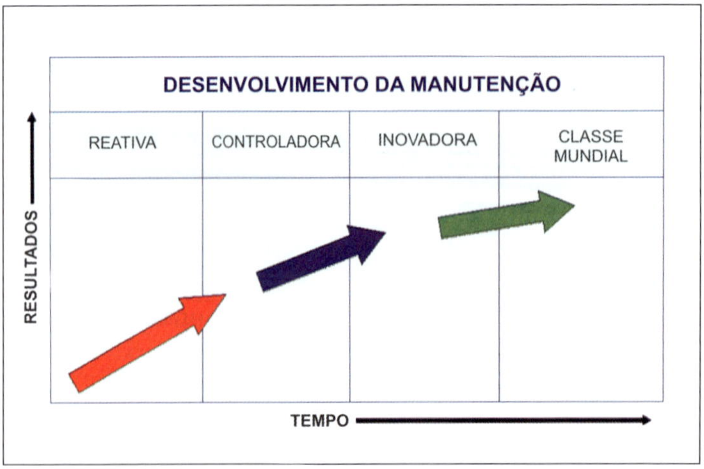


Figura 8.2 – Desenvolvimento da Manutenção

No entanto, a evolução segundo o modelo indicado na Figura 8.2 implica a adoção de um **programa sistematizado** que apresenta os resultados esperados em um intervalo de tempo que varia entre ***3 e 10 anos***, dependendo de onde esteja a Manutenção da empresa ou de uma planta específica.

O programa sistematizado mencionado está indicado na Figura 8.3, que o representa através das diversas atividades contidas no ciclo do PDCA.

A primeira atividade – PLANEJAMENTO –, exige que sejam produzidos:

- o Manual do Sistema de Gestão da Manutenção, que contempla o *modus operandi* da atividade. Nele se encontram todos os padrões ou procedimentos da Gestão da Manutenção;
- os Planos de Ação com responsáveis, indicadores e prazos, alinhados com as metas/diretrizes da empresa;
- treinamento de todo o pessoal – próprio e contratado – no Sistema de Gestão da Manutenção e na sistemática de atuação através dos planos de ação estabelecidos.

Desde que a Manutenção existe para gerar resultados, faz-se necessário que o foco dos planos de ação contemple esse aspecto. As ações e os indicadores devem estar voltados para a melhoria dos resultados da organização.

Esse processo é o mesmo seja aplicado a uma empresa que tem apenas uma instalação ou a empresas que possuem diversas plantas ou instalações industriais. No caso de empresas com diversas plantas, é recomendável que o programa seja gerido ou coordenado por um grupamento central ou corporativo, de modo que todas as instalações recebam as mesmas orientações, participem da mesma forma e possam progredir ao mesmo tempo.

A Figura 8.4 mostra um exemplo hipotético de uma empresa (ABC7) que possui 5 plantas no território nacional, sendo 1 em São Paulo, 1 no Mato Grosso do Sul, 1 na Bahia, 1 em Minas Gerais e 1 no Rio Grande do Sul.

O corporativo da empresa fica situado em São Paulo, capital, apesar de a planta se situar em Ribeirão Preto. A coordenação do programa sistematizado para que a Manutenção alcance níveis comparáveis às empresas Classe Mundial fica a cargo do CORPORATIVO.

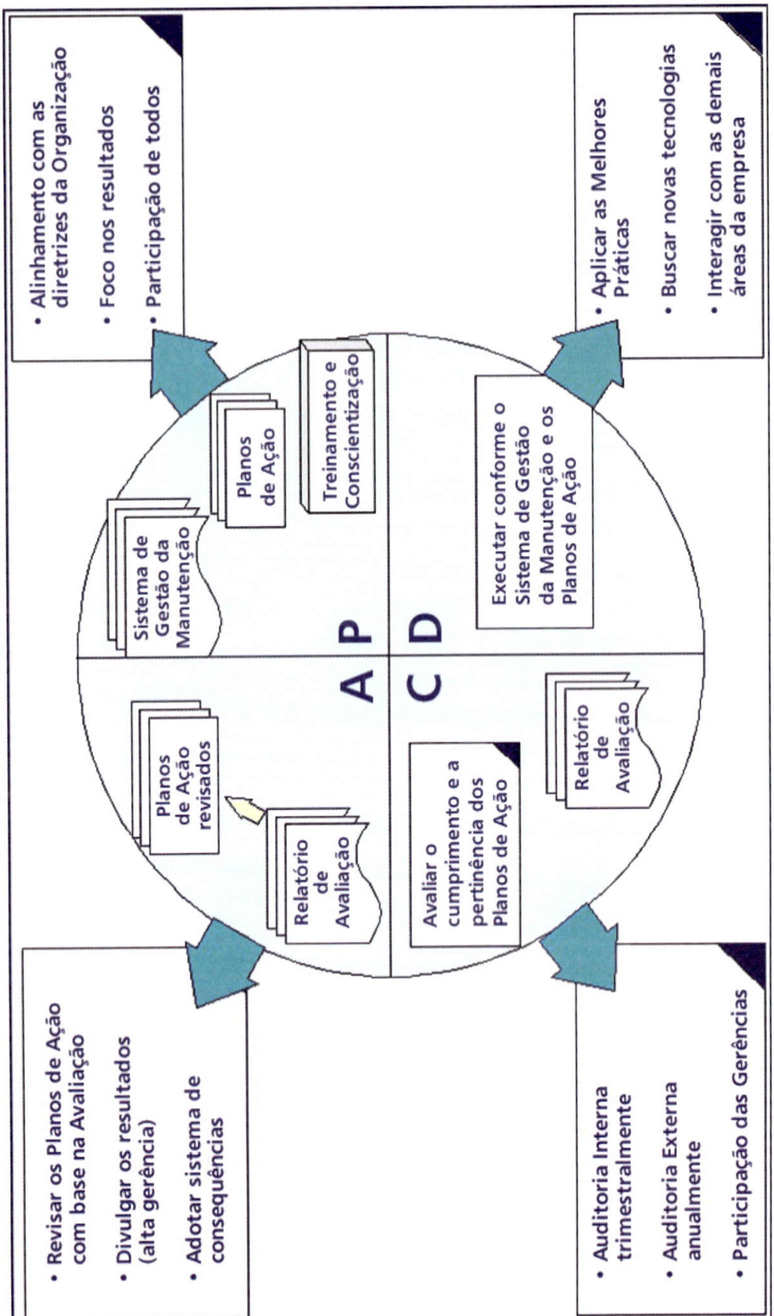


Figura 8.3 – Processo Sistematizado de Gestão da Manutenção

Diversas empresas que adotam a política de coordenação para programas de melhoria na Manutenção pelo Corporativo procedem da seguinte forma:

- Contratação de uma empresa de consultoria externa para desenvolvimento do Manual de Gestão da Manutenção, elaboração dos procedimentos básicos, definição dos indicadores-chave do processo e estruturação do programa de auditorias.
- Discussão, em todas as etapas, com os gerentes e alguns técnicos das diversas plantas.
- Implementação do Programa em cada planta, apoiados pela Gerência Central e pela Gerência das Plantas.

A partir desse ponto, a estrutura do Corporativo se resume a um coordenador, um ou mais engenheiros de processos e pessoal administrativo.

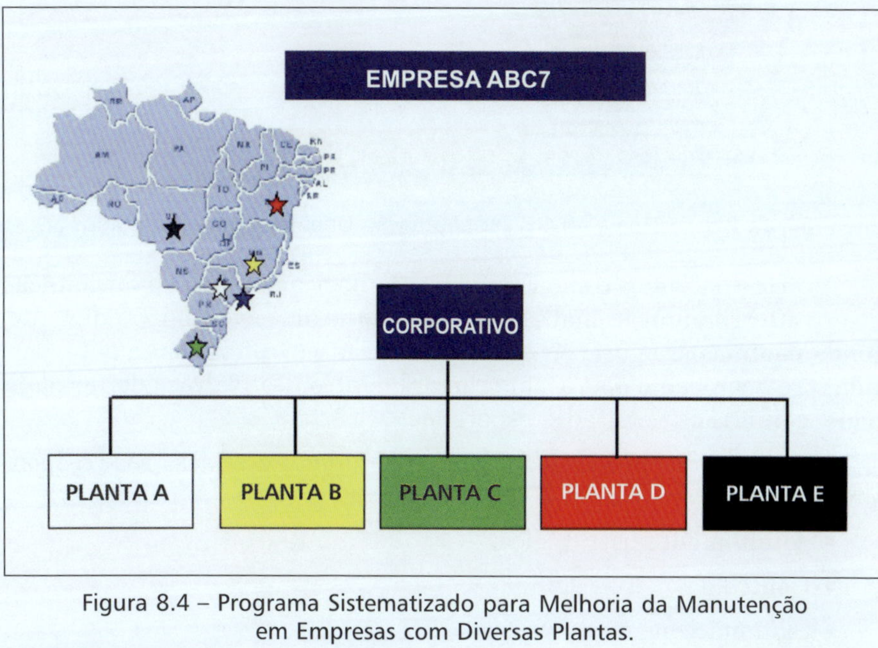


Figura 8.4 – Programa Sistematizado para Melhoria da Manutenção em Empresas com Diversas Plantas.

As auditorias internas são executadas por uma equipe de gerentes, engenheiros e técnicos da planta, enquanto as auditorias externas têm na equipe consultores externos, gerentes das plantas que não estão sendo avaliadas e um representante do Corporativo.

## 8.2. ABRANGÊNCIA DAS AÇÕES DA MANUTENÇÃO

Em meados de 2007, quatro empresas mineiras dedicadas a Manutenção, com *expertises* complementares, lançaram um programa denominado MORE – Manutenção Orientada para Resultados[58].

A proposta do MORE define a atuação estruturada desde a construção da planta, conforme indica a Figura 8.5.

Figura 8.5 – Sistema MORE – Manutenção Orientada para Resultados

As ações definidas como Estruturação Básica implicam a formatação da estrutura organizacional e de informação de um novo empreendimento, fundamentais para garantir que as demais fases (comissionamento, partida, pré-operação e operação) ocorram dentro dos padrões de normalidade, gerando os resultados esperados.

Após entrada em operação, foram definidas 5 grandes áreas responsáveis pelos resultados:

- Alinhamento estratégico.
- Controle.
- Sistematização.
- *Lean*.
- Confiabilidade.

Os principais pilares de cada uma das grandes áreas estão indicados na figura a seguir:

Figura 8.6 – Pilares das 5 Grandes Áreas da Manutenção Orientada para Resultados

As seguintes constatações, de fontes diversas, indicam claramente a necessidade de trabalhar de forma sistematizada para melhoria dos resultados:

1. Em artigo disponibilizado pela IMPO em 2007, intitulado "*Demand for World-Class Maintenance Will Increase as U.S. Automakers Pursue Japanese Standards*", há um trecho que afirma:

   *...O relatório concluiu que se os fabricantes de automóveis dos EUA implementassem a eficiência na performance dos japoneses em todas as suas plantas, os benefícios seriam gigantescos. Se a GM pudesse produzir veículos com a mesma eficiência da líder Nissan, por exemplo, ela poderia economizar US$ 925 por veículo ou US$ 5,3 bilhões em um ano; a Ford economizaria US$ 625 por veículo ou US$ 2,8 bilhões por ano e a Daymler-Chrysler poderia economizar US$ 950 por veículo ou US$ 2,8 bilhões por ano.*

2. Apesar de ser amplamente conhecido que os custos da manutenção corretiva não-planejada (emergencial) são pelo menos duas vezes mais altos do que os custos da manutenção preditiva e da correção por ela indicada, o índice de manutenção preditiva no Brasil se mantém em torno de 17% do total de hh aplicado na Manutenção, desde 1995, conforme pesquisas da Abraman.[8]

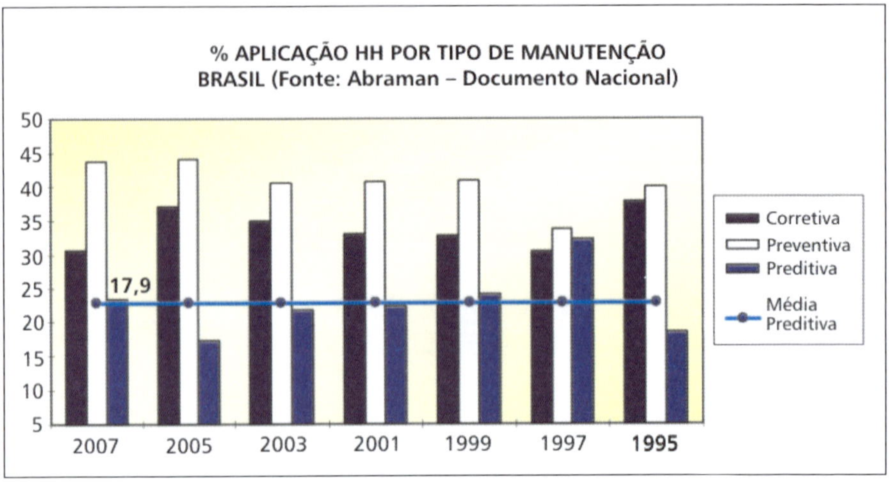


Figura 8.7 – Volume de Aplicação de hh nos Diversos Tipos de Manutenção (Brasil – Abraman[8])

3. A produtividade da mão de obra de manutenção está entre 28 e 35%, quando poderia atingir 65%[41].

Os casos de sucesso na melhoria dos resultados da Manutenção em particular, da Produção e das Organizações em última instância passam pela aplicação de soluções estruturadas, de forma sistematizada, em período de tempo maior do que três anos para início dos resultados. De modo resumido, as atitudes que devem nortear a busca da melhoria incluem:

- Apoio das Alta e Média Gerências.
- Aplicação de programa estruturado de forma sistematizada.
- Disciplina e perseverança.
- Expectativa de resultados a partir do 3º ano e crescimento sustentável.

## 8.3. Casos de Sucesso

### 8.3.1. Refinaria Lima - Ohio - British Petroleum[60]

A refinaria de petróleo Lima, da BP, em Ohio, é um caso de destaque por apresentar melhoria na performance de US$ 0,77/bbl entre 1994 e 1997 "baseada no conhecimento das pessoas, dos processos e sem investimentos".

Os pontos de maior destaque no processo serão resumidamente mostrados a seguir:

O processo de "cultura proativa de processo" foi iniciado em 1995, com foco na confiabilidade de equipamentos rotativos.

As Figuras 8.8 e 8.9 mostram que enquanto aumentava o TMEF, o custo de reparos e as perdas diminuíam.

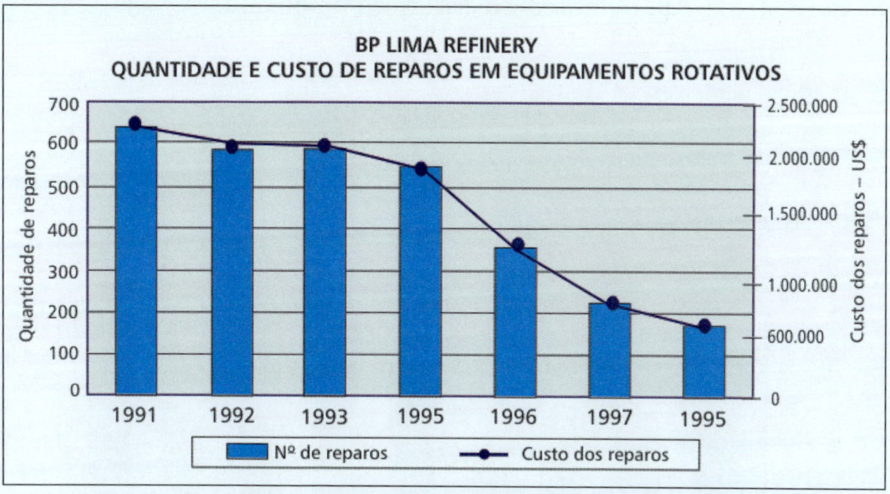


Figura 8.8 – Quantidade e Custo de Reparos em Equipamentos Rotativos

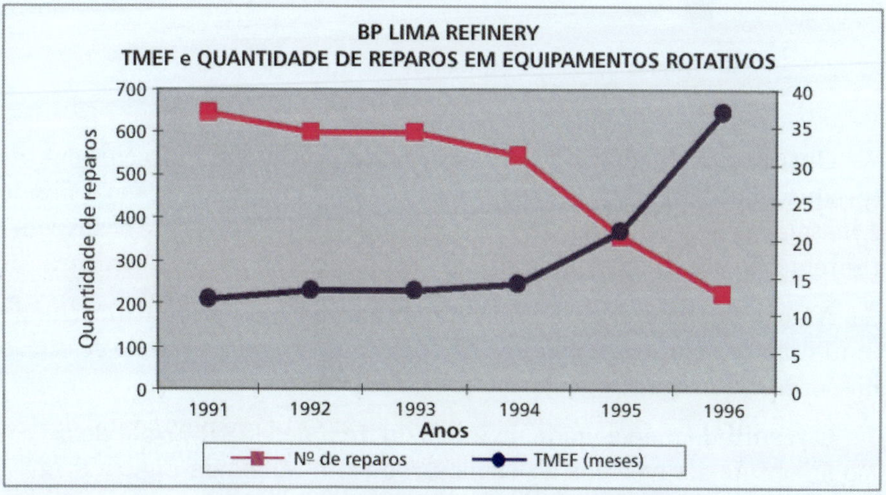


Figura 8.9 – Quantidade de Reparos e TMEF

Os resultados em equipamentos rotativos foram conseguidos em função da aplicação de técnicas preventivas e preditivas na Manutenção e uma cultura de disciplina na Operação dos equipamentos.

Adicionalmente, foi promovido um aumento significativo no nível de serviços planejados, conforme mostra o gráfico da Figura 8.10 e estabelecida uma cultura de colocar os equipamentos rotativos em estado de novo através da manutenção criteriosa na oficina.

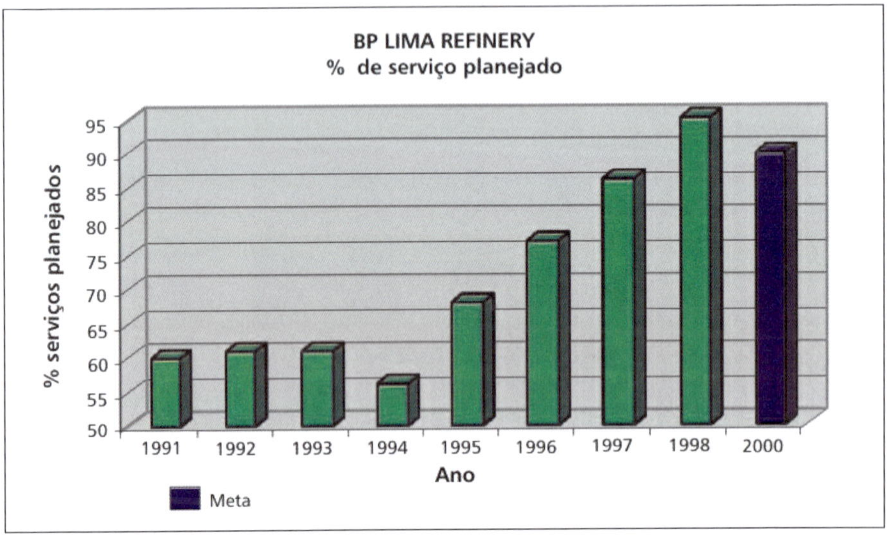


Figura 8.10 – Percentual de Serviços Planejados

Outra área de ganho foi a redução de perdas de hidrocarbonetos (produtos) através de um programa de envolvimento do pessoal aliado à instalação de medidores de vazão nos *headers* de flares que eram constantemente controlados e os valores comunicados para a estrutura.

A ação dos operadores no acompanhamento e na identificação de mau funcionamento ou defeitos promovia um rápido reparo e cessação da perda.

O resultado mencionado no início do item de US$ 0,77/bbl de petróleo foi obtido através das ações mostradas na tabela da Figura 8.12.

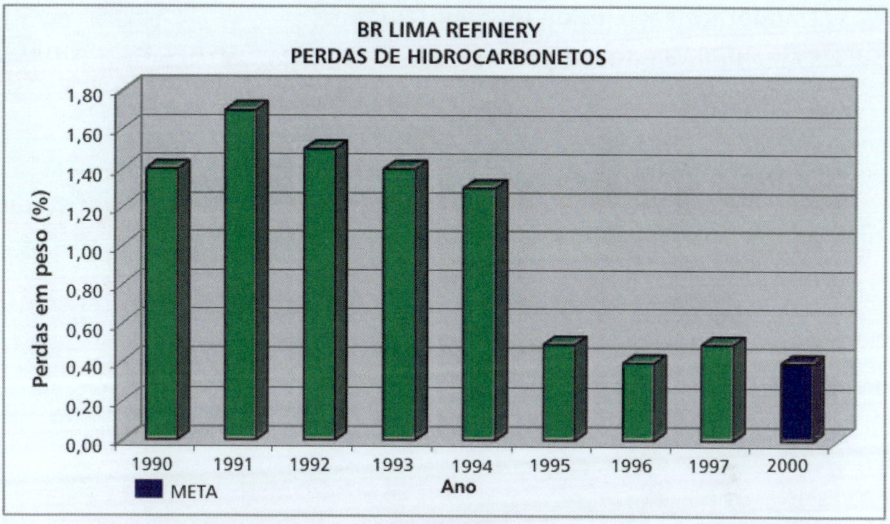


Figura 8.11 – Perdas de Hidrocarbonetos

| Margem de Aumento da Receita 1994 × 1997 | |
|---|---|
| Ações | US$/bbl petróleo<br>Base 1995 |
| Maior confiabilidade | 0,08 |
| Perda de hidrocarbonetos | 0,27 |
| Otimização do processo | 0,22 |
| Entrega de petróleo & custos da qualidade | 0,05 |
| Eficiência energética | 0,06 |
| Iniciativas de redução de custos | 0,07 |
| MARGEM TOTAL DE AUMENTO[60] | **0,77** |

Figura 8.12 – Margem de Aumento da Receita US$/bbl

## 8.3.2. DuPont

No final dos anos 80 a DuPont contratou à A.T. Kearney um estudo de *benchmark* para comparar sua performance contra empresas dos Estados Unidos, Europa e Japão. Esse estudo, que se tornou conhecido como *The Best of the Best Maintenance Benchmarking Study* – (O melhor dos melhores – Estudo de *benchmarking* da Manutenção), comparou 16 plantas da DuPont nos EUA com 15 plantas consideradas excelentes nos EUA, na Europa e no Japão.[61, 62]

A comparação constatou que, na DuPont:

- O custo de manutenção em relação ao valor de substituição dos ativos era 12% maior do que outras empresas dos EUA e a situação era pior na comparação com a Europa e o Japão
- O planejamento e a programação eram menos frequentes.
- Havia menos foco no negócio.
- A lotação de manutenção era 23% maior.
- Havia menos 55% de pessoal no planejamento da manutenção.
- Havia menos 15% de pessoal de apoio (*staff*).

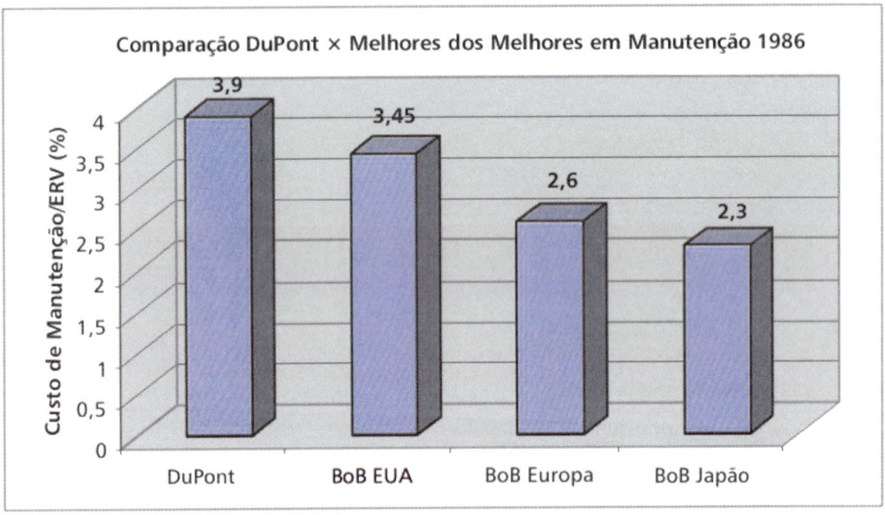


Figura 8.13 – Estudo de *Benchmarking* na Manutenção DuPont × Melhores dos Melhores

Após essas constatações, o estudo de *benchmarking* estabeleceu o propósito de redução dos custos de manutenção para alcançar os resultados dos melhores entre os melhores.

No entanto, o grupo que participou das visitas durante o processo de *benchmarking* percebeu que as empresas de melhor performance não tinham foco estrito nos custos. Eles perceberam que as melhorias nos custos eram resultantes de boa manutenção e não a sua causa, tanto assim que iniciaram uma averiguação profunda na estrutura ligada à confiabilidade.[63]

Desse modo, a DuPont decidiu aplicar uma sistemática desenvolvida na década de 60, conhecida como "System Dynamics Modeling", de modo a compreender melhor a estrutura da confiabilidade. O que a DuPont descobriu foi que manutenção e confiabilidade podiam ser mais bem descritas como um processo de gerenciamento de defeitos. Defeitos são removidos através de trabalhos de manutenção reativos, uma vez que o equipamento falhou ou proativamente através da Manutenção Preventiva ou Preditiva. O que ficou patente é que as empresas melhores entre as melhores atingiam seus resultados basicamente removendo os defeitos de forma mais eficiente, através de melhor planejamento, programação, habilidades da mão de obra e tecnologias preditivas.[63]

Os resultados apresentados pela DuPont estão mostrados no gráfico da Figura 8.14.

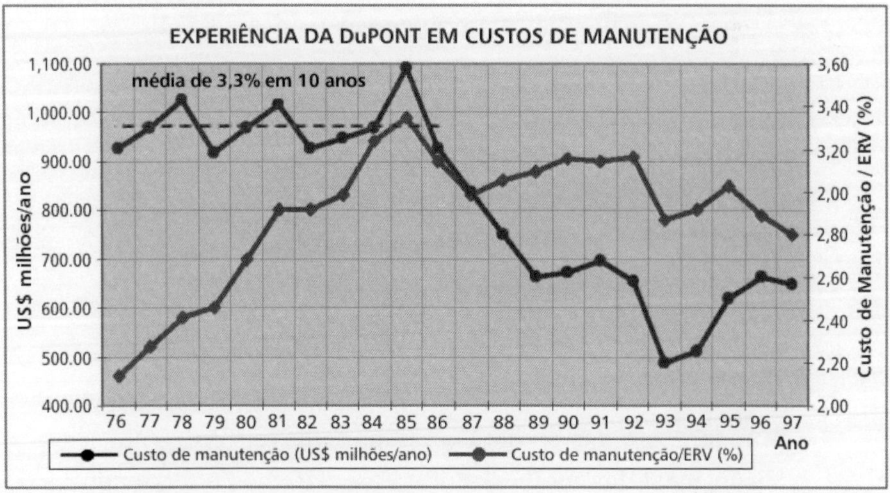


Figura 8.14 – Resultados da DuPont entre 1976 e 1997[59]

## 8.3.3. Grupo Votorantim

Um dos maiores conglomerados econômicos privados do Brasil, o Grupo Votorantim, fundado em 1918, gerencia um portfólio de negócios e produtos voltado principalmente a atividades de capital intensivo e a *commodities*. Suas empresas são líderes ou têm posições de destaque em mercados como cimento e concreto, mineração e metais (alumínio, zinco, níquel e aço), celulose e papel, além de atividades em suco de laranja concentrado, especialidades químicas e na autogeração de energia elétrica.

O faturamento líquido consolidado em 2006 foi de R$ 29 bilhões com um volume de exportações de US$ 2,1 bilhões.[64]

Desde setembro de 2002, o Sistema de Gestão Votorantim (SGV) é responsável pelo aprimoramento e pela administração dos principais processos da Votorantim Industrial (VID).

Seu objetivo é integrar e aumentar a competitividade das unidades de negócio da VID, por meio da captação de sinergia e da troca de melhores práticas entre elas.

Profissionais das unidades de negócio, organizados em equipes temáticas, são responsáveis pela identificação de processos comuns e pela estruturação e implementação de projetos, com a missão de institucionalizar habilidades de classe mundial nos processos da empresa.

O SGV segue 5 princípios e 4 etapas mostrados a seguir:[65]

Princípios:

- Clientes e Fornecedores.
- Pessoas.
- Qualidade e Excelência.
- Inovação.
- Segurança e Meio Ambiente.

Etapas:

- Processos
  - ✓ Mapeamento dos processos compartilháveis entre negócios.
  - ✓ Visão geral das melhores práticas, sistemas e ferramentas de apoio.
  - ✓ Identificação dos indicadores-chave de desempenho.
- Sistema de Avaliação
  - ✓ Avaliação qualitativa – desempenho atual × *world class* × aspiração.
  - ✓ Processos críticos – identificação de *gaps* e referenciais internos.
  - ✓ Recomendação da transferência de melhores práticas entre negócios.

- *Benchmarking* Competitivo
  - ✓ Avaliação de indicadores-chave contra *benchmarks* internos e externos relevantes para cada função/indústria.
  - ✓ Valorização das lacunas de desempenho.
  - ✓ Estabelecimento de posição relativa na curva de custos da indústria.
- Melhoria
  - ✓ Definição de ações de melhoria.
  - ✓ Estabelecimento de prioridades: criação de agenda de valor.
  - ✓ Monitoramento sistemático dos processos.

Nas áreas de Metais e Cimentos, que têm significativa participação, representando juntas 48% da composição da receita do grupo, o SGV é utilizado para melhoria sistemática dos resultados da Manutenção.

A estruturação adotada contempla uma coordenação em nível corporativo com a participação efetiva das gerências de Planta, da Manutenção e da Operação para cada Unidade Operacional.

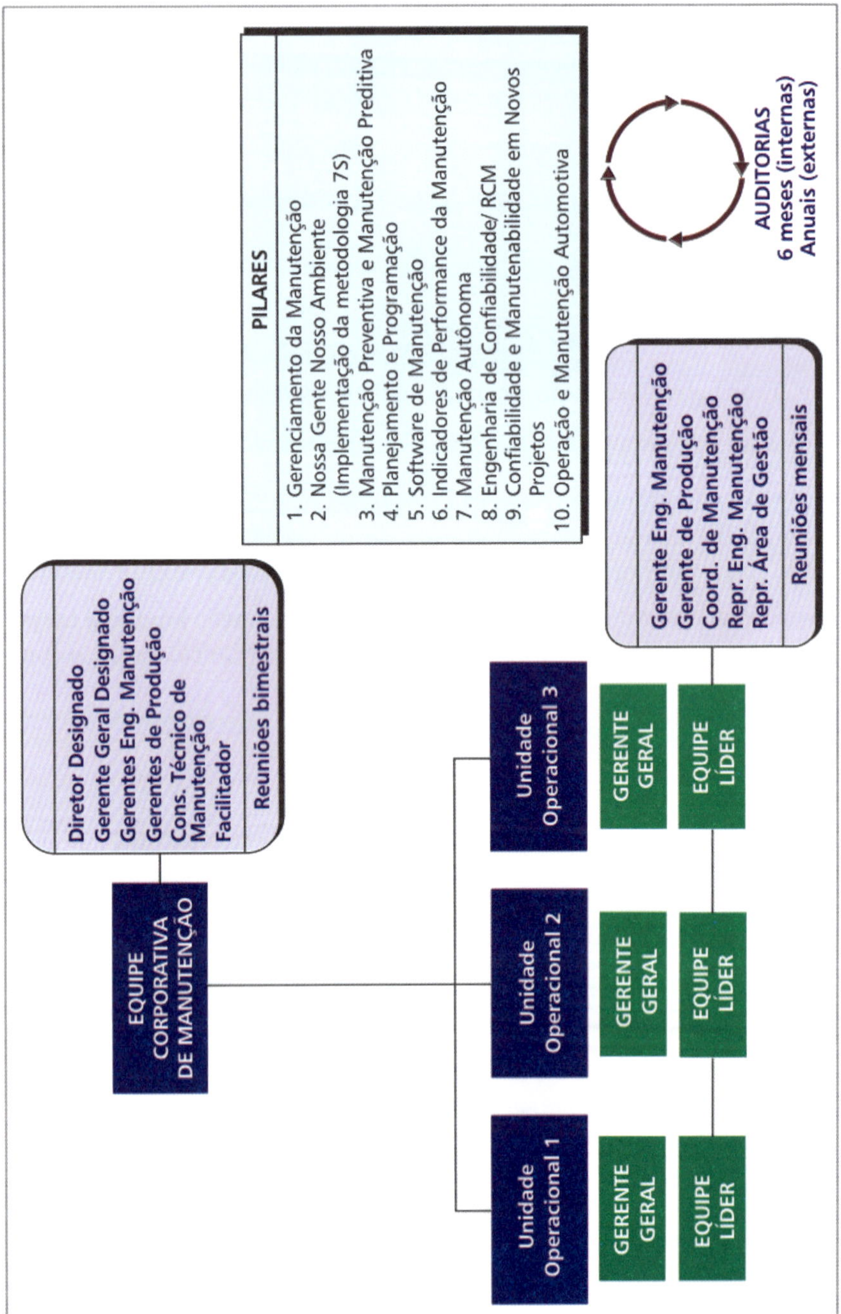


Figura 8.15 – Sistema de Gestão Votorantim para a Manutenção

# 9. Resultados Empresariais

## 9.1. Normas, Padrões, Requisitos, Regulamentos

Os capítulos anteriores fizeram abordagens pontuais sobre os aspectos diversos encontrados dentro das organizações, enfatizando a importância da função Manutenção para os resultados empresariais.

Tanto no ambiente interno como no macroambiente, é fundamental que as empresas se adequem para o cumprimento de normas, padrões, leis ou requisitos do mercado. Assim, além da gestão interna competente, as empresas devem se adequar aos requisitos que atuam como uma imposição para o atendimento ou a permanência no mercado, desde que acabam funcionando como barreiras (técnicas ou legais).

A conceituação de barreira técnica está mostrada a seguir.[66]

"Segundo Laird e Vossenar (1991), citados por Laird (1997), podem ser definidas cinco categorias de medidas não-tarifárias (MNT), incluindo, além das barreiras técnicas, medidas de controle sobre o volume de importação, como quotas; medidas de controle dos preços de bens importados; medidas de monitoramento, inclusive a vigilância de preços e volumes dos importados; medidas que interferem na produção e exportação, na forma de subsídios, além de taxas ou proibições. Henson e Wilson (2005) definem como MNT qualquer prática governamental que não seja uma tarifa, embora impeça a entrada do produto estrangeiro em um país e discrimine contra as importações."

"Segerson (1999) indica que uma barreira técnica pode ser caracterizada pelo requisito técnico imposto pelo país importador, cujo atendimento aumenta os custos para as empresas exportadoras, a ponto de limitar ou mesmo impedir a continuidade do comércio. Particularmente nos casos em que as exigências no país importador são mais rigorosas do que as prevalecentes no país de origem, produtores exportadores são forçados a adequar seu processo de manufatura para diferentes requisitos. Tais adequações envolvem, por exemplo, atendimento a controle de segurança e/ou qualidade dos produtos, requisitos de rotulagem e de embalagem, medidas de proteção ambiental, dentre outras (Henson; Wilson, 2005). Os custos incorridos pelas empresas nesse processo também podem resultar da necessidade de segregar os processos de produção ou redirecionar os fluxos de comércio para outros mercados, quando a adequação não é factível (Maskus; Wilson, 2001)."[66]

Se por um lado as barreiras técnicas punem muitas empresas de alguma forma, por embutirem algumas vezes um espírito protecionista ou corporativo, também possuem em grande escala a recomendação ou mesmo a imposição de novos critérios e quebra de paradigmas na busca de melhorias na qualidade, segurança, saúde e meio ambiente.

A Figura 9.1 explicita alguns requisitos que, atualmente, devem ser adotados pelas indústrias no aspecto da gestão que inclui normas, padrões, melhores práticas e sistema de gestão que promova o alinhamento de todas as áreas da organização.

As Normas **ISO série 9000**, ligadas ao Sistema de Gestão da Qualidade, se constituem em quase que um passaporte obrigatório para fornecimento de produtos e serviços a grandes empresas nacionais e compradores externos.

As Normas **ISO série 14000** foram editadas com o propósito de buscar uma maior proteção ao meio ambiente, cada vez mais ameaçado pela forma predatória de exploração. Nessa série de normas, o nível de exigências tem-se tornado cada vez maior.

Escolhemos três normas da série ISO 14000 para justificar o comentário:

| | |
|---|---|
| **ISO 14001-2004** | *Environmental management systems – Requirements with guidance for use* |
| **ISO 14040-2006** | *Environmental management – Life cycle assessment – Principles and framework* |
| **ISO 14062-2004** | *Environmental management – Integrating environmental aspects into product design and development* |

A ISO 14001:2004 especifica os requisitos de um sistema de gestão ambiental para capacitar uma organização a desenvolver e implementar uma política e objetivos que levem em consideração os requisitos legais e outros requisitos.

Já a ISO 14040:2006 descreve os princípios e a estrutura para avaliação do ciclo de vida de produtos.

A ISO/TR 14062:2004 descreve os conceitos e práticas correntes relacionadas à integração dos aspectos ambientais no projeto e desenvolvimento do produto.

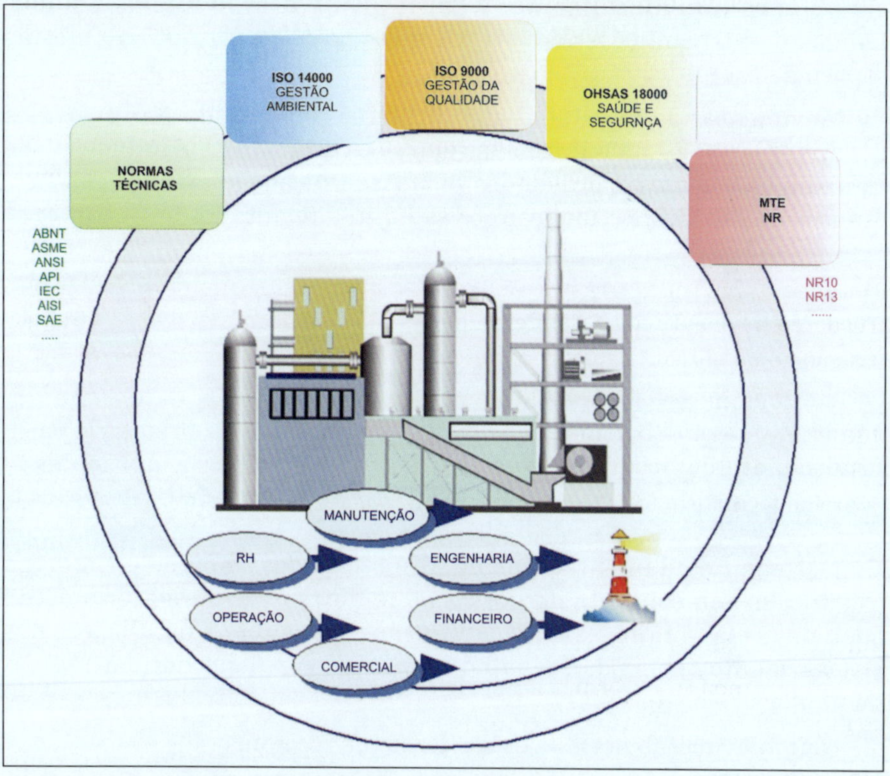


Figura 9.1 – Componentes da Gestão nas Indústrias

A FIESP[67] aponta que as motivações atuais para adequação a essas normas citadas estão ligadas à competitividade, desde que impactam:

- Aumento de credibilidade da marca.
- Acesso a financiamentos.
- Melhoria na técnica e nos processos de produção.
- Ampliação dos negócios.
- Agregação de valor.

- Redução dos custos de produção.
- Comércio exterior.

Paralelamente a essas normas, diversos movimentos estão em andamento para criação de barreiras relacionadas à emissão de gases. "A União Europeia pretende obter um corte de 20% nas emissões de gases em 13 anos (unilateralmente) e garantir um acordo com os Estados Unidos e outras nações industrializadas para cortar 30% no mesmo espaço de tempo."[68]

Movimentos de resultados significativos estão sendo desenvolvidos em diversos países na redução das emissões de gases pela indústria. No Canadá, os esforços coordenados pela Associação Canadense dos Produtores de Aço proporcionaram os seguintes resultados:

| Ação (dados de 2006) | Redução |
|---|---|
| Redução na emissão de gases desde 1990 | 16% |
| Aumento da eficiência energética desde 1990 | 26% |
| Redução da emissão de benzeno | 75% |
| Redução da emissão de SOx | 31% |
| Redução da emissão de $SO_2$ | 76% |
| Taxa de reciclagem (cerca de 8,1 milhões de toneladas de sucata) | 53% |

Normas Regulamentadoras do Ministério do Trabalho e Emprego constituem um conjunto de normas que devem ser obrigatoriamente adotadas pelas empresas e cuja aplicação está sujeita à fiscalização das Delegacias Regionais do Trabalho. O foco principal das normas regulamentadoras é segurança.

Algumas dessas normas estão descritas a seguir:

**NR10** – Instalações e Serviços em Eletricidade: Estabelece as condições mínimas exigíveis para garantir a segurança dos empregados que trabalham em instalações elétricas, em suas diversas etapas, incluindo elaboração de projetos, execução, operação, manutenção, reforma e ampliação, assim como a segurança de usuários e de terceiros, em quaisquer das fases de geração, transmissão, distribuição e consumo de energia elétrica, observando-se, para tanto, as normas técnicas oficiais vigentes e, na falta destas, as normas técnicas internacionais. A fundamentação legal, ordinária e específica, que dá embasamento jurídico à existência desta NR, são os artigos 179 a 181 da CLT.

**NR11** – Transporte, Movimentação, Armazenagem e Manuseio de Materiais: Estabelece os requisitos de segurança a serem observados nos locais de trabalho, no que se refere ao transporte, à movimentação, à armazenagem e ao manuseio de materiais, tanto de forma mecânica quanto manual, objetivando a prevenção de infortúnios laborais. A fundamentação legal, ordinária e específica, que dá embasamento jurídico à existência desta NR, são os artigos 182 e 183 da CLT.

**NR12** – Máquinas e Equipamentos: Estabelece as medidas prevencionistas de segurança e higiene do trabalho a serem adotadas pelas empresas em relação à instalação, operação e manutenção de máquinas e equipamentos, visando à prevenção de acidentes do trabalho. A fundamentação legal, ordinária e específica, que dá embasamento jurídico à existência desta NR, são os artigos 184 a 186 da CLT.

**NR13** – Caldeiras e Vasos de Pressão: Estabelece todos os requisitos técnico-legais relativos à instalação, operação e manutenção de caldeiras e vasos de pressão, de modo a se prevenir a ocorrência de acidentes do trabalho. A fundamentação legal, ordinária e específica, que dá embasamento jurídico à existência desta NR, são os artigos 187 e 188 da CLT.

**NR14** – Fornos: Estabelece as recomendações técnico-legais pertinentes à construção, operação e manutenção de fornos industriais nos ambientes de trabalho. A fundamentação legal, ordinária e específica, que dá embasamento jurídico à existência desta NR, é o artigo 187 da CLT.

A adequação e o cumprimento das recomendações das NR's são condições básicas para qualquer indústria nacional. No entanto, o índice de cumprimento ainda deixa a desejar.

## 9.2. Indicadores-Chave de Performance

Os indicadores-chave do processo (KPI – *Key Performance Indicators*) permitem:

- o controle do processo de operação e manutenção;
- a comparação de dados mostrando a evolução ao longo do tempo;
- a comparação com outras plantas da empresa ou empresas concorrentes.

A tabela da Figura 9.2 mostra alguns dos indicadores mais utilizados em nível mundial e que têm servido para comparações entre as organizações. Na tabela estão inseridos indicadores relativos ao desempenho da Manutenção e resultados operacionais. Os valores apresentados são os valores médios dos *benchmarks* apontados por diversos autores/instituições .

As fontes utilizadas para composição da tabela foram:

| Referência Bibliográfica | Autor | Ano |
|---|---|---|
| 05 | Ron Moore | 2004 |
| 08 | Abraman | 2007 |
| 26 | Terry Wireman | 2004 |
| 30 | James W. Davis – SAMI | 2005 |
| 34 | Campbell & Picknell | 2006 |
| 70 | Ivara Corporation | 2005 |
| 71 | Scott Morris – SKF | 2006 |
| 72 | Ralph W. Petters | 2003 |
| 73 | Mike Sondalini | 2007 |
| 74 | Carlos H. Arruda – ABB | 2006 |

| INDICADORES DE DESEMPENHO DA MANUTENÇÃO (*Benchmark*) | |
|---|---|
| **Indicador ou Medida de Desempenho** | **Valores Médios** |
| **Desempenho na fabricação** | |
| Disponibilidade (processo discreto) | 93% |
| Disponibilidade (processo por batelada) | 90% |
| Disponibilidade (processo contínuo) | 98% |
| OEE (processo discreto) | 85% |
| OEE (processo por batelada) | 85% |
| OEE (processo contínuo) | 95% |
| Taxa de defeitos (rejeitos) | 50-100 ppm |
| Perdas/sucata como percentual dos custos de fabricação | 0,20% |
| Taxa de devolução pelos clientes | 0,03% |
| OSHA – acidentes por 200.000H (lost time) | <1 |
| Indisponibilidade devido à Manutenção | <5% |

*Continua*

| INDICADORES DE DESEMPENHO DA MANUTENÇÃO (*Benchmark*) (cont.) | |
|---|---|
| **Indicador ou Medida de Desempenho** | **Valores Médios** |
| **Baseados no valor dos ativos** | |
| Custo de Manutenção/Imobilizado | 2-3% |
| Valor do estoque/Imobilizado | 1-2% |
| Imobilizado/engenheiros de manutenção | $200M |
| Imobilizado/executantes de manutenção | $6M |
| Custos de manutenção/Custos de produção | 10-30% |
| **Staff ou Suporte** | |
| Relação executantes/supervisor | 8-12 |
| Relação executantes/nível superior (engenheiros) | 2-8 |
| Relação executantes/planejadores | 20-30 |
| **Indicadores baseados nas vendas** | |
| Custo total de manutenção/faturamento bruto | 2-8% |
| Custo da MO de manutenção/faturamento bruto | 0,5-2,5% |
| Custo do estoque de manutenção/faturamento bruto | 0,8-1,6% |
| **Desempenho da Manutenção** | |
| Perdas por falhas na produção | 2-8% |
| Cobertura das ordens de serviço | >90% |
| Cumprimento da Manutenção Preventiva | >90% |
| Cumprimento da Programação de Manutenção | >90% |
| Percentual de trabalho planejado na Manutenção | >80% |
| Envolvimento do Operador na Manutenção (TPM) | 0-8% |
| Custo de terceirização/Custo da Manutenção | 20-60% |
| Horas de PM+PdM/Total de Horas | >55% |
| Horas de Corretiva (não-planejada)/Total de Horas | <10% |
| Retrabalho (%) | <2% |
| Produtividade (tempo na ferramenta) | 30-50% |
| Horas extras | <5% |
| Absenteísmo | <1,5% |
| Sugestões por executante por ano | 4 |
| *Turnover* de pessoal da manutenção | <2% |
| Executantes terceirizados/executantes próprios | 25-45% |
| *Back-log* (carga futura de serviço) (semanas) | 2-6 semanas |

| INDICADORES DE DESEMPENHO DA MANUTENÇÃO (*Benchmark*) (cont.) | |
|---|---|
| **Indicador ou Medida de Desempenho** | **Valores Médios** |
| **Desempenho dos ativos** | |
| Disponibilidade | >90% |
| Eficiência | 95% |
| **Estoque de Manutenção** | |
| Valor do estoque/Imobilizado | 1-2% |
| Giro do estoque (anos) | >2 |
| Nível de atendimento do estoque | >90% |
| Taxa de falta de sobressalentes | <1% |
| Valor das transações do estoque/pessoal almoxarifado | 400-700K |
| Custo do estoque/Custo total de manutenção | 10-30% |
| **Treinamento** | |
| Despesas de treinamento/empregado | 1-3K |
| Despesas de treinamento/total folha de pagamentos | 2-3% |
| Treinamentos técnicos/Despesa total com treinamento | 20-50% |
| Horas de treinamento/empregado/ano | 60-90h |

Figura 9.2 – Tabela de Indicadores de Performance da Manutenção

## 9.3. A Busca por Melhores Resultados

Como detalhado nos capítulos anteriores, a Gestão é o fator primordial para o sucesso das empresas.

O processo de gestão das organizações contempla:

- Gerenciar de modo eficaz todos os ativos (*humanware*, *software* e *hardware*) através de um processo sistematizado com a participação efetiva de todas as áreas da organização.
- Selecionar, aplicar e controlar os Indicadores-chave do Processo (KPI). Somente com indicadores será possível MEDIR, CONTROLAR E MELHORAR.
- Trabalhar segundo as Melhores Práticas, de modo a obter resultados Classe Mundial. Utilizar o *benchmarking* como processo sistematizado para comparação dos KPI, avaliação das práticas atuais, busca, compreensão e adaptação das melhores práticas.

- Observância das normas, padrões, regulamentos e leis a que está submetida a empresa tanto na área técnica como nas áreas administrativa e jurídica, em níveis regional, nacional e internacional.

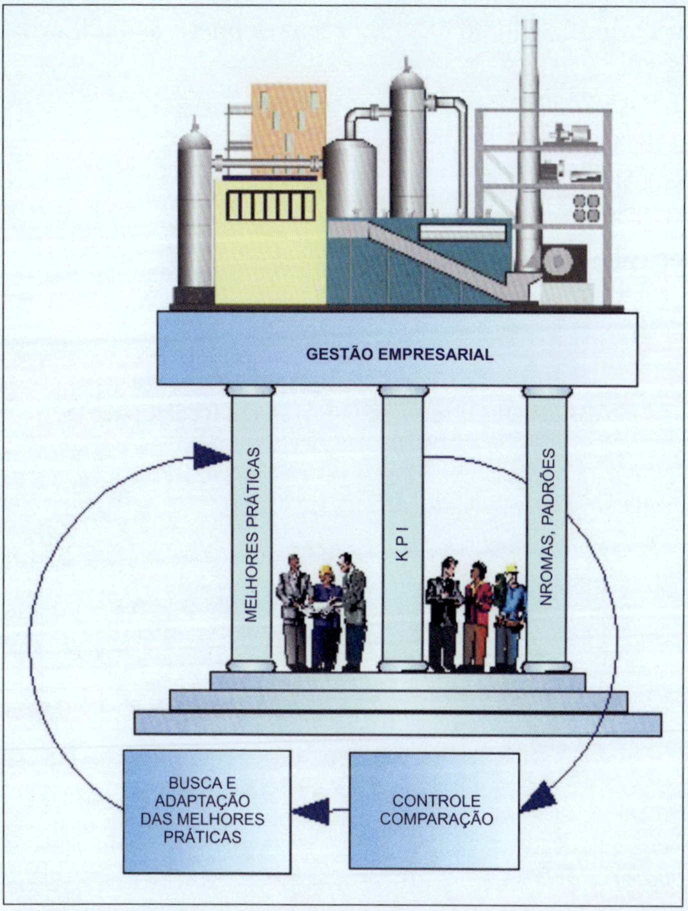


Figura 9.3 – Fatores de Sucesso para Obtenção de Resultados

A Figura 9.3 representa graficamente o que foi descrito anteriormente. Repare que o processo de controle do processo é feito através dos indicadores que permitem por meio da avaliação e comparação a tomada de decisão. A busca pelas melhores práticas complementa esse processo e a garantia de melhores resultados só será obtida pela aplicação das práticas de sucesso.

A busca por melhores resultados é um processo permanente. É uma jornada que tem início mas não tem fim. Atingir a excelência pode ser utópico mas melhorar sempre é real e factível.

Seja nas organizações, nas suas plantas ou nas áreas que compõem a estrutura organizacional das empresas, a busca da melhoria deve ser um processo:

- PERMANENTE.
- ESTRUTURADO.
- SISTEMATIZADO.

Para o qual é necessário:

- DISCIPLINA.
- PERSEVERANÇA.

**Tudo isso com o objetivo maior de TRABALHAR ORIENTADO PARA OS RESULTADOS.**

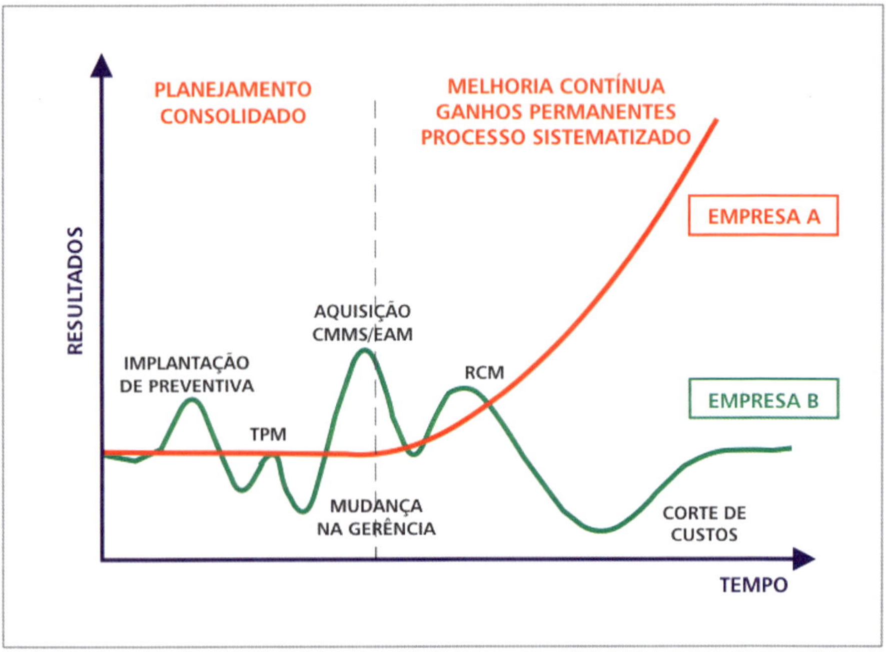


Figura 9.4 – Gestão Sistematizada e Gestão por Ondas

Os gráficos da Figura 9.4 mostram dois tipos de gestão da Manutenção. O que segue os preceitos listados no parágrafo anterior e outro que ainda é comumente encontrado nas organizações, onde se administra por surtos ou ondas. Quando o processo não é sistematizado, não há disciplina nem planejamento os resultados são temporários.

Os casos referentes às Figuras 9.5 e 9.6 nos permitem uma reflexão sobre CUSTOS e RESULTADOS.

Figura 9.5 – Resultado Indesejável

Figura 9.6 – Excelente Resultado

A Figura 9.5 apresenta a foto tirada após um grave acidente em uma refinaria da BP Corporation localizada em Texas City, Texas, EUA, ocorrido em 23 de março de 2005.

O acidente ocorreu durante a partida da Unidade de Isomerização e o relatório de investigação (REPORT NO. 2005-04-I-TX)[75] no item 1.2.1, indica que:

> *"O desastre de Texas City foi causado pelas deficiências organizacionais e de segurança em todos os níveis da BP Corporation. Sinais de aviso de um possível desastre estiveram presentes por vários anos, mas a empresa oficialmente não interveio para prevenir. A extensão das sérias deficiências culturais de segurança foram, além disso, reveladas quando a refinaria experimentou dois sérios incidentes a poucos meses do desastre de março de 2005. Em um deles, a falha de uma tubulação causou um dano de US$ 30 milhões, enquanto o outro resultou em prejuízo de US$ 2 milhões."...*

A política de corte de custos em investimentos em 1990 pela Amoco (antiga proprietária) e pela BP deixou a refinaria de Texas City vulnerável a uma catástrofe. A meta da BP era cortar 25% do orçamento em 1999 e outros 25% em 2005, apesar de se saber que tanto a infraestrutura quanto os equipamentos de processo necessitavam de reparos. Também, o treinamento dos operadores e do pessoal de *staff* foi cortado. (A BP adquiriu a refinaria em 1998-NA.)

Nesse acidente morreram 15 pessoas e 180 ficaram feridas.

Figura 9.7 – Foto Aérea da Fase Final do Incêndio

Figura 9.8 – Aspecto da Planta após a Explosão

Notícia divulgada no *site* da Shell-Dutch-PLC em 04.03.2008 informou que "a BP aumentou os fundos que vem reservando para pagar as crescentes demandas da explosão fatal na sua refinaria em Texas City de um terço a £ 2,13 bilhões".

A esses custos se somam:

- Custos de recuperação da planta.
- Lucros cessantes.
- Multas aplicadas pelo órgão ambiental e de segurança (OSHA) que são da ordem de US$ 21 milhões.[75]

A análise custo-benefício neste caso demonstra que as reduções de custo impostas pela Gerência da BP redundaram em gastos exponencialmente maiores, além de danos à imagem da empresa e, o que é pior, perda de vidas.

A Figura 9.9 apresenta uma foto da troca de pneus da equipe Ferrari da Fórmula 1.

A foto da Figura 9.10 mostra o *pit-stop* de um carro da BMW.

Figura 9.9 – *Pit-stop* da Ferrari

Figura 9.10 – *Pit-stop* da BMW

O que se busca nas corridas de Fórmula-1 é o menor tempo de INDISPONIBILIDADE do carro.

A Figura 9.11 mostra o planejamento do trabalho com as metas de tempo estabelecidas para as diversas etapas. O tempo de indisponibilidade, na figura, é definido como 7,3 segundos, no máximo.

O tempo em que os pneus estarão aptos a permanecer em operação permitindo um bom desempenho do carro é conhecido (para as condições de cada circuito). Dessa forma, é possível definir antecipadamente o plano de paradas.

Essa operação acima descrita não é nada mais do que uma MANUTENÇÃO PREVENTIVA. A cada “n” voltas, o carro será PARADO para troca de pneus e complementação do nível de combustível.

Nesse serviço, serão utilizados “x” executantes, os quais foram treinados para aquele serviço e desse modo conseguem realizar a tarefa no tempo estimado.

O resultado final para a equipe – GANHAR A CORRIDA – é um trabalho conjunto da OPERAÇÃO (piloto), da MANUTENÇÃO (mecânicos) e da ENGENHARIA que melhora e define os “acertos ou ajustes” no carro.

Figura 9.11 – Planejamento da Manutenção Preventiva em um Carro de Fórmula 1

À primeira vista, o número de pessoas envolvidas, 20 (vinte), parece exagerado. Contudo, o RESULTADO que se busca compensa esse CUSTO. Custo que não é baixo se computarmos as despesas relativas a 20 mecânicos ao longo de uma temporada, com despesas de viagens, hospedagens, encargos e outros custos.

No entanto, o volume de dinheiro que circula na Fómula-1 cobre essas despesas, caso contrário isso não seria viável.

Alguns dados obtidos em *sites* da Internet, mostram que:

- Em 2003, os salários para 20 pilotos da F-1 totalizavam US$ 132.000.000,00. A Ferrari pagava US$ 44.000.000,00 para seus dois pilotos enquanto a equipe Minardi pagava US$ 500.000,00 para os seus dois pilotos por ano. O orçamento da Ferrari variava entre US$ 300 e 400 milhões.

  http://wiki.answers.com/Q/How_much_money_does_a_Formula_1_racing_driver_earn 2008).

- As equipes utilizam cerca de 900 pneus por ano nas corridas. Cada pneu custa cerca de US$ 3.000,00, enquanto uma caixa de marchas custa aproximadamente US$ 130.000,00 e se utiliza uma por corrida, ou seja, 16 caixas por ano.

  http://www.bized.co.uk/current/mind/2003_4/080304.htm

- Por outro lado, estima-se que somente na corrida no Canadá os turistas trazidos pela Fórmula-1, gastaram US$ 75 milhões em hotéis, restaurantes e lojas em 2007.

- A revista britânica *F-1 Racing* noticiou em março de 2006 que as 10 equipes de Fórmula-1 que competiram em 2005 gastaram juntas US$ 2,8 bilhões. As que mais gastaram foram a Toyota, US$ 499 milhões, a Ferrari, US$ 432 milhões e a McLaren-Mercedes US$ 419 milhões.

- O custo da Toyota, US$ 499 milhões, tem a composição mostrada na Figura 9.12.

Entretanto, obviamente todo esse gasto é suprido por diversas fontes de rendas, como patrocínios milionários, renda oriunda dos grandes prêmios (o país ou o patrocinador local paga para que a corrida seja realizada naquele autódromo) além de diversas fontes de renda oriundas de marketing e venda de produtos associados à marca F-1.

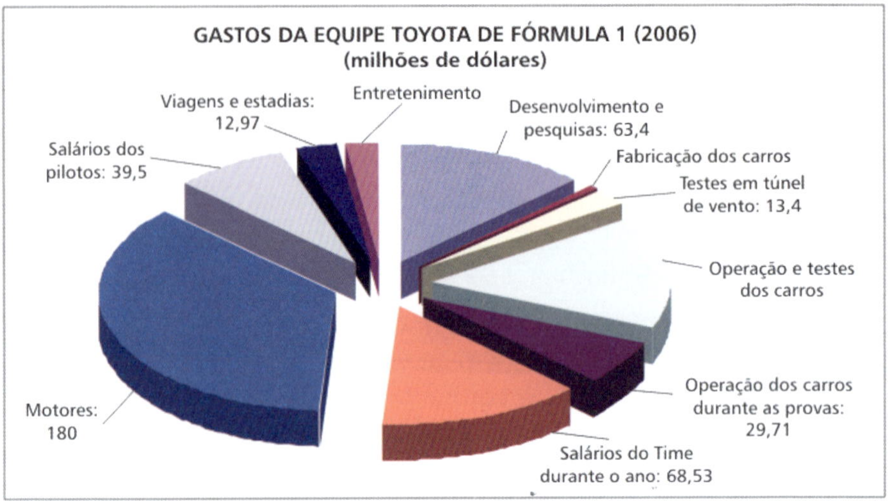


Figura 9.12 – Gastos da equipe Toyota Fórmula-1 em 2006

O melhor resultado da equipe, traduzido pela confiabilidade de seus ativos (carros), eficiência na engenharia, na operação e na manutenção, proporcionará um retorno financeiro notadamente maior. Ou seja, quanto mais competitivo melhores serão os resultados.

Adicionalmente, as pesquisas e desenvolvimentos que ocorrem nos carros de corrida servem de laboratório para melhorias nos automóveis utilizados no dia a dia, o que justifica o aporte de capital.

Para a equipe Toyota, as despesas com salários do time, viagens/estadas e entretenimento totalizam US$ 93 milhões, o que representa 18,6% dos custos totais. Conclui-se que não serão 2 ou 3 mecânicos a mais que promoverão um aumento sensível no orçamento da equipe mas podem significar SEGUNDOS preciosos para estar no pódio ou não.

A conclusão que se tira da analogia da Fórmula-1 com a Manutenção nas indústrias reforça a frase do Ron Moore:[5]

**A CONTRIBUIÇÃO DA MANUTENÇÃO PARA A DISPONIBILIDADE É, NO MÍNIMO, 10 VEZES O SEU POTENCIAL PARA REDUÇÃO DE CUSTOS.**

Finalmente, de modo muito resumido, é possível estabelecer o papel dos principais atores dentro da estrutura organizacional da Manutenção, conforme mostrado na figura a seguir:

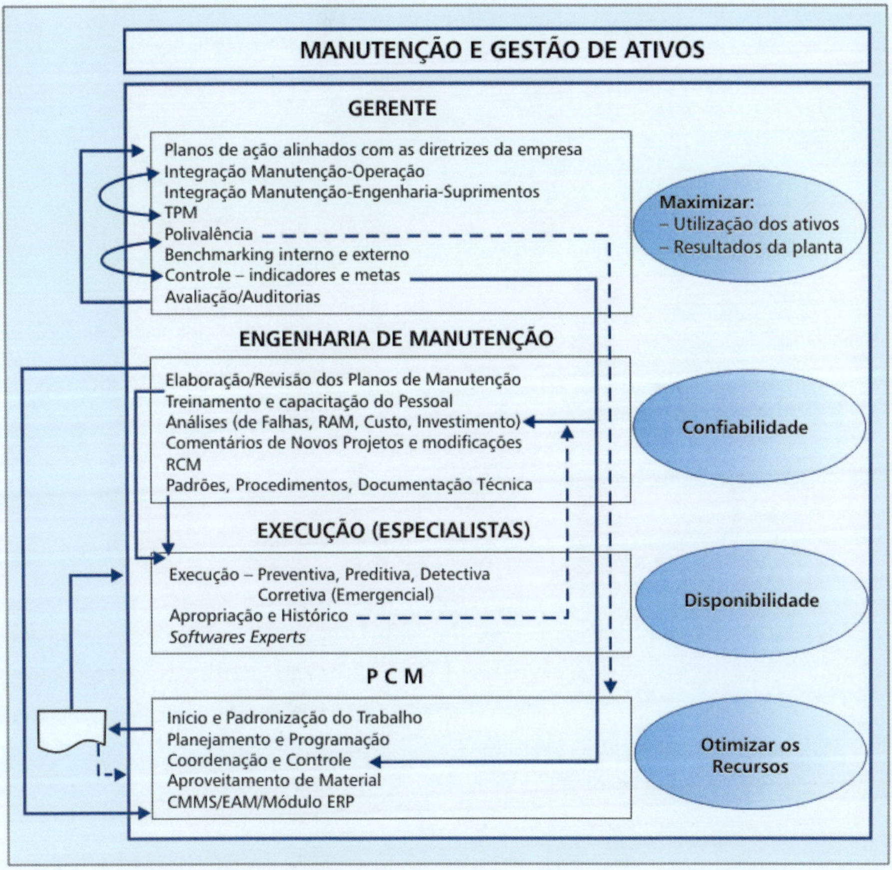


Figura 9.13 – Gestão da Manutenção e de Ativos – Resumo

# 10. Avaliação da Manutenção

> **A ANÁLISE CRÍTICA É A FERRAMENTA MAIS EFICAZ PARA ESTABILIZAR A ROTINA E IMPLANTAR MELHORIAS EM QUALQUER PROCESSO.**

A avaliação de qualquer modelo de gestão, também denominada de Auditoria ou Análise Crítica, é a prática correspondente ao C (*Check*) do Ciclo do PDCA.

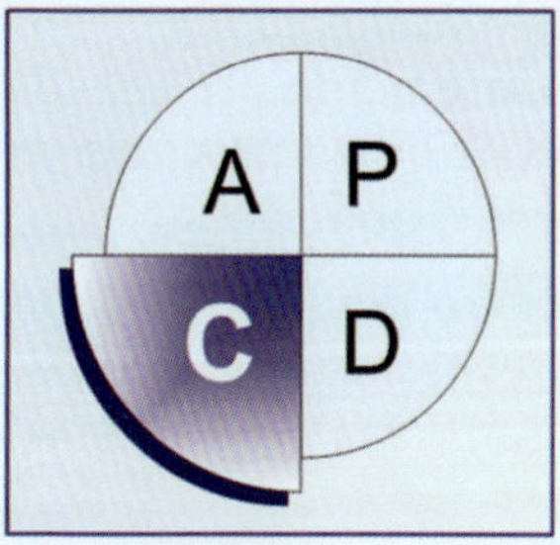


Figura 10.1 – A Avaliação (C = *Check*) no Ciclo PDCA

É importante observar que ***"não existe nenhum modelo de gestão que, praticado dentro de um processo de melhoria contínua, possa prescindir da etapa de avaliação"***. Entretanto, essa etapa adquiriu um conceito "maldito" por três motivos fundamentais:

- A arrogância de alguns auditores.
- O aspecto "policialesco" de aprofundamento, até que falhas fossem finalmente encontradas. O mais importante era encontrar "Não-Conformidades".
- O compromisso exagerado de alguns gerentes, no início da implantação dos modelos de gestão, ao criar metas e planos de ação muito mais extensos do que a capaciade (recursos) para executá-los.

Devemos sempre considerar o ensinamento de Kaoru Ishikawa:

> ***"O auditor pode possuir uma pilha de fórmulas e* check-lists*, mas sem o conhecimento baseado em experiência, ele não conduzirá bem a sua função. Auditorias devem ser usadas para promover a qualidade, não para inspecionar".***

Complementando essas informações iniciais convém relembrar também os ensinamentos da Fundação Nacional de Qualidade, em sua publicação "Critérios de Excelência" a qual considera as fases **C** e **A** como a **fase do aprendizado**. Somente praticando essas duas etapas é que realmente conseguimos consolidar o conhecimento, para poder exercitar, nas etapas seguintes, o processo de melhoria contínua.

## 10.1. AUDITORIA SEGUNDO O MODELO FNQ

O mais completo modelo de Avaliação e Diagnóstico da Gestão Organizacional é o da Fundação Nacional de Qualidade.

Trata-se de um modelo aplicado à gestão de toda a empresa, existente desde 1991 e frequentemente atualizado. Essa atualização anual é a melhor demonstração de que o processo de melhoria contínua deve valer para todos: auditores e auditados.

Seu documento básico é o Manual Critérios de Excelência, disponível gratuitamente na Internet. Sua metodologia consiste em avaliar a empresa segundo FUNDAMENTOS que são a base dos Critérios de Excelência.

"O Modelo de Excelência da Gestão® (MEG) é concebido tendo como base os seguintes Fundamentos da Excelência:[82 (versão 2007)]

1. Pensamento sistêmico.
2. Aprendizado organizacional.
3. Cultura de inovação.
4. Liderança e constância de propósitos.
5. Orientação por processos e informação.
6. Visão de futuro.
7. Geração de valor.
8. Valorização das pessoas.
9. Conhecimento sobre o cliente e o mercado.
10. Desenvolvimento de parcerias
11. Responsabilidade social.

Esses Fundamentos geram os oito critérios de avaliação com sua pontuação máxima possível:

| Item | Critério | Pontuação |
|---|---|---|
| 1 | Liderança | 110 |
| 2 | Estratégias e Planos | 60 |
| 3 | Clientes | 60 |
| 4 | Sociedade | 60 |
| 5 | Informações e Conhecimento | 60 |
| 6 | Pessoas | 90 |
| 7 | Processos | 110 |
| 8 | Resultados | 450 |
| | TOTAL DE PONTOS POSSÍVEIS | 1.000 |

O critério da FNQ é extremamente claro ao indicar que em uma Gestão para a Excelência os resultados são o item mais importante.

FOCO NOS RESULTADOS deve ser a orientação empresarial e dos diversos segmentos que compõem a organização.

## 10.2. Auditoria em Modelos de Gestão Estruturados

Em empresas com modelos de gestão estruturados da Manutenção, dois documentos são imprescindíveis para a realização das Auditorias:

- O Manual de Qualidade ou de Gestão.
- A Lista de Verificação.

O Manual de Qualidade ou de Gestão é o documento fundamental, e deve existir desde a fase inicial da implantação do modelo de gestão escolhido. Não pode nem deve existir modelo de gestão, qualquer que seja ele, que possa prescindir desse Manual, o qual deve conter:

- a descrição dos seus processos;
- os fluxogramas;
- as atribuições das diversas áreas;
- os Padrões/Procedimentos.

A Lista de Verificação é um documento originado do Manual de Gestão e deve obrigatoriamente conter as perguntas sobre as etapas de cada processo definido no Manual. Deve ser de pleno conhecimento de todos os envolvidos, tanto auditores quanto auditados. Aqui não pode haver dúvida: a Lista de Verificação deve ser obrigatoriamente do conhecimento de todos, principalmente porque seu objetivo fundamental não é surpreender o auditado com perguntas inesperadas, mas, sim, consolidar o entendimento entre auditores e auditados, buscando o consenso entre eles sobre as melhores práticas.

Figura 10.2 – Manual de Gestão, Lista de Verificação e Auditoria

Para ilustrar, vejamos dois exemplos práticos.

Em determinada empresa, ao ser realizada a primeira auditoria sobre os processos de Manutenção Preventiva, Manutenção Preditiva e Inspeção constatou-se a seguinte situação:

- O Manual de Gestão recomendava que, relativamente ao atendimento às recomendações da NR-13 e NR-10, alguns equipamentos deveriam ser considerados de máxima criticidade e sobre eles deveriam ser aplicadas determinadas técnicas.

- Algumas divergências foram constatadas:
  - ✓ NR-13 – Embora fosse corretamente recomendado que as válvulas de segurança (PSV) devessem estar calibradas, não se definia a frequência dessa calibração.
  - ✓ NR-10 – Embora fosse corretamente recomendado que se devesse garantir a confiabilidade do Sistema de Proteção contra Descargas Atmosféricas (SPDA), não havia qualquer definição da prática de Manutenção Preventiva e nem controle da documentação dos componentes desse sistema (para-raios, continuidade das ligações, condições da malha de aterramento).

Ou seja, somente a partir da Auditoria pôde-se chegar ao consenso sobre as melhores práticas, sua frequência e sua aplicação em cada caso. Sem a Auditoria certamente não se teria alcançado um melhor estágio de qualidade.

## 10.3. Auditorias Independentes

Embora a melhor condição para se fazer Auditoria seja a ilustrada em 10.1, há casos em que são adotadas Auditorias Independentes.

Essa condição costuma acontecer em empresas que, pretendendo implantar um modelo de gestão, valem-se das Auditorias (ou avaliações) para estabelecer qual é o "estado da arte" de sua Manutenção e, consequentemente, levantar os argumentos e as condições necessárias para a mudança.

Um dos modelos de Avaliação e Diagnóstico é o desenvolvido pela TECÉM Tecnologia Empresarial Ltda., que contempla as etapas listadas e detalhadas nos itens a seguir:

- Reunião preparatória com o gerente da Manutenção contratante.
- Análise de documentação.
- Entrevistas com clientes, fornecedores, contratadas e pessoal próprio.
- Avaliação das instalações e ativos na fábrica.
- Elaboração e apresentação de um relatório preliminar.
- Elaboração do relatório final.

## 10.3.1. Fluxograma do Processo

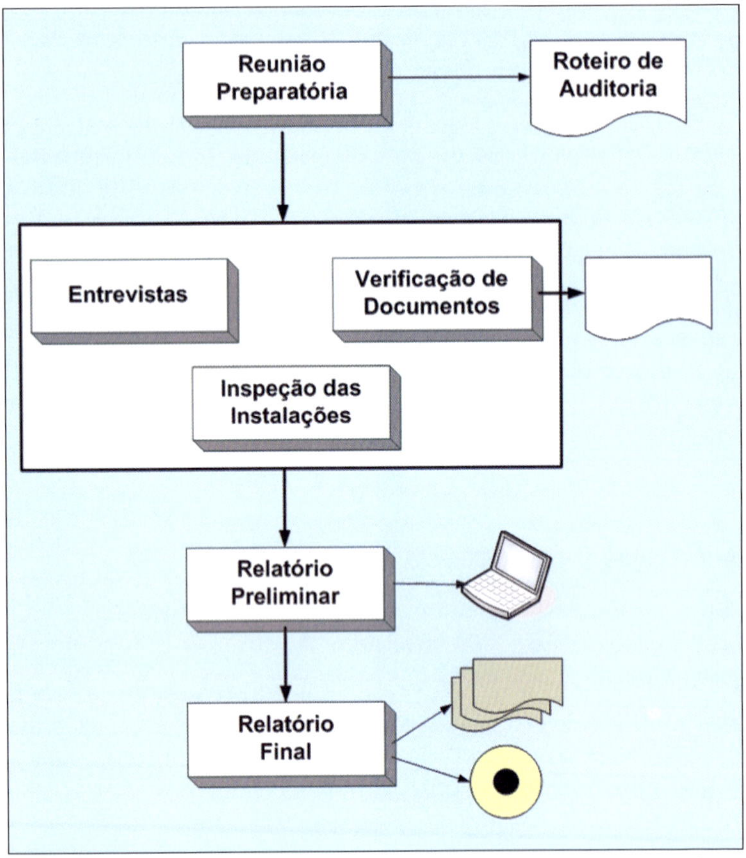


Figura 10.3 – Modelo de Avaliação e Diagnóstico (Cortesia TECÉM)

## 10.3.2. Reunião Preparatória

Na reunião preparatória são estabelecidas a abrangência da Auditoria, sua duração e a logística. É desejável que nesse momento fique definido um coordenador local que possa dar apoio à equipe de Auditoria, facilitando a agenda de entrevistas e o roteiro de inspeção dos Ativos e Equipamentos. Também deve ser disponibilizada uma sala nas instalações do cliente para uso exclusivo da equipe, com apoio de recursos de informática. Essa sala exclusiva permite à equipe de Auditoria trocar informações entre si, sem indiscrição e nem causar constrangimento entre auditores e auditados.

A equipe de Auditoria deve preparar previamente uma tabela, conforme modelo da Figura 10.4, para negociação com o gerente de Manutenção. Isso servirá para assumir os compromissos de duração e sequência adequada dos trabalhos ao mesmo tempo em que o agendamento antecipado aumenta a eficácia do processo.

Nessa reunião preparatória devem ser estabelecidos os documentos, os prazos e as condições para o recebimento da documentação técnica a ser utilizada, antes do início da Auditoria. Deve também ser definida a documentação que deverá estar disponível quando da realização das entrevistas.

| Atividade | Duração | Dia |
|---|---|---|
| **Inspeção das instalações** | | |
| Plantas Industriais | | |
| Oficinas, Ferramentaria e Almoxarifado | | |
| **Entrevistas** | | |
| • Gerente de Manutenção | | |
| • Gerente da Engenharia de Manutenção | | |
| • Planejadores de Manutenção | | |
| • Supervisores de Manutenção | | |
| ✓ Elétrica | | |
| ✓ Mecânica | | |
| ✓ Instrumentação, Controle e Automação | | |
| ✓ Civil | | |
| • Inspetor de Equipamentos | | |
| • Oficiais de Manutenção | | |
| ✓ Elétrica | | |
| ✓ Mecânica | | |
| ✓ Instrumentação, Controle e Automação | | |
| ✓ Civil | | |
| • Operadores da Planta | | |
| • Gerente de Operação (produção) | | |
| • Gerente de Projeto e Engenharia | | |
| • Gerente de Suprimento | | |
| • Preposto de Empresa Contratada | | |
| • Supervisor de Empresa Contratada | | |
| • Oficial (executante) de Empresa Contratada | | |
| **Análise da Documentação Técnica e *Softwares*** | | |
| **Emissão do Relatório Preliminar e Apresentação** | | |

Figura 10.4 – Sugestão de Programação para Auditoria

### 10.3.3. Documentação

O quadro da Figura 10.5 lista a relação de documentos que mais interessam à Auditoria. Estão relacionadas tanto a documentação preliminar quanto aquela que será utilizada durante a Auditoria. De modo que a programação elaborada seja otimizada, é necessário enviar previamente à empresa encarregada da Auditoria a seguinte documentação:

- Planta de situação (*plot plan*) e Fluxograma do processo de produção.
- Dados de produção e perdas por problemas de Manutenção.
- Organograma da fábrica e da Manutenção com funções e quantitativo.
- Serviços terceirizados e empresas contratadas.
- Relação dos equipamentos de maior criticidade.

**Documentação Geral:**

| Documentos | O que Deve Ser Verificado |
|---|---|
| **Indicadores** | Existência de gráficos de acompanhamento de indidores e sua atualização. Existência de definições oriundas do acompanhamento pela gerência e negociações. *No campo: Conhecimento pelo pessoal, gestão à vista atualizada.* |
| **Orçamento** | Existência de orçamento, equipamentos adicionais, terceirização e controle pelas gerências. |
| **Organograma** | Existência de organograma geral e da Manutenção. *No campo: Conhecimento pelo pessoal e consciência da sua posição.* |
| **Catálogo de Sobressalentes** | Existência de catálogo em papel ou "on-line". Atualização, processo de recomendação, acompanhamento de itens inativos. *No campo: Conhecimento pelo pessoal, sua utilização e interface.* |
| **Contratos de Terceiros** | Tipo de contratos, duração média, escopo. Verificação de: Ferramentas, EPI's, Treinamento/Capacitação, Segurança, Atuação do Fiscal e Preposto, Multas, Ressarcimento por retrabalho. *No campo: Instalações das contratadas.* |
| **Rotinas e Procedimentos** | Existência de rotinas e procedimentos. Elaboração, revisões, disponibilidade e controle. *No campo: Verificar aplicação.* |

*Continua*

| Documentos | O que Deve Ser Verificado |
|---|---|
| **Relatórios Gerenciais de Manutenção** | Da Gestão e do PCM. Painel de Gestão à Vista. *Nos locais: Verificar utilização e eficácia.* |
| **Histórico de Equipamentos e Instalações** | Existência de histórico de Manutenção dos ativos. Elaboração e controle. *No campo: Utilização e apropriação.* |
| **Relatórios de Análise de Falhas** | Prática e sistemática. *No campo: Elaboração, Participação, Planos de contramedidas.* |
| **Planos de Manutenção e Planos de Inspeção** | Existência de Planos de Manutenção Preventiva, Preditiva, Detectiva e de Inspeção. Elaboração, execução e análise crítica. *No campo: Conhecimento e cumprimento do plano.* |
| **Procedimentos e Técnicas Especiais** | Para equipamentos críticos, como meio de permitir o seu retorno o mais rápido possível à operação. Existência, elaboração, análise crítica. *No campo: Conhecimento e aplicação.* |
| **Documentação Técnica:** (Catálogos, Desenhos, Unifilares) | Existência, Arquivamento, Facilidade de procura e consulta, Atualização (*as built*). *No campo: Disponibilidade, Conhecimento e Utilização.* |
| **Atribuições Escritas** | Existência de definição de atribuições, exigência de escolaridade e treinamento específico para cada cargo. *No campo: Verificação do conhecimento, Aplicação do treinamento, Adequação da mão de obra à exigência.* |
| **Quadro com Lotação (Própria e Contratada)** | Analisar relação de pessoal próprio e contratado. |

Figura 10.5 – Relação de Documentos a Serem Verificados Durante a Auditoria

### 10.3.4. Inspeção dos Ativos e Instalações

Essa etapa é de suma importância para a Auditoria e não deve, em hipótese alguma, deixar de ser praticada. Para tanto, é necessário que na equipe de Auditoria existam especialistas em equipamentos e sistemas da planta industrial que está sendo avaliada. Normalmente é desejável que haja entre os auditores especialistas nas áreas de Mecânica, Elétrica e Instrumentação. Adicionalmente, é importante que pelo menos um dos auditores tenha experiência em Planejamento e Controle da Manutenção. Se executada antes das entrevistas, esta etapa fornece poderosos subsídios para a etapa de entrevistas.

Por vezes pode acontecer que empresas auditadas para certificação ISO recebam auditores com foco nos processos, mas que não possuem a experiência e/ou a *expertise* necessária para avaliar as condições de confiabilidade ou adequabilidade da planta industrial. Exemplificando: Uma subestação de eletricidade pode apresentar problemas relacionados a limpeza, organização, aplicação de manutenção sistematizada que passam despercebidos a um auditor cujo foco está na existência dos procedimentos escritos, manual atualizado ou cópias controladas.

Quando no Item 10.3 (Não-conformidades mais Relevantes), listarmos essas ocorrências mais comumente encontradas em Auditorias anteriores, poderá ser confirmada a baixa confiabilidade de ativos e instalações, não consideradas em processos de Certificação.

### 10.3.5. Relatório Preliminar

O relatório preliminar deve ser preparado em *software* de apresentação (por exemplo, *Power Point*) e apresentado ao gerente da Manutenção, ao final do último dia da Auditoria. O objetivo de sua elaboração prende-se à necessidade de se nivelar a linguagem, de modo a aparar arestas, muito mais de forma do que de conteúdo. É sempre bom lembrar que nossa observação, por ser de curta duração, não deve ter a pretensão de ser a verdade absoluta.

Em algumas empresas a apresentação preliminar é assistida por outros profissionais (engenheiros, supervisores, gerentes da Operação e Gerente da Planta), tudo a critério da empresa que está sendo avaliada.

Essa apresentação deve conter obrigatoriamente:

- A relação dos entrevistados.
- A relação dos ativos e instalações avaliados.
- Os documentos analisados.
- Os pontos fortes, as oportunidades de melhoria.

### 10.3.6. Apresentação do Relatório Definitivo

O relatório definitivo deve ser elaborado no máximo uma semana após a Auditoria e deve conter:

- A descrição da situação encontrada.
- A análise da situação.

- O diagnóstico da Auditoria.
- As recomendações para encaminhamento das soluções.
- A sugestão da elaboração de um plano de ação para resolução dos problemas. Nesse caso é sempre bom lembrar que a equipe de Auditoria pode auxiliar nessa elaboração, porém não pode se responsabilizar por ela, visto que ela não conhece a disponibilidade de recursos para sua execução.

## 10.4. Não-Conformidades mais Relevantes

Embora já existam empresas que mostram resultados expressivos, confirmados em Auditorias, indicando que os esforços sistematizados oferecem resultados concretos, um número significativo de empresas nacionais ainda tem um longo caminho a percorrer até o *status* de Manutenção Classe Mundial.

As empresas que apresentam bons resultados têm uma característica comum, qual seja a perseverança dentro do modelo de gestão escolhido. Esse fato tem demonstrado que os resultados de ponta foram alcançados após sucessivas aplicações do giro do PDCA, comprovando a eficácia dessa metodologia.

De modo a ilustrar a aplicação das Auditorias e chamar a atenção para os processos de resultados ainda não satisfatórios, vamos listar algumas situações com maior potencial de ganho ainda a conquistar.

### 10.4.1. Planos de Manutenção Preventiva, Preditiva e Inspeção

Inexistência de análise crítica da aplicação desses planos.

Muitas empresas praticam planos com técnicas definidas há mais de 10 anos sem avaliar a eficácia delas, tanto com relação às técnicas quanto às frequências de suas aplicações.

### 10.4.2. Padrões e Procedimentos de Trabalho

Embora já existam excelentes padrões com relação às atividades técnicas de execução dos serviços (mecânica, elétrica, instrumentação, controle e automação) eles deixam a desejar para as atividades de PCM (planejamento, programação e controle).

### 10.4.3. Utilização do CMMS/EAM ou Módulo de ERP (*Software* de Gestão)

Nesse caso são bastante abundantes os exemplos de não-conformidades. Os mais relevantes são:

- Falta de treinamento do pessoal na utilização.
- Falta de *hardware* para suportar o *software*.
- Apropriações mal-executadas e mal-avaliadas que têm como consequência mais grave um histórico pouco representativo, que impede ou falseia os resultados das Análises de Falhas.
- Relatórios gerenciais em abundância, com pouca utilização. Conforme atesta Peter Drucker: "A Informática em mais de 50 anos de utilização apresenta muito dado e pouca informação".

### 10.4.4. Orçamentação Deficiente

Como consequência direta da baixa confiabilidade da apropriação, os processos de orçamentação não são realimentados, permanecendo com nível baixo de confiabilidade.

### 10.4.5. Interfaces Maldefinidas

Como os resultados da Manutenção não dependem exclusivamente de sua gestão, as relações com seus clientes e fornecedores são fundamentais. No entanto, esse aspecto deixa a desejar, principalmente com as áreas de Materiais/Sobressalentes, com a Engenharia de Projetos e com o maior cliente da Manutenção, que é a Operação.

Nas empresas em que essas interfaces já atingiram um grau adequado de atendimento, isso foi conseguido pela fixação dos Padrões de Sistema de Interfaces, os quais são implantados por atuação direta da gerência superior às duas atividades subordinadas: (Manutenção e Materiais), (Manutenção e Engenharia de Projetos) e (Manutenção e Operação).

De modo a acentuar a importância de se ter interfaces bem definidas, lembramos que na publicação "Fundamentos da Excelência" da Fundação Nacional da Qualidade, essa necessidade fica muito bem definida no primeiro dos 11 Fundamentos escolhidos, qual seja o fundamento **Pensamento Sistêmico**.

### 10.4.6. Treinamento de Pessoal

Os planos ou programas de treinamento normalmente são estabelecidos sem planejamento de longo prazo e com abordagem imediatista. Nas empresas em que esses processos têm melhores resultados, observam-se: a elaboração da Matriz de Habilidades (ou de Competências), o planejamento de longo prazo (3 anos, com revisão anual), a utilização do treinamento no trabalho (*on the job training*) através dos procedimentos e padrões do trabalho e o departamento de Recursos Humanos é utilizado como órgão de apoio.

### 10.4.7. Degradação dos Ativos

Em relação a esse tópico, são ocorrências mais relevantes:

- *Subestações elétricas:* falta de documentação atualizada, sistemas de iluminação de emergência inoperantes, falta de sinalização ou sinalização quebrada, falta dos sistemas de pressurização, painéis abertos, subestações sem bloqueio permitindo a entrada de animais, projetos e montagens incompletos, não observância da NR-10.
- *Equipamentos mecânicos:* falta de documentação ou documentação incompleta, inexistência ou não cumprimento de programas de acompanhamento preditivo/inspeção, má utilização pela Operação seja por falhas no manuseio ou pela sobrecarga imposta aos equipamentos, improvisos no reparo dos equipamentos motivados pela falta de sobressalentes adequados.

## 10.5. Elaboração de Listas de Verificação

As facilidades e os resultados são melhores quando as auditorias são realizadas em locais onde existe um Modelo de Gestão apoiado em um Manual de Gestão (ou da Qualidade) e a sua respectiva Lista de Verificação é de pleno conhecimento de todos, auditores e auditados. No entanto, é possível se fazer uma Auditoria em outras condições, conforme já tratado no Item 10.2 (Auditorias Independentes).

A seguir, vamos considerar a elaboração de dois modelos de Lista de Verificação:

- Lista de Verificação com ênfase nos processos de Manutenção.
- Lista de Verificação com ênfase em gestão por pilares.

Figura 10.6 – Ativo Bem Cuidado e Ativo Degradado

## 10.5.1. Lista de Verificação com Ênfase nos Processos de Manutenção

Essa Lista de Verificação é bastante útil quando utilizada nas Auditorias Independentes. Faz parte do processo de negociação inicial com o gerente de Manutenção e serve de base para a elaboração da Lista definitiva, a qual deverá ser adequada após a reunião preparatória.

Como mostrado nas Figuras 10.7 e 10.8, a Lista de Verificação está baseada na metodologia dos 6M (Mão de Obra, Materiais, Máquinas, Medidas, Meio Ambiente, Método), à semelhança do diagrama de causa e efeito proposto por Ishikawa.

Observa-se que praticamente todas as atividades passíveis de avaliação durante uma auditoria estão contidas em um dos M definidos por Ishikawa.

A Lista de Verificação da Figura 10.8 apresenta os principais pontos a serem avaliados durante a auditoria sem ter a pretensão de conter todos os aspectos de cada item (M). Dependendo da empresa/atividade, pode-se ressaltar mais um determinado **M** em relação aos demais.

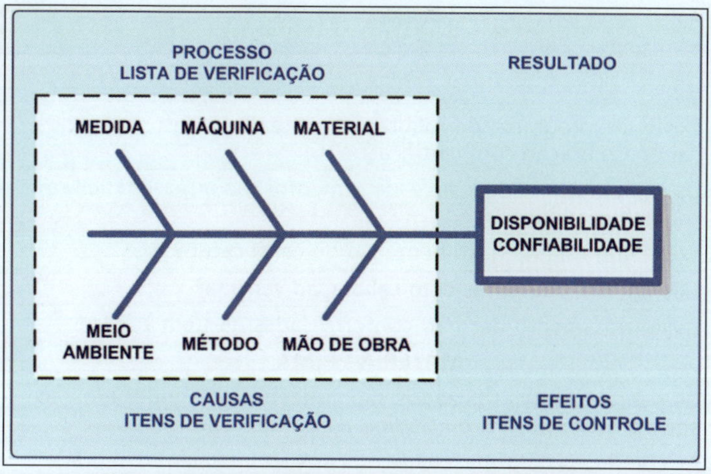


Figura 10.7 – 6M no Diagrama de Ishikawa

Associada à auditoria dos processos (causas), deve-se fazer a verificação dos resultados, que é o item mais importante para a organização. A Figura 10.9 indica alguns itens relevantes de resultados.

| ITEM DA AVALIAÇÃO | | |
|---|---|---|
| | ITENS DE VERIFICAÇÃO DE PROCESSO (Causas) | Pontos |
| 1 | MÁQUINAS | |
| 1.1 | A empresa ou oficina possui dispositivos/equipamentos e instalações adequadas para garantir a manutenibilidade, segurança, qualidade do serviço e preservação do meio ambiente? | |
| 1.2 | Os equipamentos de elevação/movimentação de carga estão disponíveis? | |
| 1.3 | Existe um programa de revisão e avaliação periódica dos equipamentos de elevação e movimentação de carga com certificação? | |
| 1.4 | As máquinas operatrizes, de solda e bancadas de teste estão disponíveis? | |
| 1.5 | Existe um programa de revisão e avaliação periódica das máquinas operatrizes, de solda e bancadas de teste? | |
| 1.6 | Existe tratamento das não-conformidades para os itens acima? | |
| 2 | MEDIDAS | |
| 2.1 | Os equipamentos de teste e instrumentos de medição estão calibrados? | |

Continua

| ITEM DA AVALIAÇÃO | | |
|---|---|---|
| | **ITENS DE VERIFICAÇÃO DE PROCESSO (Causas)** | **Pontos** |
| 2.2 | Existe um programa de calibração rastreado ao sistema nacional de calibração com certificação? | |
| 2.3 | Os equipamentos de teste e instrumentos são armazenados em condições adequadas? | |
| 2.4 | Existe controle da documentação de certificação? | |
| 2.5 | Existem equipamentos com calibração vencida? | |
| 2.6 | Existe tratamento das não-conformidades do Item 2.5? | |
| **3** | **MATÉRIA-PRIMA** | |
| 3.1 | Os sobressalentes utilizados são cadastrados e indexados ao equipamento por PN ou Código de Catalogação? | |
| 3.2 | As condições de armazenamento dos sobressalentes são adequadas? | |
| 3.3 | Os sobressalentes adquiridos possuem atestado de procedência e certificados de fabricação? | |
| 3.4 | Há rastreabilidade dos sobressalentes aplicados? | |
| 3.5 | Existe um padrão de Sistema definindo as atribuições da Manutenção na interface com Suprimentos & Materiais? | |
| **4** | **AMBIENTE** | |
| 4.1 | As oficinas estão organizadas segundo os critérios de ordem, arrumação e limpeza? | |
| **5** | **MÉTODO** | |
| 5.1 | A estrutura organizacional é adequada para atender as diversas particularidades do processo, observando as atividades de planejamento, detalhamento, programação, controle, fornecimento de sobressalentes, ferramentas? | |
| 5.2 | Existe documentação técnica atualizada dos equipamentos em manutenção? | |
| 5.3 | Existem *check-lists* para verificação dos equipamentos que chegam para manutenção? | |
| 5.4 | Existem procedimentos para execução dos serviços de Manutenção, com Lista de Tarefas montadas utilizando a técnica dos 5W-1H? | |
| 5.5 | Existe um programa de atualização dos procedimentos de trabalho? | |
| 5.6 | Os serviços são realizados conforme descritos nos procedimentos, obedecendo a Lista de Tarefas? | |
| 5.7 | Existe um programa de treinamento do pessoal de Manutenção nos procedimentos? | |

*Continua*

| ITEM DA AVALIAÇÃO | | |
|---|---|---|
| | ITENS DE VERIFICAÇÃO DE PROCESSO (Causas) | Pontos |
| 5.8 | Existe controle de resserviços? | |
| 5.9 | Existem indicadores de Manutenção relativos à disponibilidade dos equipamentos? São acompanhados e estão atualizados? | |
| 5.10 | Existem *check-lists* para verificação da condição de recebimento pela Operação dos equipamentos após a manutenção? | |
| 5.11 | As normas técnicas referentes à manutenção dos equipamentos estão disponíveis para acesso e são do conhecimento do pessoal de Manutenção? | |
| 5.12 | Existe um processo que garanta a atualização permanente das publicações e normas técnicas? | |
| 5.13 | Existe registro dos programas de Manutenção Preventiva e Preditiva e Inspeção? | |
| 5.14 | Existem pastas (*books*) ou sistema computadorizado para equipamentos, com registro de acompanhamento de sua vida útil? | |
| 5.15 | Os certificados de inspeção/testes dos equipamentos estão disponíveis? | |
| 5.16 | Existem cronogramas de planejamento detalhados para serviços de longa duração? | |
| 5.17 | Existe um sistema de controle para cumprimento de prazos da Manutenção de equipamentos? | |
| 5.18 | Os equipamentos armazenados estão em condições adequadas e obedecem às recomendações dos Procedimentos de Manutenção? | |
| 5.19 | A empresa adota Atestado de Operacionalidade de acordo com os procedimentos específicos de cada equipamento? | |
| 5.20 | Os processos de manutenção e inspeção (xylon, bissulfeto de molibdênio, fosfatização, pintura, soldagem, usinagem, líquido penetrante, teste hidrostático etc.) estão certificados? | |
| 5.21 | Existe tratamento das Não-conformidades? | |
| 5.22 | Há procedimentos específicos para tratamento das Não-conformidades? | |
| 5.23 | Há Não-conformidades com prazo de solução vencido? | |
| 5.24 | A utilização de EPI's é praticada por todo o pessoal da empresa? | |
| 5.25 | Há registro de acompanhamento de ocorrências, acidentes e incidentes? | |
| **6** | **PESSOAS** | |
| 6.1 | Existe programa de treinamento estruturado que contempla pessoal próprio e terceirizado? | |
| 6.2 | Existe controle da aplicação do programa de treinamento? | |

Figura 10.8 – Lista de Verificação Baseada nos 6M – Itens de Verificação

| ITEM DA AVALIAÇÃO | | |
|---|---|---|
| | ITENS DE VERIFICAÇÃO DE PROCESSO (Resultados) | Pontos |
| 1 | Disponibilidade dos Ativos | |
| 2 | Atendimento | |
| 3 | Acidentes | |
| 4 | Custos | |

Figura 10.9 – Lista de Verificação Baseada nos 6M – Itens de Controle

### *Critérios para Pontuação na Auditoria*

De forma a tornar a Auditoria menos subjetiva, deve ser criado um sistema de pontuação que possa servir de comparação tanto entre duas Auditorias sucessivas da mesma planta industrial, quanto entre várias plantas industriais de uma única empresa – lembrar sempre que se trata da busca da melhoria contínua

### *Pontuação para os Itens de Verificação do Processo (Causas)*

Na Lista de Verificação da Figura 10.8 são avaliadas as práticas de trabalho.

Deve-se partir da premissa de que essas práticas são sustentadas por padrões e procedimentos de trabalho.

Podemos dividi-las em dois grupos distintos: Práticas adequadas e práticas não-adequadas.

A tabela da Figura 10.10 pode servir de modelo.

### *Pontuação para os Itens de Controle do Processo (Resultados)*

Três fatores são fundamentais na avaliação dos Resultados:

- A ***Relevância*** – Avaliar se o Indicador é representativo (qualitativo).
- O ***Valor Alcançado*** (quantitativo).
- A ***Tendência*** – Constatação de melhoria ou não. Para tanto devemos sempre considerar, no mínimo, três resultados consecutivos.

| Pontos | Condição | Critérios de Pontuação |
|---|---|---|
| 10 | Adequado | Práticas inerentes ao item se sustentam em processos estabilizados, com procedimentos principais e de apoio de amplo domínio dos executantes, com atitudes de busca permanente da excelência, com resultados sempre superiores às expectativas. Uso permanente. São práticas que se destacam pela inovação (inspiração). |
| 7,5 | Adequado | Práticas inerentes ao item se sustentam em processos, na sua maioria estabilizados, com procedimentos principais e de apoio com domínio da maioria dos executantes com resultados dentro da expectativa. Uso frequente. São práticas que se destacam pela capacidade de antever problemas, como resultado de utilização frequente e com várias revisões (transpiração). |
| 5 | Mínima de Adequação | Práticas inerentes ao item se sustentam em processos pouco estabilizados, com procedimentos principais e de apoio que atendem os requisitos mínimos da atividade. |
| 2,5 | Não-adequado | A maioria das práticas inerentes ao item não está estabilizada e o uso é intermitente. Os resultados contêm anomalias. |
| 0 | Não-adequado | Práticas inadequadas, sem procedimentos, com resultados com anomalias frequentes e reincidentes. |

Figura 10.10 – Tabela de Critérios para Atribuição dos Pontos

## 10.5.2. Lista de Verificação para Modelo com Ênfase em Pilares de Gestão

Essa Lista de Verificação é praticada por empresas que, mesmo ainda não tendo um modelo de gestão corporativo, integrado, envolvendo todos os seus segmentos, já o possuem aplicado à gestão de Manutenção. Conforme foi mostrado no Capítulo 1, embora não sendo a condição ideal, representa a iniciativa da Gestão de Manutenção da empresa na busca da excelência dessa atividade em particular.

Como no sistema de Gestão de Manutenção por pilares, invariavelmente, encontramos o **Pilar de Planejamento e Controle/Planos de Manutenção** vamos elaborar uma Lista de Verificação voltada para essa aplicação.

Levando em consideração que os recursos são sempre escassos (financeiros, pessoal, material) e que devemos concentrar nossos esforços em atividades cuja relação custo/benefício seja a mais vantajosa possível, dentro do programa de Gestão de Manutenção vamos elaborar nossa Lista de Verificação exercitando a ferramenta **PDCA**.

Também aqui é necessário que a escolha dos Itens de Verificação obedeça a recomendação de "poucos vitais", ou seja, as verificações se deem em itens significativos para os resultados escolhidos entre os mais representativos para o negócio (ou atividade que está sendo avaliada).

A Figura 10.11 sugere uma Lista de Verificação para o pilar em tela, que contempla apenas algumas práticas/atividades passíveis de avaliação.

| 1 | **PLANEJAR (P)** | 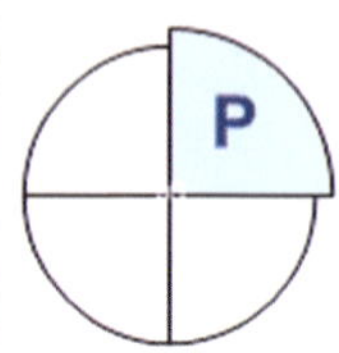 |
|---|---|---|
| 1.1 | Como foi elaborada e divulgada a Lista de Criticidade dos Ativos? | |
| 1.2 | Qual é a relação percentual entre os ativos distribuídos pelas três categorias de Criticidade? | |
| 1.3 | Existe o registro da Criticidade na ficha de histórico do equipamento? | |
| 1.4 | Nos equipamentos em que será aplicada a técnica de acompanhamento de vibrações existe a marcação de pontos de observação? | |
| 1.5 | Os planos de Inspeção, Manutenção Preventiva e Manutenção Preditiva estão identificados no Mapa de 52 semanas? | |
| 1.6 | Existe um programa de treinamento institucional para preparação de especialistas (quer seja como executante, quer seja como fiscal) na aplicação das técnicas de inspeção, preditiva e preventiva? | |

| 2 | **EXECUTAR (D)** | 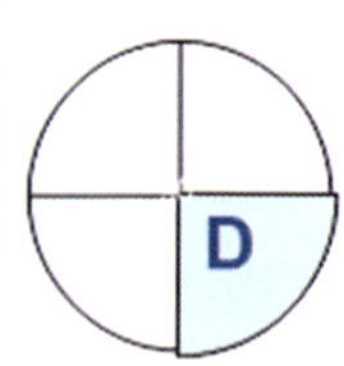 |
|---|---|---|
| 2.1 | Existem reuniões semanais entre PCM, Operação e Oficinas Especializadas para negociação da programação semanal? | |
| 2.2 | Existe uma pauta definida para esta reunião semanal? (Exemplo: Análise da Carteira de Serviços Corretivos, Análise dos planos em atraso, oportunidade de realização de planos aproveitando-se paradas não programadas?) | |

*Continua*

| 2 | **EXECUTAR (D)** (cont.) | 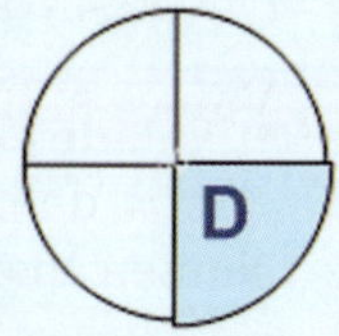 |
|---|---|---|
| 2.3 | Existe coordenação de modo a renegociar serviços em função de imprevistos? | |
| 2.4 | Como é feita a apropriação dos serviços executados? (homem-hora e material) | |

| 3 | **VERIFICAR (C)** | 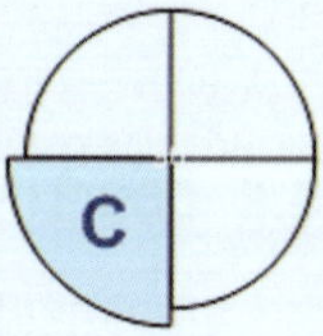 |
|---|---|---|
| 3.1 | Quais os indicadores escolhidos para a medição das atividades?<br>Exemplos:<br>• Cumprimento dos planos de inspeção, preditiva e preventiva<br>• Laudos de manutenção preditiva não cumprida<br>• Equipamentos com calibração em atraso | |
| 3.2 | Como é reportada a medição dos indicadores? | |

| 4 | **CORRIGIR (A)** | 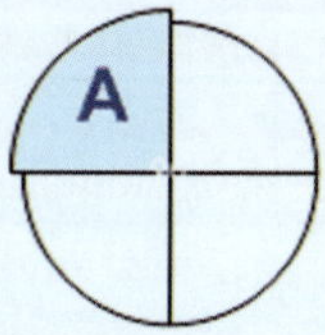 |
|---|---|---|
| 4.1 | Existe Relatório de Não-conformidades para as atividades do Pilar? | |
| 4.2 | Existe um plano de ação para atendimento das não-conformidades? | |

Figura 10.11 – Lista de Verificação Baseada no PDCA

Quando da aplicação da auditoria, deve-se observar através da **Lista de Verificação a ADERÊNCIA ao Manual de Qualidade do Pilar**, isto é:

– fez ou não fez;

– tem ou não tem;

– alcançou ou não alcançou.

A pontuação pode utilizar critério 0-10 (sim ou não, tudo ou nada) ou a sugestão mostrada na tabela da Figura 10.10.

Obviamente o critério da tabela de pontuação da Figura 10.10 permite uma melhor caracterização da situação e maior flexibilidade para o auditor.

O critério 0-10 pode apresentar distorções como a mostrada a seguir.

Vamos supor que em uma auditoria constatou-se que "Falta muito pouco para que um determinado item seja atendido".

Nesse caso:

**Nota 10** – premia um item não plenamente atendido.

**Nota 0** – castiga de modo injusto todo o serviço já realizado, o que acaba provocando desestímulo.

## 10.6. CONCLUSÕES

Como mencionado no início deste capítulo, a Análise Crítica de qualquer processo é fundamental para a melhoria dos seus resultados.

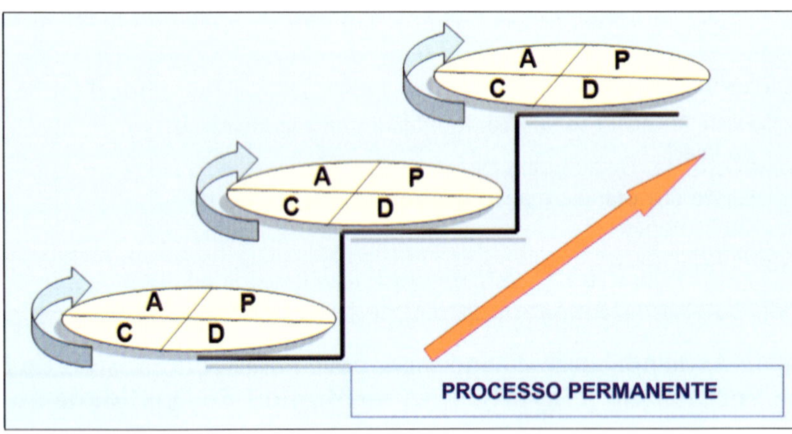


Figura 10.12 – Melhoria Contínua pelo Giro do PDCA

A Figura 10.12 representa a melhoria contínua pelo giro completo do PDCA. Não é possível mudar de degrau ou patamar sem o giro completo do PDCA, que implica:

1. PLANEJAR.
2. EXECUTAR.
3. Fazer a análise crítica do que foi planejado e executado. O "C" no ciclo do PDCA significa exatamente Checar, Verificar, Analisar.

Somente adotando essa atitude de analisar criticamente poderemos propor mudanças e melhorar o processo. O processo de auditoria, avaliação, análise crítica ou qualquer outro nome que se dê a essa fase é a aplicação do "C" do ciclo PDCA.

4. Adotar a revisão dos planos e métodos ou práticas em função das observações feitas na auditoria, avaliação ou análise crítica.

Neste capítulo foi abordada a Avaliação da Manutenção como um processo de gestão de uma atividade estratégica para os resultados empresariais. Assim, sua aplicação é bem abrangente e analisa o processo como um todo. Via de regra a aplicação de Auditoria ou Avaliação da Manutenção ocorre nas seguintes frequências:

- Avaliação interna → semestral ou anual.
- Avaliação externa → anual ou bianual.

A Avaliação externa contempla o apoio de consultores externos à empresa que está sendo auditada na equipe de auditoria como forma de buscar uma análise crítica isenta associada a um olhar crítico diferente da realidade da organização.

No entanto a Avaliação pode ser feita pontualmente, sendo os exemplos a seguir bastante significativos:

### *ALCOA (Poços de Caldas-MG)*

Uma prática adotada na Alcoa é a análise crítica, no dia seguinte, do cumprimento da programação de Manutenção. Essa prática permite que sejam detectados os problemas relativos ao não-cumprimento da programação, ou seja, suas causas, consequências e esse exercício permite que ações de bloqueio sejam tomadas para evitar a repetição.

### *Análise de Falhas*

As técnicas de análise de falhas em equipamentos ou sistemas correspondem à análise crítica do desempenho de um ativo. Independentemente do processo utilizado, parte-se da verificação para sugerir modificações que levem ao melhor desempenho.

**GERENCIAR PARA A EXCELÊNCIA É ORIENTAR AS AÇÕES PARA OBTENÇÃO DOS MELHORES RESULTADOS.**

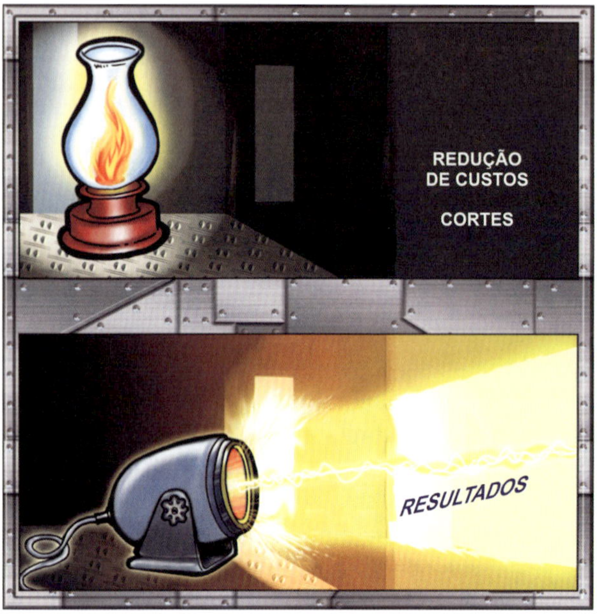


Figura 10.13 – Tipos de Visões (Focos) Gerenciais

# REFERÊNCIAS BIBLIOGRÁFICAS

1 *Manutenção Função Estratégica*, Alan Kardec e Júlio Nascif, Qualitymark Editora, 3ª edição, 2009.

2 The Hidden Plant: A Collection of Asset Management. Articles published by S. Bradley Peterson, Strategic Asset Management Inc.

3 *Gerenciamento pelas Diretrizes* (Hoshin Kanri), Vicente Falconi, Editora IDG.

4 *TQC – Controle da Qualidade Total (no estilo japonês)*, Vicente Falconi, Fundação Christiano Otoni, UFMG, 3ª edição.

5 Make Common Sense, Common Practice, Ron Moore, Elsevier, Butterworth Heinemann, Burlington, MA, USA, 3ª edição, 2004.

6 *Dicionário de Termos Técnicos de Manutenção, Confiabilidade e Qualidade*. Gil Branco Filho, Editora Ciência Moderna, edição 2000.

7 Relatórios Anuais de Auditorias de Gestão de Manutenção – TECÉM – 2001 a 2007.

8 Documento Nacional – A Situação da Manutenção no Brasil – Abraman 1990-2007.

9 PERT-CPM – Série Gerência de Projetos – Darci Prado – INDG.

10 Wikipedia – www.wikipedia.org

11 An overview of Reliability Engineering Principles. Barringer, Paul – Houston, TX, 1996.

12 High Output Management, Grove, Andrew S., Second Vintage Books Edition, September 1995, New York.

13 Life Cycle Cost – Who does what. Barringer, Paul – 2004 NPRA Reliability & Maintenance Conference.

14 Design and Manage to Life Cycle Cost, Blanchard, B. S. MA. Press, Forest Grove, OR, 78.

15 Smith, Ricky. Best Maintenance Practices, artigo Maintenance Technology, 2004.

16 The Value of RCM in Business Today. Reyes-Picknell, James V., Conscious Asset Management, Toronto, Canada, 2005.

17 Beware of the Fallacy of the Bathtub Curve. Anthony M. Smith and Glenn R. Hainchcliffe – Plant Engineer, 2004.

18 *Manutenção Centrada na Confiabilidade – Manual de Implementação*, Siqueira, Iony Patriota de – 1ª edição, Qualitymark Editora, Rio de Janeiro, 2005.

19 Maintenance 2000 Ltd – What is Reliability Centred Maintenance? Dundee, Scotland.

20 Análise RAM. Apresentação em PPT no Seminário de Confiabilidade do E&P Petrobras. Guilherme S. T. Naegeli, M.Sc. – nov. 2004.

21 Download No Cost Raptor Software Section 1, Barringer & Associates, http://www.barringer1.com/raptor.htm

22 Site da EP Consult 2005 – http://www.e-p-consult.com.

23 996-2004 by Advanced Logistics Developments Ltd.

24 Process Reliability: Do You Have It? What's It Worth To Your Plant To Get It, H. Paul Barringer, P. E Barringer & Associates, Inc. & and Woodrow T. Roberts, Jr., Ph.D. The Dow Chemical Company – Presentation at the 2002 AIChE National Spring Meeting, March 10-14, 2002, New Orleans, LA.

25 SMRP Best Practices Metrics – 5.1 Annual Maintenance Cost As a Percent of Replacement Asset Value (RAV) – DRAFT Rev 1 – FC – Date: March 24, 2005.

26 Benchmarking or performance measurement: Which is right for your plant? Terry Wireman. Plant Engineering, May 1, 2004.

27 Developing Performance Indicators for Managing Maintenance. Terry Wireman. Industrial Press, New York, 1998.

28 Medidas de avaliação de desempenho financeiro e criação de valor. Krauter, Elizabeth. Pesquisa para VII Semead, São Paulo, 2003.

29 A Framework for achieving best practice in maintenance. Sandy Dunn. Paper presented to the West Australian Maintenance Conference, October, 30th, 1996.

30 Strategic Planning for Asset Management – An Overview. James W. Davis, Sami-Strategic Asset Management Inc., 2005.

31 The Future of Asset Management. S. Bradley Peterson. Sami-Strategic Asset Management Inc. 2005.

32 The Fourth Generation of Maintenance. Sandy Dunn, Assetivity Pty Ltd.

33 Sistema de Gestão da Manutenção Votorantim Metais – Programa 7S. fevereiro 2006.

34 UpTime – Strategies for Excellence in Maintenance Management. John D. Campbell and James V. Reyes-Picknell, 2ª edição, Productivity Press, 2006. New York, USA.

35 Site Petrobras – www.petrobras.com.br

36 Benchmarking: Leveraging Best-Practice Strategies, APQC White Paper for Senior Management based on the internationally acclaimed study Organizing and Managing Benchmarking. Copyright©1995, 1999 APQC.

37 The Power of Metrics: KPIs – The Metrics that Drive Performance Management. Column published in DM Review Magazine, september 2004 Issue.

38 Welcome to TPM by Preston Ingalls. Marshall Institute. Article on ReliabilityWeb, 2007 – Netexpressed – USA.

39 A revolução da informação – Peter Drucker. Condensado de Forbes Asap (10 de agosto de 1998). Publicado com permissão de Forbes, Inc. Traduzido por Catarina Ferrer. Adaptado por Jaime Fidalgo Cardoso. Site: www.centroatl.pt, 2007.

40 Os mestres da qualidade, por Jaime Fidalgo Cardoso. Site: www.centroatl.pt, 2007.

41 Measuring Maintenance Effectiveness: The Bulls and the Bears. Ralph D. Hedding – SamiCorp 2005.

42 Benchmarking: The Search for Industry Best Practices that Lead to Superior Performance – Robert C. Camp (Milwaukee, WI; Quality Press, 1989).

43 Tese de Doutorado em Ciências em Engenharia de Transporte – UFRJ. Carlos Alceu Rodrigues. Rio de Janeiro, junho 2001.

44 Asset Management. John Woodhouse, Newbury, UK, 02/2001 – The Woodhouse Partnership Ltd.

45 TPM in Process Industries, Tokutar? Suzuki, Publicado 1994, Productivity Press, USA.

46 Physical Asset Management Handbook. John S. Mitchell and contributors, 3ª edição, 2002, Clarion Technical Publishers.

47 Beyond mere measurement – Devices featuring such diagnostics are synonymous to data servers, Brian LaBelle, Emerson Process, 1 November 2005, ISA – InTech.

48 An Introduction to Predictive Maintenance by R. Keith Mobley, 2nd Edition, Plant Engineering, USA.

49 Best Practices: A Guide to achieving operational efficiency. Julho 2004, Federal Energy Management Program – USA.

50 Energy Efficiency Improvement and Cost Saving Opportunities For Petroleum Refineries – An ENERGY STAR® Guide for Energy and Plant Managers, Ernst Worrell and Christina Galitsky, Environmental Energy Technologies Division, February 2005 – USDOE LBLN-56183 Março de 2005.

51 Preliminary Chemical Engineering Plant Design. Por William D. Baasel, Springer, 1990.

52 Design of Simple and Robust Process Plants. Por J. L. A. Koolen – 2001, Wiley-VCH.

53 Practical Plant Failure Analysis: A Guide to Understanding Machinery. Neville W. Sachs. CRC Press, 2007.

54 US Department of Energy.

Energy Efficiency Improvement Opportunities for Cement Making – LBNL-54036 – 01/2004.

Energy Efficiency and Carbon Dioxide Emissions Reduction Opportunities in the U.S. Iron and Steel Sector – LBNL-41724 – julho 1999.

55 Improving Pumping System Performance – Second Edition – Maio 2006 – US Department of Energy and Hydraulic Institute.

56 International Energy Agency (IEA) Statistics Division. 2006. Energy Balances of OECD Countries (2006 edition) and Energy Balances of Non-OECD Countries (2006 edition). Paris: IEA e Development Data Group, The World Bank. 2006. 2006 World Development Indicators Online. Washington, DC.

57 Saving Energy in the Oil and Gas Industry, IPIECA, 2007.

58 MORE – Manutenção Orientada para Resultados – Tecem, Vitek, Plus Engenharia, Engeman – 2007 – http://www.tecem.com.br/downloads/more_manutencao_orientada_para_resultados.pdf

59 Modeling Sustainable Organizational Change – Winston P. Ledet, Paul Monus, Tony Cardella and Warren Burgess. Ledet Enterprise Inc. 2005.

60 Proactive Manufacturing accelerating step change breakthroughs in performance provided. James D. Griffith, Donovan J. Kuenzli and Paul A. Monus, NPRA MC-98-92.

61 Proactive Maintenance as a Strategic Business Advantage – Dale R. Blann – Keynote Presentation Greater Chicago Plant Maintenance Show and Conference Sponsored by Plant Services Magazine, a Putman Publication September 11, 1997.

62 Benchmarking Performance in the Mining Industry – Reliability and Maintenance as Strategy Components – Edwin K. Jones and William Holmes.

63 Engaging the entire organization in improving reliability - Winston J. Ledet.

64 Relatório Anual 2006. Grupo Votorantim. http://www.votorantim.com.br/NR/rdonlyres/863785D6-162E-40C1-A3DC-E47E419F4850/0/RA_2006.pdf

65 Site do Grupo Votorantim – http://www.votorantim.com.br/......

66 Análise de evidências sobre a importância de barreiras técnicas à exportação de empresas brasileiras, Heloisa Lee Burnquist I; Maurício Jorge Pinto de Souza II; Mirian Rumenos Piedade Bacchi III; Rosane Nunes de Faria IV, Economia Aplicada – Vol. 11 nº 2 Ribeirão Preto – Apr./Junho 2007.

67 Avaliação do ciclo de vida do produto e Eco-design – A Fiesp e a NBR-ISO TR14062. Paulo Dallari Soares, março 2006 – apresentação PPT.

68 EU promises 20% reduction in carbon emissions by 2020 – Ian Traynor and David Gow – in Brussels – The Guardian – Wednesday February 21, 2007.

69 Environment and Energy: A Record of Success – Canadian Steel Producers Association – may 2008 – http://www.canadiansteel.ca/index.php/en/initiatives/green

70 Key Performance Indicators – Measure and Managing Maintenance Function – November 2005 – Al Weber & Ron Thomas – Ivara Corporation.

71 Benchmark Best Practices – Findings of Clients Needs Analysis Survey. Scott Morris, SKF, 2006-05-30.

72 Maximizing Maintenance Operations for Profit Optimization: Establishing Your Strategy for Profit – Centered Maintenance, Ralph W. "Pete" Peters. The Maintenance Excellence Institute. http://www.PRIDE-in-Maintenance.com, 2003.

73 Maintenance Planning & Scheduling Training – The Methods, Practices and Systems that get Utmost Productivity, Effectiveness and "Tool Time" from Maintenance Crews – Mike Sondalini, 2007.

74 Maintenance Evaluation & Benchmarking. Carlos Henrique Arruda. ABB, setembro 2006, III Minning Plant Maintenance Meeting, Chile.

75 Investigation Report – Refinery Explosion and Fire, BP, Texas City, TX, March, 23, 2005 – U. S. Chemical Safety and Hazards Investigation Board, march 2007. (REPORT NO. 2005-04-I-TX).

76 Monitoração remota de compressores alternativos, José Eduardo de Caux e Nelmo Fernandes. Petrobras – Regap, dezembro 2003.

77 Increasing the Reliability of Reciprocating Compressors on Hydrogen Services – Stephen M. Leonard – Dresser-Rand – Painted Post – NY, Hydrocarbon Processing,01/96

78 Weibull Analysis of Time Between Failures of pumps used in a Oil Refinery – Anwar Khalil Sheikh1, Muhammad Younas, Dahham Matar Al-Anazi – The 6th Saudi Engineering Conference, KFUPM, Dhahran, December 2002.

79 Physical Asset Management Handbook – Metrics/Measure of Performance 2002 by John Mitchell and contributors – 3rd edition, Clarion Technical Publishers.

80 Engenharia de Manutenção: Selos Mecânicos em Bombas Centrífugas de Processo – Julio A. Nascif Xavier e José Eduardo de Caux. Congresso Brasileiro de Manutenção. Belo Horizonte, 1996.

81 Impact of the Pump Systems Availability In the Plant Maintenance: Model Development. Master of Science Dissertation University of Manchester 2006 – Juan Hernandez Bello.

82 Critérios de Excelência 2008 – Fundação Nacional da Qualidade – São Paulo – SP.

83 PCM – Planejamento da Manutenção – José Eduardo Gorini Lobato Campos – Belo Horizonte – 2001/2005 – Apostilas.

# Gerenciamento pela Qualidade Total na Manutenção Industrial

Esta obra partiu da dissertação de mestrado do autor pela Universidade de Campinas. Trata-se de uma combinação de conhecimentos acadêmicos adquiridos no mestrado com a grande experiência prática do autor na área.

A obra agregará valor ao conhecimento de cada um nesta fascinante caminhada pela manutenção empresarial. A experiência do autor foi trazida em todos os capítulos, através da descrição de vivências, desafios e sucessos.

É destacada inicialmente a importância da manutenção nos processos industriais, mostrando-se também alguns de seus problemas típicos. Aborda-se também o TPM, suas vantagens e dificuldades e demonstra-se que o maior custo da manutenção é o custo da não-qualidade, ou o lucro cessante decorrente de uma gestão inadequada na manutenção.

O leitor poderá desfrutar de informações importantes, embasadas teoricamente para aplicação prática na Manutenção Industrial de sua empresa. O livro é dedicado aos profissionais que atuam na Manutenção Industrial e primam pela competência.

**Autor:**

Luiz Alberto Verri

Nº de páginas: 144

Formato:16 × 23 cm

**Conteúdo:**

1 – A Manutenção Industrial (a importância da manutenção industrial, aspectos do dia a dia de um departamento de manutenção industrial, e outros); 2 – Aspectos Comportamentais (educação, confiança, comunicação, limites & Disciplina, o bem-estar, o processo 5S, e outros); 3 – Manutenção Produtiva Total (conceituação e aspectos do TPM, o TPM e as indústrias de processamento contínuo, o TPM no Brasil.); 4 – Custos (um *feedback* necessário, terceirização, custo próprio × contratado); 5 – Qualidade Total ( estrutura do método, relação manutenção × operação (clientes), indicadores de manutenção, procedimentos (padrões) ferramentas estatísticas manutenção preditiva, e outros); 6 – Segurança na Manutenção Industrial (análise preliminar de risco, equipamentos e ferramentas, bloqueio, atuação gerencial e outros).

# Manutenção – Função Estratégica

**Autor(es):**

Alan Kardec Pinto
e Júlio Nascif

Nº de páginas: 384

Formato: 16 × 23 cm

**Conteúdo:**

Manutenção – Evolução e Interfaces
Gestão Estratégica da Manutenção
Tipos de Manutenção
Planejamento e Organização da Manutenção
Métodos e Ferramentas para Aumento da Confiabilidade
Qualidade na Manutenção
Práticas Básicas da Manutenção
Tercerização de Serviços na Manutenção
Técnicas Preditivas
Anexos

Uma obra repleta de conceitos inovadores e com uma visão moderna da atividade que descreve, vinculada ao sucesso do negócio e com enfoque empresarial. Essa é a essência que compõe a 3ª edição (revista e atualizada) de Manutenção – Função Estratégica, escrita pelos engenheiros Alan Kardec Pinto e Júlio de Aquino Nascif Xavier.

O livro, traz o equilíbrio adequado entre o tratamento de temas de gestão e os de caráter técnico e a conjugação de visões importantes com a experiência vivenciada pelos dois autores ao longo de suas carreiras profissionais. Entusiastas dos princípios da Gestão pela Qualidade Total, Alan Kardec e Júlio de Aquino vencem a distância entre os conceitos teóricos e sua adequada aplicação no dia a dia da vida empresarial. Afirmam que os profissionais da área precisam estar aquém da atividade de manutenção.

É preciso observar os resultados da organização e seus indicadores empresariais tais como market-share, faturamento, lucro e segurança operacional e dos colaboradores, entre outras. Só assim é possível entender e praticar aspectos importantes para o crescimento corporativo, que parte do estabelecimento de metas, indicadores e planos de ação para os principais resultados da manutenção àqueles ligados à confiabilidade, segurança, meio ambiente e motivação da equipe.

Essa é a nova realidade que Manutenção – Função Estratégica pretende divulgar. Uma visão diferenciada, cujas prerrogativas podem ser aplicadas em qualquer tipo de organização.

# Sucesso em Paradas de Manutenção

Depois do sucesso de seu primeiro livro, intitulado "Gerenciamento pela Qualidade Total na Manutenção Industrial" lançado pela Qualitymark, Luiz Alberto Verri aborda um outro ponto importante da Manutenção. Encerrada uma "campanha", a planta de uma fábrica de processamento contínuo deve ser submetida a uma completa manutenção. Neste período a produção pára, e os profissionais de manutenção encarregados para realizarem a "parada perfeita" devem apresentar bons resultados percentuais nos quesitos "Prazo", "Custo", 'Segurança", "Qualidade" e "Meio Ambiente". Estes e outros tópicos são abordados com profundidade ao longo do livro, porém de maneira objetiva e acessível.

Ciente da escassez de literatura na língua portuguesa sobre este assunto, Verri presenteia seus leitores com sua profunda experiência adquirida nos anos em que passou como Gerente Geral da Refinaria Presidente Bernardes da Petrobrás em Cubatão-SP, onde se aposentou em 2008.

A leitura deste livro certamente agregará conhecimento ao leitor, gerando novas ferramentas e técnicas para que possa chegar ao "sucesso em paradas de manutenção". Leitura obrigatória para todos os profissionais da manutenção, do chão de fábrica à gerência.

**Autor:**

Luiz Alberto Verri

Nº de páginas: 232

Formato: 16 × 23 cm

**Conteúdo:**

Paradas de Sucesso

Conceitos do IPA e do IPI

Gerenciamento do Escopo & Integração

Gerenciamento do Tempo (prazo).

Gerenciamento de Custos

Gerenciamento dos Riscos

Gerenciamento da Qualidade e dos Recursos Humanos.

Gerenciamento do Suprimento & Contratação

Gerenciamento da Comunicação

Gerenciamento da Segurança

*Outros Títulos Sugeridos*

# Manual de Instalações Elétricas
## em Indústrias Químicas, Petroquímicas e de Petróleo
## Atmosferas Explosivas

Esta obra é a única escrita em língua portuguesa sobre o assunto e uma das poucas a tratar o tema com tal abrangência.

Resultado da experiência do autor no trabalho de campo e na administração de cursos para a Petrobras, o livro apresenta e compara as duas principais filosofias de aplicação de equipamentos elétricos em atmosferas explosivas, a americana e a internacional, que é utilizada no Brasil.

**Autor:**

Dácio de Miranda Jordão

Nº de páginas: 800

Formato:16 × 23 cm

**Conteúdo:**

Critérios para Classificação de Áreas

Extensão das Áreas Classificadas

Equipamentos Elétricos – Tipos de Proteção

A Instalação Conforme Requisitos do National Electrical Code (NEC)

Certificação

Inspeção e Manutenção de Equipamentos Elétricos em Atmosferas Explosivas

A Instalação Conforme Requisitos da Norma Brasileira/Internacional

**Dados Técnicos:**

| | |
|---|---|
| • **Formato:** | 16×23cm |
| • **Mancha:** | 12×19cm |
| • **Fontes Títulos:** | Humnst BT |
| • **Fontes Texto:** | NewCenturySchoolbook |
| • **Corpo:** | 10,5 |
| • **Entrelinha:** | 12,5 |
| • **Total de Páginas:** | 296 |
| • **Lançamento:** | Maio/2010 |
| • **Gráfica:** | Vozes |